청년을
위한
나라는
없다

청년을 위한

이 세상 모든 불안러에게 보내는 메시지

나라는 없다

청년을위한나라 집필팀 지음

에듀니티

차례

프롤로그
종말로의 초대 • 박석준   — 6

1장

종말의 시대를 살아가는 법 ───────────

빌어먹고 삽니다 • 김수호   — 21

'X망세상'에서 살아남기 • 김기수   — 29

'나로' 사는 삶의 지은이 • 박지은(나로)   — 42

나의 첫 번째 공간, 녹번동 초록집에게 • 연굴   — 57

서른아홉, 잘 살아내었다 • 김한나   — 73

이 세상 모든 불안러에게 • 김태환   — 87

좌담 ───────────────────

집필진 수다회 #1.
당신의 삶은 안녕하십니까?   — 99

2장

종말의 시대에 저항하는 법 ─────────

학생회장으로 마주한 대학의 민주주의 • 김나현   — 115

졸업을 미뤘다, 대학언론을 위해 • 차종관   — 128

서울에 살아야만 사람인 것은 아니예요 • 강보배   — 140

투자를 시작했다, 그리고 퇴사했다 • 강석용(돌디)   — 153

청년? 여성? 됐고! 지구를 구하자! • 이누리(태대)   — 166

백수인 게 문제인가요? 혼자인 게 문제죠 • 정서원   — 181

경쟁하기 싫다 • 천현우   — 194

좌담 ───────────────────

단톡방 수다회 #2.

저항하는 삶을 응원합니다!   — 207

3장

초대장을 받았습니다 ─────────

통계로 보는 청년의 삶 • 김두환   — 227

에필로그

청년을 듣다, 청년을 이야기하다 • 김진경   — 246

종말로의 초대

"그만해! 왜 뭐라 그러는데! 왜 포기하는 사람은 욕먹어야 되는데!
세상에 뭐, 김연아, 박태환 같은 애들만 있냐?
그렇게 되려다가 포기한 애들은 다 욕 쳐먹어야 되는 거야? 왜? 왜!
포기하는 게 얼마나 어려운 건데!"_영화 〈스물〉 중에서

그렇다. 포기하는 건 어려운 일이다.

우린 어떤 선택을 할 때, 포기하는 것에 대해 늘 고민하며 살진 않는다. 매 순간 선택에 따른 포기를 가늠하기 어려울 뿐만 아니라 그것을 생각할 만큼 현대인의 삶이 여유롭지 않기 때문이다. 그러나 포기 그 자체가 선택지가 되었을 땐 이야기가 달라진다. 고차 방정식을 풀며 느끼는, 감정과 이성의 블렌디드식 고통이 우리를 엄습하고 숱한 고민 끝에 내린 결론도 몇 번씩 점검하기 마련이다. 머릿속을 맴돌고 가슴속에 맺히며 존재감을 과시하는 무엇이 우리 안에 생기는 것이다. 세상에 편하

고 쉬운 포기란 없다.

　2015년에 개봉한 영화 〈스물〉의 주인공 동우는 가족의 생계를 위해 웹툰 작가라는 오랜 꿈을 포기하며 이러한 자신의 어지러운 마음을 친구들에게 토로한다. 버럭 화를 내다가도 눈물이 나오지 않는다며 멋쩍은 웃음을 짓는 그의 모습에 동시대를 살아가는 많은 청년들이 공감했다. 동우는 그들의 쓸쓸한 자화상이었다. 연애, 결혼, 출산을 포기하는 청년들을 두고 '3포 세대'란 신조어가 수저 계급론과 함께 널리 쓰였던 것이 그 무렵의 일이었다. 영화가 세상에 나온 지 7년여의 시간이 흐른 지금, 청년들의 모습은 그때와 크게 달라지지 않았다. 어느덧 포기하는 것들이 늘어 5포, 7포, 급기야 'N포 세대'란 말이 오늘의 청년들을 대변하고 있다. 어쩌면 제자리걸음이 아니라 포기하는 것들의 수만큼이나 뒷걸음질 쳤다고 하는 것이 적확한 표현이겠다.

청년들은 왜 포기를 선택하는가

　IMF 외환위기 이후, 신자유주의는 대한민국을 집어삼켰다. 자본으로 해석할 수 없는 것들도 가치를 숫자로 증명해야만 하는 시대가 도래했다. 사람은 인적자원이 되었고, 교육은 학생들에게 등급을 매기기 시작했다. 학교는 우정을 나누는 곳이 아니라 생존을 위해 치열한 경쟁을 하는 곳이 되었다. 누군가를 밟고 일어서야만 하는 승자독식의 사회가 학생들을 '오징어 게임' 속으로 밀어넣었다. 나의 성취는 곧 다른 이의 실패를 의미했다. 실패하는 사람은 노력이 부족한 사람의 다른 말이었고, 노력이 부족한 사람은 도태되는 것이 마땅하다고 생각했다. 경쟁은 효율을 가져온다는 믿음 아래, 오늘의 청년들은 그렇게 학창 시절을 보냈다. 이들에게 포기는 생존을 위해 선택하는 익숙한 것이요, 당연한 것이었다. 더 나은 미래를 위해서 남들보다 많은 노력을 해야 했고, 때문에 포기는 당장의 만족보다 미래의 보상이라는 차원에서 이해했다. 잠을 줄이고, 친구와 노는 것을 미루고, 누군가를 보며 가슴 설레는 마음을 애써 외면하면서 꿈을 위해 앞만 보고 달렸다. 많은 이들에게 그 꿈은 좋은 대학으로의 진학이었다. 좋은 대학은 좋은 직장을 약속할 것이란 믿음이 있었고, 좋은 직장은 많은 돈을 벌어줄 것이라 생각했다. 자본은 우리를 자유케 하리라!

그런데 영원할 것 같았던 대한민국의 성장이 멈춰 섰다. 성장이 멈춘 세상에는 청년들의 자리가 존재하지 않았다. 한정된 자원을 두고 벌이는 경쟁에서 기성세대들은 자리를 선점한 채 사다리를 걷어차고 있었고, 엎친데 덮친 격으로 인공지능이 빠르게 사람들의 자리를 대체해갔다. 사람도 모자라 로봇과 경쟁해야 하는 세상이 열린 것이다. 좋은 대학으로의 진학이 그간의 노력을 보상해줄 것이란 믿음 혹은 상식을 수정해야만 했다. 한데 이상하게도 보상의 시간을 조금 더 유예하는 것으로 사회적 합의는 이루어져갔다. 저출생·고령화로 인해 이행기가 늘어간다는 점을 들어, 세상은 지금보다 더 많은 '노오력'을 하라고 청년들에게 주문했다. 어차피 경쟁에는 익숙했던 이들이었다. 경쟁의 결과는 공정할 것이라 믿었으니, 보상의 시간이 잠시 늦춰지는 것은 큰 문제라 생각하지 않았다. 하지만 유예된 시간만큼 포기해야 하는 것이 늘어갔다.

가장 먼저 집을 포기해야 했다. 서울이란 거대한 도시 공간 속에 유예된 청년들이 머무를 곳은 마땅치 않았다. 그래서 집 대신 방을 구하기로 했다. 시장 점유율 1,2위를 다투는 부동산 애플리케이션의 이름은 모두 '방'으로 끝났다. 집을 구하던 시대에서 방을 구하는 시대로 세상은 빠르게 변화했다. 이럴 때만큼은 유예를 인정하지 않는 것이 요즘의 속도이고 덕목이었다. 원룸과 고시원이 청년들의 새로운 보금자리가 되었고 이러한 주거 공간의 변화는 가구 형태의 변화도 함께 가져왔다. 4인가구를 제치고 1인가구가 가장 보편적인 가구 형태로 자리 잡은 것이다. 뜻하지 않았지만, 집을 포기하면서 가족도 함께 포기하는 꼴이 되고 말았다. 취업을 하기 전까지 가족들의 얼굴을 보는 것도 여간 불편한 일이 아닌데, 청년들에겐 도리어 잘된 일일지도 몰랐다. 방송에서도 1인가구의 삶을 다루며 긍정하기 시작했다. 나 혼자 사는 것이 대세이고 트렌드였다. 1인가구를 위한 원룸 인테리어, 편의점 레시피 등이 크게 유행하였고 소소하지만 확실한 행복을 누리는 삶이 나쁘지만은 않아 보였다. 하지만 방송의 삶과 현실의 삶은 어딘지 모르게 달랐다.

　청년들이 원룸에서 대기하는 시간은 늘어만 갔다. 취업시장은 더욱더 얼어붙어갔고, 그만큼 경쟁은 치열해졌다. 보다 많은 것을 포기하라는 신호였다. 청년들은 또다시 생존을 위해 포기를 선택해야만 했다. 연애가 포기할 것의 새로운 후보로 올랐다. 실제 통계상으로도 20대 미혼남녀의 이성교제 횟수는 해를 거듭할수록 줄어가고 있었다. 문밖을 나서는 순간부터 돈을 써야할 곳이 줄을 서는 현실에서 사람과의 관계는 모두 기회비용이었고, 연애는 그중에서도 당연 고정비용이 큰 지출항목이었다. 각자 계산이 국룰인 세상이지만 차를 마실 때도, 밥을 먹을 때도,

영화나 연극을 볼 때도 누군가와 함께하는 것은 혼자 해결할 때보다 비용이 크게 들었다. 연애로 얻는 편익보다 혼자인 삶이 이익이었다. 외로움 따윈 조금 참고 견디면 그만이다. 그렇게 청년들은 가족, 연인, 친구, 동료와의 관계를 서서히 줄여갔다. 원룸에 갇힌 청년들은 관계를 위해 시간과 돈을 허비하는 것이 사치일 뿐이라고 생각했다. 그럴 시간과 돈이 있다면 이력서의 스펙 한 줄을 더 적고, 수험서의 문장 한 줄을 더 외우는 것이 옳은 선택이라 믿었다. 그것이 무한 경쟁 사회에서 살아남는 방법이고, 이 시대의 오랜 상식이다.

우리가 놓쳤던 것들

그런데 과연 경쟁은 공정한 것일까? 결과의 평등이야 현실에서 불가능한 것이니 제쳐둔다 하더라도, 공정한 경쟁이 이루어지려면 최소한 출발선의 평등, 아니 엇비슷한 조건은 마련되어야 하는 것 아닌가. 가령, 시간과 공간처럼 누구에게나 평등하게 주어지는 조건들로 경쟁의 환경을 조성해주어야 경쟁에 참여하는 사람들이 결과를 받아들이고 승복하지 않겠는가 말이다. 안타깝게도 그러한 조건을 갖춘 경쟁의 환경은 존재하지 않았다. 앞서 예로 들었던 시간과 공간도 사실은 모두에게 공히 주어지는 조건이 될 수 없기 때문이다.

생계를 위해 아르바이트를 하며, 가사노동도 온전히 자신의 몫인 사람과 그 모든 것이 타인에 의해 충족되는 사람의 시간은 같을 수 없다. 물리적으로 하루 24시간이라는 점에서는 같겠지만, 그 점이 오히려 불평등의 원인이 된다. 가난은 책임져야 할 일이 많음을 뜻하고, 그 책임에 비례하여 더 많은 시간이 필요하기 때문이다. 삶의 책임을 다하기 위해 쓰이는 시간들을 차감하고 출발선에 서다 보면, 남들에 비해 턱없이 부족한 시간을 가지고 경쟁해야 하는 것을 알게 된다. 그마저도 밀도가 다르다. 체력이 뒷받침해주지 않아서다. 제 아무리 실력 있는 선수라 할지라도 경기 전에 무리를 하거나 과도한 스트레스를 받는다면 제 기량을 뽐내기란 어려운 일이다. 24시간을 쪼개고 쪼개어 쓰더라도, 생존을 위하여 반드시 할애해야 하는 시간도 있다. 잠을 자는 것, 밥을 먹는 것, 적절한 운동과 휴식을 취하는 것 등. 이러한 시간마저 침해받는다면 인간다운 삶을 기대하기란 어렵다. 하지만 경쟁은 그 시간조차 담보로 삼는다. 우리는 미래의 시간을 끌어다 쓰고 있는 것이다.

공간은 보다 노골적으로 불평등을 보여준다. 부동산 소유 유무에 대한 이야기가 아니다. 우리 모두는 이동의 자유를 누리지만 그것이 공간의 자유를 의미하진 않는다. 우리가 서 있는 공간은 그 자체로 사회적 위치를 시각화하여 보여준다. 수도권과 지방의 격차는 좋은 예이다. 청년들 사이에선 '서울에 사는 것도 스펙'이란 말이 유행처럼 쓰인다. 서울이란 지리적 공간에 존재하는 것만으로도 이 사회에서는 특권을 누리는 사람이 된다. 얼마 전 부산에서 영상을 전공하는 고등학생과 이야기 나눌 기회가 있었다. 부산에서 나고 자란 그는 고향을 떠나고 싶지 않지만 꿈을 위해 서울로 떠나야 하는 현실을 씁쓸히 이야기했다. "무시하는 건 아니지만, 선배들이 부산에 남으면 할 수 있는 일이라곤 웨딩 촬영뿐이라 해요. 저는 영화를 찍고 싶은데 부산에는 변변한 기획사 하나 존재하지 않거든요. 이곳엔 기회가 없어요." 나는 그의 말에 흠칫 놀랐다. '영화의 도시'라 불리는 부산이 아니던가? 아시아에서 가장 큰 국제 영화제가 열리는 도시, 수많은 영화의 배경이 되었던 바로 그 도시. 더욱이 부산은 대한민국 제2의 도시이다. 그런 부산에서조차 영화인으로 꿈꿀 수 없다면, 다른 곳은 어떻단 말인가? 공간이 품고 있는 기회의 차이는 이렇듯 불평등을 확대 재생산한다. 청년들이 떠난 공간에는 새로운 기회가 만들어지지 않는다. 기업의 투자도, 정부의 예산도 사람들을 따라 함께 이동하기 때문이다. 그나마 있던 기회마저도 사람이 떠난 자리엔 사라지고 없다. 악순환이 반복되는 것이다. 자유를 잃은 공간에 남은 사람들이 선택할 수 있는 것은 오로지 탈출뿐이다.

시간과 공간의 불평등 외에도 우리 사회에는 수많은 불평등이 존재한다. 소득 불평등, 자산 불평등, 주거 불평등, 교육 불평등…. 일일이 열거하기도 쉽지 않은 이러한 불평등의 시작에는 사실 가족이 존재한다. "내 꿈은 재벌 2세인데 우리 부모님이 노력하지 않는다"는 우스갯소리가 있다. 농담이라지만 마냥 웃을 수 없는 까닭은 선택할 수 없는 가족이란 조건으로부터 사회의 많은 불평등이 시작된다는 불편한 진실이 담겨 있기 때문이다. 누군가는 태어난 순간부터 주식을 보유하고 나만의 공간에서 나를 위한 시간을 가질 수 있는 환경을 물려받는 반면, 다른 누군가는 태어난 순간부터 빚을 보유하고 타인의 공간에서 미래의 시간을 끌어다 쓰는 환경을 물려받는다. 우리 모두 같은 학교에서 같은 교육을 받으며 같은 시험을 치른다 생각하지만, 실상은 서로 다른 환경에서 경쟁하고 있는 것이다. A는 공부방이 있고, B는 공부방이 없는 대신 독서실에 다니고, C는 그 모든 형편이 되지 않아 편의점 아르바이트를 하며 틈틈이 공부를 한다. A의 부모님은 과외 선생님을 붙여주고, B의 부모님은 과외 대신 온라인 강의를 결제해주고, C의 부모님은 저 멀리 하늘나라에서 응원을 보낸다. 좋은 부모를 타고나는 것도 스펙이고 그러한 운이 따라주는 것도 실력이라 한다면, 우리는 더 이상 공정을 이야기할 필요가 없다. 개인의 노력과는 무관한 것들이 불공정을 정당화하는 게임에서 우리는 포기를 반복하며 살아갈 것인가.

청년을 위한 나라는 없다

청년이 시대의 화두이다. 유력 대권후보들이 연일 청년 관련 행사에 참석하여 지지를 호소하고 여야 정치권은 청년 인재 모시기에 혈안이다. 부처들은 앞다투어 청년정책을 쏟아내고 있고 매스컴도 청년 문제의 심각성을 집중 조명하고 있다. 시장에서는 당사자인 청년세대조차 알아들을 수 없는 (혹은 민망한) MZ세대 마케팅을 띄우느라 시끄럽고 학계는 이 모든 현상을 해석하느라 머리를 싸매고 있다. 정작 청년들의 반응은 시큰둥하다.

88만원 세대를 필두로 90년생, 밀레니얼 세대, Z세대, 이 모두를 억지로 묶어 MZ세대까지 오늘의 청년을 두고 우리 사회는 참 많은 이름표를 달아주었다. 정확히는 기성세대들이 붙여준 별명에 가깝다. 당사자들은 썩 내켜하지 않는데 자꾸 그 이름을 꺼내어 호출한다. 이름이란 것이 필시 타인에 의해 지어진다고 하지만 스스로 그 이름을 수용하지 않는다면, 그의 의사를 물어 불러주는 것이 예의라 할 것이다. 어린 시절 새로운 친구가 오면 부르던 동요가 떠오른다. "당신은 누구십니까?"라고 선창하면 "나는 누구누구"라 후창한 뒤, 다 함께 "그 이름 아름답구나"로 끝맺는 노래이다. "아이엠 그라운드 자기소개 하기"의 어린이 버전이라 할까? 아무쪼록 아이들도 새 친구를 만나면 이름을 묻는 것이 첫 인사이지 냅다 별명부터 지어주진 않는다. 갑자기 웬 이름 타령이냐고 물을 수 있다. 지금의 청년 담론은 청년 당사자의 이야기가 빠진 담론이며, 세대론의 관점에서 문제를 해석하려는 시도라는 점을 지적하고자 함이다. 적어도 산업화 세대, 민주화 세대는 다른 세대와 뚜렷이 구분되는 세대 내 공유 가치와 시대적 담론이 존재한다. 86세대, X세대 또한 그 이름의 시작이 어찌되었건 당사자들에 의해 수용되고 집단적 정체감을 형성하였다. 특히 86세대는 그러한 정체감을 바탕으로 오늘의 대한민국에서 가장 강한 힘을 지닌 주류 세력이 되었다. 반면, 청년세대를 향한 무수히 많은 이름들은 주로 86세대들에 의해 해석되고 명명되었을 뿐만 아니라 당사자들을 정치적 소비자로 객체화한다는 문제가 있다. 이름표라기보다 기득권이 달아준 꼬리표인 것이다.

청년이 시대의 화두라지만 정작 청년들이 냉소적인 반응을 보이는 것은 구체제의 버스가 떠나지 않았음을 반증한다. 앞서 살펴보았듯 청년이 겪고 있는 문제는 청년세대에게 원인이 있는 것이 아니라 우리 사회 전반의 구조적 모순과 불평등이 빚어낸 결과이다. '악!' 소리조차 내지 못하고 벼랑으로 내몰리는 청년들을 두고 '힘드니까 무엇을 해주겠다'는 식의 땜질 처방은 구체제에 대한 연명치료이며 기득권을 포기하지 않겠다는 선언과 같다. 운전대를 내놓으라 말하는 청년들에게 조수석에 앉아 내비게이션 역할을 하라는 꼴이다. 포기하는 청년이 문제가 아니라 한줌 권력도 포기할 용기가 없는 이들이 문제다. 그들은 청년들이 저항하지 않는다고 말한다. 나는 그들에게 되묻는다. 바리게이트를 치고 돌을 던져야만 저항인가?

오늘의 청년세대는 자신들이 할 수 있는 가장 강력한 방법으로 세상을 향해 저항하고 있다. 사회의 재생산을 거부하는 것이다. 연애, 결혼, 출산을 포기하는 것의 의미는 '고통스러운 지금의 세상'을 다음 세대에게 물려주지 않겠다는 '강력한 저항'이라 해도 무방할 것이다. 이미 대한민국은 자발적 인구 감소를 택한 첫 번째이자 유일한 나라이다. 지난해 처음으로 사망자 수가 출생아 수를 앞질러, 인구 자연감소가 시작되었다. 생물 종이 스스로 개체 수를 줄인다는 것은 그만큼 지금의 환경이 생존하기에 적합하지 않다는 것을 의미한다. 무한 경쟁에 내몰려 끊임없이 포기를 강요당하는 지금의 대한민국은 청년들이 살아가기에 적합한 환경이 아닌 것이다. 잘 알려진 것처럼 우리나라는 전 세계 유일의 0명대 합계 출생률을 기록 중이며, OECD 자살률 1위라는 불명예도 안고 있다. 우려스러운 점은 청년층의 자살률이 크게 증가하고 있다는 사실이다. 10대부터 30대의 사망 원인 가운데 1위가 자살이고, 20대 죽음의 54.4%가 스스로 생을 마감한 것이었다. 아이가 태어나지 않아 걱정인 나라에서 태어난 아이들조차 보호하지 못하는 정신적 치안 공백이 발생하고 있다. 청년을 위한 나라는 없다. 더 이상 포기할 것이 없어 삶의 의지마저 포기해가는 이 시대의 청년들이 우리를 종말로 초대하고 있다.

낡은 체제를 버리고 새로운 시대의 옷을 입어야 한다. 그러기 위해 미래를 향하는 대한민국의 버스는 청년들에게 맡겨주었으면 한다. 90년생 운전자가 왔으니 60년생은 이제 운전대를 넘겨도 좋을 것이다. 과감히 운전석을 포기하면, 그동안 미처 보지 못했던 새로운 풍경들이 보일 테니까. 청년들이 운전하는 버스가 내달릴 새 시대를 구경하는 재미도 있을 것이다. 《청년을 위한 나라는 없다》는 절망과 포기로 얼룩진 종말의 시대를 이야기하고자 함이 결코 아니다. 이미 우리는 그 어두운 시대의 한 가운데를 지나고 있지 않은가? 심연 속 "포기"로서 저항하는 "새로운 세대"의 등장을 감각하고, 이들의 이야기에 귀를 기울이는 것이 본 도서를 발간하는 진짜 이유이다. 이 책은 오늘을 살아가는 청년들의 이야기를 담아내고자 한 작은 시도이다. 서로 다른 환경에서 각자의 길을 걸어온 청년들의 이야기를 통해, 공감하는 이도 있을 것이고 이를 새로이 보는 이도 있을 것이다. 그 무엇도 좋다. 《청년을 위한 나라는 없다》가 같은 시대를 살아가는 또 다른 청년들에게는 위로와 응원이 되어 함께 나아가자는 제안이 되었으면 하는 소망, 그리고 기성세대에게는 이해와 포용이 되어 이젠 청년들에게 운전대를 맡겨도 좋다는 합의가 되었으면 하는 바람이 있다. 이러한 뜻에 동의해준 열세 명의 청년들이 자신의 삶을 솔직하게 써내려갔다. 이들의 이야기가 더 많은 청년들이 "나 자신"을 이야기하는 계기가 되길 희망하며.

2022년 1월. 신대방동의 어느 원룸에서.

원고 작업을 마치고 무심코 텔레비전에서 나오는 오디션 프로그램을 보다가, 어느 출연진의 말이 인상적이어서 몇 글자 덧붙여본다. "이 자리에 오른 것도 너무나 영광이고, 이런 안타까운 자리에 있는 것도 항상 아픔이지만, 그럼에도 불구하고 저는 이런 자리가 많아졌으면 좋겠고,

그렇게 된다면 이렇게 서로 속상할 일도 좀 덜해질 것 같고. 그런 생각이 들거든요." 빛을 보지 못했던 무명 가수들이 경쟁하는 프로그램에서 탈락한 뒤에 그녀가 남긴 소감이다. 경쟁이 나쁘다는 것이 아니라, 기회가 너무 적다는 것이 문제이다. 그들에게 더 많은 자리가 주어진다면, 우리도 더 다양한 노래를 들을 수 있는 기회가 생기는 것 아닌가. 이 가수의 이름은 '오열'이었다.

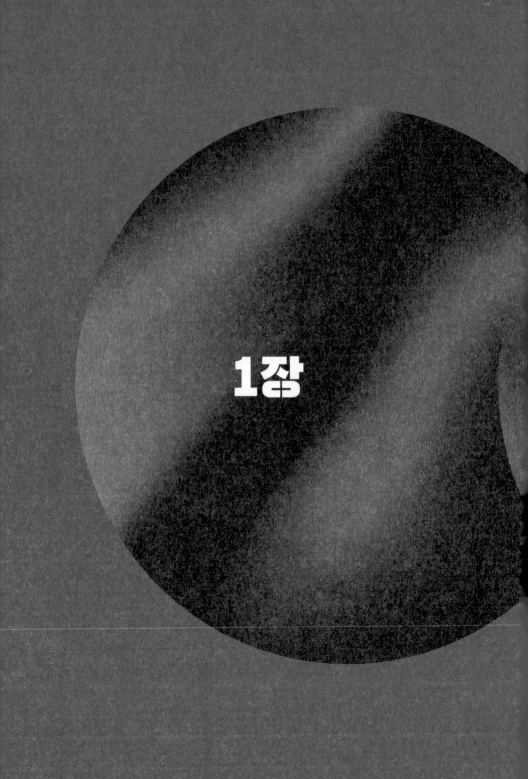

1장

종말의 시대를
살아가는 법

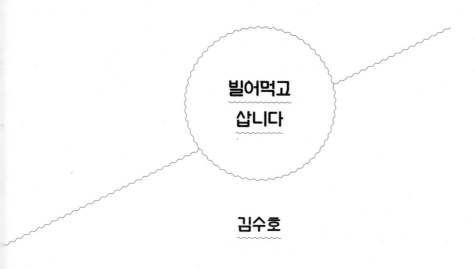

빌어먹고 삽니다

김수호

"웹소설 작가가 되려고요, 아버지." 2017년 초, 신림동 먹자골목에 자리한 부대찌개 전문점에서 나는 그동안 감춰왔던 한 가지를 아버지께 속 시원히 고백했다.

"연재 사이트에 글 하나를 올렸어요. 생각보다 조회 수가 높게 나왔더라고요. 출판사 열대여섯 곳에서 연락이 왔는데, 다들 조금만 문장을 다듬으면 좋은 글이 될 거래요. 유료화 가능성도 제법 크다고 조언해주던데…."

그때 나는 들떠 있었다. 내게 딱 맞는 직업을 찾았기 때문이다. 첫 직장을 관둔 후 방황한 지 3년. 그 오랜 시간을 견뎌내고 찾은 일자리였기에 나는 과장된 몸짓까지 보이며 머릿속에만 있던 구상을 아버지께 마구 털어놓았다.

"수호야, 수호야…" 아버지께서는 내 이름을 급히 부르시며 나를 진정시켰다. 이에 나는 하던 말을 멈추고 아버지의 얼굴을 제대로 쳐다보았다. 아! 급히 정신을 차리니 싸해진 분위기가 눈에 들어왔다.

탁- 아버지께서는 들고 있던 컵을 식당 탁자에 내려놓으며 내게 되물으셨다. 정말로 웹소설 작가가 되고 싶냐고. 진심이냐고. 물러설 수 없다고 느꼈던 나는 주먹을 꽉 쥔 채 같은 답을 내놓았다. "네." 이에 아버지께서는 사태의 심각성을 느끼시고 한동안 시간이 멈춘 것처럼 몸을 움직이지 않으셨다. 그렇게 잠시, 어색한 침묵이 부자 사이를 갈라놓았다.

그 좋은 직장 때려치우고 한다는 것이 고작…

개미 한 마리 지나갈 것 같지 않은 어색한 침묵을 먼저 깬 이는 아버지였다. 아버지께서는 팔팔 끓는 부대찌개 국물을 조심스레 내 그릇에 담기 시작했다. 그리고는 지그시 나를 보며 낮은 목소리로 말씀하셨다.

"수호야, 밥 빌어먹고 산다는 말이 무슨 뜻인지 아냐?"

"배를 쫄쫄 굶고 산다는 소리 아닌가요?"

"그래. 빌어먹고 산다는 뜻은 아주 잘 이해하고 있구나."

배려심 넘치는 겉모습과는 다르게, 아버지께서 해주셨던 다음 조언은 굉장히 매콤했다. 중국 사천에서 먹을 만한 마라탕 같았다.

"작가란 말이다. 평생을… 밥 빌어먹고 살아야 하는 직업이다."

"평생을요?"

"그래! 네가 간다는 그 길, 작가의 길이란 게 원래 그런 거다. 가난하고 고달픈 게 그 직업의 비애지. 십중팔구는 비렁뱅이가 된다. 알아들었냐?"

살살 돌려서 말씀하실 수도 있었겠지만, 아버지는 아주 직설적인 표현으로 나를 쏘아붙였다. 아마 충격요법으로 내 의지를 단번에 꺾기 위함이었겠지. 평생을 겪어본 아버지의 매콤한 화법. 익숙해질 만도 했다만 익숙해질 수 없었다. 잘못한 행동을 할 때마다 경험하게 되는데 매번 망치로 머리를 맞은 듯 멍해지곤 했다. 그때 역시 그랬다.

"후… 그 좋은 직장 때려치우고 하겠다는 게 겨우 그거냐? 웹 뭐시기… 웹소설 작가?"

아버지께서 성을 재차 내셨다. 이에 나는 고개를 푹 숙이며 아버지께서 하신 말을 내 머릿속에 되새겨보았다. 그래, 좋은 직장. 아버지 말씀대로 나는 몇 해 전에 그 좋은 직장을 관두었다. 아버지의 기대에 부합했던, 남들 보기에 좋았던, 안정적이었던, 돈 많이 주던, 여의도에 있던 대기업 금융회사를 제 발로 나왔다. 이유는 아주 단순하고 명료했다. 해당 업무가 적성에 맞지 않아서다.

네 나이가 몇인데

"수호야, 우리나라 사회는 아주 냉혹한 사회다. 넘어지면 일어설 기회조차 주지 않는 아주 냉혹한 사회란 말이다."

실패자는 낙오되는 사회. 아버지는 그런 사회를 한번 경험하셨기에 목에 핏줄까지 세우며 열변을 토하셨다. 사람이란 다 때가 있는 법이라며, 어중이떠중이로 시간을 보내다가 적기를 놓치면 정말이지 아무것도 할 수 없게 된다며, 읍소도 덤으로 하셨는데 나 또한 그런 걱정이 있어서 그런지 조금 마음이 흔들렸다.

"이제 삼십하고도 하나다. 더는 아이가 아니잖니?"

2017년은 내가 만 29세에서 30세로 넘어가는 해였다. 아버지 눈엔, 그야말로 낭떠러지 끝에 매달린 위태로운 어린 양 같아 보였을 테다. 그랬기에 날 더욱더 밀어붙이셨겠지. 아버지의 말씀대로 한국 사회는 유독 나이에 민감하니까. 한 해 한 해가 지날수록 나의 취업 문은 한없이 좁아질 것이다. 아들로서 아버지의 조급한 마음도 어느 정도는 이해되었다. 늦은 감이 없지 않지만 지금이라도 차근차근 기업 공채시험을 준비하는 게 아버지 말씀대로 정답인 것 같기도 했다.

"짧지만 1년 반 동안 일했던 경력이 있으니 조금만 노력하면 다른 곳에 다시 붙을 수 있을 테다. 맨땅에서 시작하는 경쟁자들보다는 상황이 낫지 않냐?"

같은 직종에 종사하셨던 아버지는 내게 가족인 동시에 동종업계 선배다. 개발자 출신인 아버지께선 향후 IT 개발자의 장래가 밝다고 전망하였다. 그랬기에 계속하여 나를 설득했다. 이에 나는 내가 세워두었던 계획을 머릿속에서 잠시 접고 되돌아봤다. 아버지의 차선책을 한번 고려해본 거다.

행복해지고 싶다

그래, 아버지 말씀대로 3년만 버틴다면, 연봉도 꽤 많이 오를 거고 업무도 익숙해질 테다. 시간이 약이라는 말도 있으니까. 아버지의 완고한 설득 때문일까? 잠시 내 과거의 직장으로 돌아가는 상상을 할 수 있게 되었다. 안정적이고 누구에게 내놓아도 부끄럽지 않았던 직장을 다녔던 경험이 짧지만 존재했기에 나는 아버지가 제안한 미래를 더 쉽게 머릿속에 그릴 수 있었다.

'하지만… 그 미래 속에 나는 정말 행복할까?'

직전 직장을 다닐 때, 나는 불행했다. 맞지 않은 옷을 꾸역꾸역 껴입은 느낌이었다. 시스템개발자로서 프로그램 소스 코드를 수정해야 했는데 나는 그 과정에서 실수를 반복하곤 했다. 잘못된 소스 코드 하나만으로도 오류가 생기기 때문이다. 나는 선천적으로 덤벙대는 경향이 있는데 이 때문에 잦은 실수를 범했다. 시간이 지나면 자연스레 나아질 줄 알았지만, 문제는 쉬이 해결되지 않았다. 오히려 나를 더욱 괴롭혔다. 권한은 점점 많아지는데 실수는 계속되어갔다. 이에 나는 극도로 예민해졌다. 나의 작은 실수가 회사 내 거대한 금융 시스템 전체를 뒤집을 수도 있기 때문이다. 나아지지 않는 상황. 그런 상황 속에 업무량은 날이 갈수록 늘었다.

당연하게도 업무에서 받는 스트레스는 점점 더 커졌다. 오죽하면 나중에는 마음의 병까지 찾아왔을까. 여의도역 근처만 가도 목이 '턱' 하고 조여오는 느낌이 들었다. 이러한 증상은 매일 같이 찾아왔고 결국 회사를 관둘 수밖에 없었다. 정말이지 죽을 것만 같았기 때문이다.

'어찌 보면 과거로 되돌아가는 건데…'

적성에 맞지 않는 일. 나는 이 일을 다시 시작할 수 있을까? 아버지의 조언대로 과연 버티는 것만이 정답일까? 잠시 고민하던 나는 고개를 좌우로 흔들다가 아버지를 보았다.

"아버지."

"말해봐라."

"저는… 글을 쓰면, 행복해요. 코딩하면 죽을 만큼 힘든데 말이에요."

독자와 나만의 세계관을 공유하며, 그들과 함께 내가 구상한 세계관을 조금씩 완성할 때의 그 쾌감은 정말이지 짜릿했다. 어릴 적 나를 돌이켜보면 스스로를 희귀한 별종이라 생각했다. 방구석에 틀어박혀 공상만 좋아하는 아이. 하지만 장르 소설에 입문하면서 점차 생각을 고쳐먹었다. 나와 같은 취미를 가진 동류가 생각보다 많았기 때문이다.

나는 이런 나와 같은 취미를 가진 독자와 소통하며 이 일 자체에 점점 매료되어갔다. 이러한 즐거움을 몰랐으면 모를까, 굳이 나와 맞지 않은 일하며 젊은 시절 전체를 불행하게 살아야 할까? 이를 포기하고 다시 돌아간다? 싫다.

"작가가 되고 싶어요. 내가 행복해지기 위해서라도, 독자들을 즐겁게 하기 위해서라도 꼭 작가가 되고 싶어요. 저도 많이 고민해서 내린 결정이에요. 지지해주세요."

짧았던 직장 생활 동안 불행했던 기억은 이젠 안녕이다. 그 불행한 과거로 돌아가고 싶지 않았다. 적성을 찾기 전이라면 물질적 보상에 기대며 억지로 버텼겠지만, 지금은 그러지 않아도 된다.

빌어먹지 않고 벌어먹을 수 있다

"그리고 아버지께서 잘못 알고 계신 게 있어요. 작가도 밥 벌어 먹고 살 수 있는 시대예요."

이과 출신인 아버지를 설득하려면 근거가 있어야 한다. 어릴 적부터 공상을 좋아했고 글 쓰는 것이 내 적성이라는 이유만으로는 부족했다. 이에 내가 찾은 것은 숫자다. 통계자료와 미래 전망에 관한 보고서를 들이밀며 본격적으로 아버지를 설득하기 시작했다. 아버지께서 산업의 일꾼으로 일하던 90년대에는 일부 유명 작가를 제외하고 대다수 작가는 정말로 박봉에 시달렸을지도 모른다. 하지만 강산이 두 번이나 변한 지금은 집필 환경이 많이 달라졌다. 4차 디지털 혁명이 실생활에 스며들기 시작하며 출판업은 사양산업이 아닌, 대한민국의 새로운 블루오션으로 진화하고 있다.

"제가 조사해봤는데, 상당히 많은 작가가 아버지 생각보다 높은 원고료를 받고 있어요. 일부 작가들에게만 적용되는 사항이 아니에요."

2000년대 초부터 태동한 e북 시장은 서서히 성장하다가 스마트폰과 만나며 꽃을 피우기 시작했다. 카카오와 네이버가 그 4차 산업혁명의 산실이라 말할 수 있겠다. 다른 군소 플랫폼들 또한 이 흐름에 동참하며 시장을 더욱더 거대하게 만들고 있다. 그야말로 콘텐츠 시대. 소설에 웹툰이 더해지고, 그것이 드라마까지 되는 시대.

숫자를 좋아하시는 아버지의 성향을 생각하며 나는 도표화된 수치를 아버지께 들이밀었다. 종이책 시대와는 다르다고, 저작물을 발행하는 원가가 예전과 비교해 줄어들었다고, 이에 간편한 접근성으로 독자 또한 많이 늘어났다고, 하나하나 집요하게 그 근거를 대며, 아버지를 설득했다. 그런 나의 모습에도 아버지의 표정은 여전히 안 좋았다. 머리론 조금씩 이해가 되어갔지만, 마음으로는 걱정되었기 때문이다. 아버지께서 경험한 세계에서 작가는 아직도 가난한 예술가니까. 아들을 사지로 보내는 느낌이셨겠지.

"네 맘대로 하라, 언제 내 말을 들었느냐!"며 아버지께서는 한껏 성을 내시고는 자리에서 일어나셨다. 그리고 나와 한동안 연락이 끊겼다.

"아버지, 왔어요." 이후 나는 아버지를 종종 찾아뵈었다. 나를 낳아준 아버지와 연을 완전히 끊고 싶지 않아서다. 무엇보다 가장 가까운 피붙이에게 작가로서 인정받고 싶던 마음도 있었고.

"오늘 글은 어때요? 괜찮나요?"

"오타가 제법 많구나."

"편집자가 안 잡아줘서 그래요."

"저번 주 금요일에는 지각도 했던데…."

"그땐 아파서 그랬고."

"에이, 그래도 쓰나… 그러면 있는 독자도 떠난다. 앞으로는 재깍 올리도록 해라. 연참도 종종 하고."

"밥이나 먹으러 나가요."

나의 지속적인 화해 시도 때문일까? 지금은 아버지와 정감 넘치는 대화를 나눌 수 있게 되었다. 종종 아버지와 함께 밥을 먹으러 나갈 때도 있는데 가끔 그때 그 부대찌개 전문점 근처를 지나칠 때가 있다. 그때마다 아버지께 묻곤 한다. 아직도 작가가 밥 빌어먹는 것처럼 보이냐며.

이에 아버지는 따로 반박하지 않고 멋쩍게 미소만 지으신다. 아마도 만날 때마다 드리는 두둑한 용돈 봉투 때문이겠지?

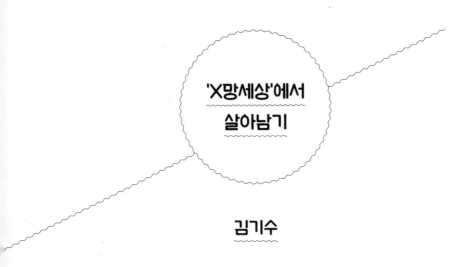

'X망세상'에서
살아남기

김기수

"X됐다." 자주 쓰는 말이다. 특히 온 마음을 다해 열심히 노력했지만, 마음대로 되지 않을 때 자주 쓴다. '망했다'라는 말로는 부족하다. 아직 이보다 어울리는 말을 찾지 못했다. 나의 가치관과 세계관이 무너지는 기분에 'X됐다'는 딱 어울리는 말이다.

가치관과 세계관이 무너지는 경험은 세상을 돌아보게 한다. 내가 살아가는 세상은 무엇으로 채워져 있을까, 나는 무엇으로 세상을 살아가고 있을까. 내 안에는 '이렇게 해야 한다', '그렇게 살면 안 된다'라는 말들이 가득하다. 누군가가 나에게 심어놓은 말들이다. 다른 말로 사회화다. 어렸을 때부터 가정과 학교, 군대와 직장에서도 사회화 과정을 거치며 살아왔다.

'사회화'라는 말을 좋아했다. 홀로 살아남기 힘든 세상에서 비슷한 사람끼리 뭉치고, 비슷한 생각을 하며 서로 돕고 힘을 모아 살아가야 하니까. 하지만 이를 조금 자세히 들여다보니 아름답지만은 않았다. 서른 살이 되어서야 알았다. 나의 사회화는 선망, 욕망, 절망, 도망, 실망처럼 '망'으로 끝나는 말들로 가득했다. '나'라는 사람은 없었다. 정확하게 말하면 누군가가 만든 기준과 가치 속에 허우적거리는 내가 있었다. 그때부터 사회화에 대해 의심하기 시작했다. 도대체 누가 사회화란 이름으로 나의 삶에 관여하는 걸까. 사회화는 '망'으로 끝나는 여러 말들, 'X망' 속에 '나'를 잃어가는 폭력의 연속인 게 아닐까. 어떻게 하면 사회화라는 알을 깨고 나와 진짜 나를 만날 수 있을까.

나를 잃어간 시간을 돌아본다. 'X망세상'에서 살아남은 순간들을 돌아보며 나를 이해하고 싶다. 지금까지 잘 살아남았지만, 앞으로는 생존이 아니라 잘 살아가고 싶다. 나를 좋아하고 내가 좋아하는 사람들과 좋아하는 일을 하며 살아가고 싶다. 내가 마주하는 아이들이 나와 달리 학교와 마을에서 스스로를 잃지 않고 살아가도록 돕고 싶다.

선망과 욕망의 세상

지방 소도시 속초의 작은 마을에서 나고 자란 나는 설악산 울산바위와 동해 바다를 보며 늘 다짐했다. 내가 저 태백산맥을 넘으리라, 저 바다를 건너 넓은 세상으로 나가리라. 21세기와 어울리지 않는, 가슴이 웅장해지는 말들이 나의 청소년기에 가득했다. 다른 지역 사람들은 영동지역 사람들의 웅장한 다짐을 이해하지 못한다. 변방에 사는 사람들이 갖는 일종의 콤플렉스이기 때문이다.

가난한 동네, 가난한 가정에서 태어난 나는 콤플렉스 속에 살았다. 나와 다른 사람을 비교했고 나의 부모와 가족을 다른 사람의 부모, 가족과 비교했다. 절대적 가난보다 타인과의 비교로 생기는 상대적 가난은 때때로 나의 자존감을 흔들었다. 콤플렉스로 누군가를 쉽게 선망했고, 그들처럼 될 거라는 희망을 품었다. 계발과 상승만이 살길이라 믿었다.

2000년대 초반, 대한민국에는 자기계발 열풍이 불었다. 서점은 자기계발 도서로 가득했다. 나는 어렸을 때부터 자기계발 도서를 읽었다. 콤플렉스에서 벗어나고 싶던 나에게 고전과 문학, 청소년 추천 도서는 사치였다. 자기계발 도서가 딱이었다. 그 책들을 읽으면 나의 선망과 희망이 현실이 될 것만 같았다. 《정상에서 만납시다》, 《먹어라 그렇지 않으면 먹힌다》, 《승자 독식 사회》, 《그대, 스스로를 고용하라》. 지금까지 책장 한 켠에 꽂혀있는 책들이다. 제목을 보면 그 당시 내가 무슨 생각으로 살았는지 알 수 있다. 선망을 넘어 욕망으로 가득했다. 나는 개천의 미꾸라지가 아니라 용이 될 거라고, 용이 되어야만 한다고 생각했다. 내 안에 깊이 잠들어있던 욕망이 깨어났다.

입시 중심의 생존 이데올로기는 성공이라는 욕망을 불태우기에 딱 좋았다. 경쟁은 당연했고 경쟁에서 승리하기 위해 노력했다. 눈앞에 보이는 등수와 등급은 자극적이었다. 학원 선생님은 고등학교에 입학하면 지금의 등수보다 숫자가 2~3배 커질 거라고 엄포를 놓으셨다. 고등학교 담임 선생님은 '시간은 금'이라고 하루에 세 번은 말씀하셨다. 쉼은 사치였다. 입시에 지쳐 쉴 때면 자기계발 서적에서 봤던 문구를 떠올렸다. "더 많은 나무를 베는 도끼는 쉼 없이 쓰이는 도끼가 아니라 가끔

씩 날카롭게 날을 갈아주는 도끼다." 나 스스로를 도끼로, 휴식을 도끼의 날을 갈아주는 시간으로 여겼다. 쉼은 쉼이 아니었다. 친구들과 시간을 내어 축구를 할 때면 축구를 하러 나오지 않는 친구들과 우리를 비교했다. "우리는 축구를 하며 체력을 늘리니까 결과적으로 공부한다고 축구를 하러 나오지 않은 애들보다 더 오래 공부를 할 수 있어." 축구를 하고 충분히 쉬어야 했지만 뱉은 말이 있어 그러지 못했다. 나보다 더 오래 의자에 앉아 있던 친구를 이기기 위해 기를 쓰고 버텼다.

욕망이 가득한 세상은 쉼과 여유를 허락하지 않았다. 학창 시절 선의의 경쟁을 우정이라 여기며 살았다. 비상을 꿈꾸는 노력들이 학창 시절의 추억이 될 거라 여겼다. 청소년기에 오롯이 나를 마주할 수 있는 시간은 없었다.

내가 선망하고 욕망한 대상, 세상은 특별하지 않았다. 능력주의로 인정받은 대상이 나의 롤모델이었고, 능력주의로 성공해 잘사는 세상이 내가 꿈꾸는 세상이었다. 욕망 너머에 희망이 있다고 믿었다.

절망과 희망의 세상

어렸을 때부터 해군 장교가 되고 싶었다. 가족 중 나의 유일한 선망의 대상은 작은아버지였다. 가난한 마을, 가난한 가정에서 태어난 작은아버지는 해군사관학교에 입학했다. 가족들 중 유일하게 안정적인 직장을 갖고 있던 그는 나의 우상이자 롤모델이었다. 하지만 나는 해군사관학교 입시에 실패했다. 오랫동안 갈망해온 길이기에 속상했지만, 마음을 돌아볼 여유는 없었다. 오답노트를 적으며 패배의 이유를 돌아봤다. 이

번 패배를 계기로 수능을 더 잘 봐야겠다고 욕망을 불태웠다.

　지방 교육대학교에 합격했다. 가족들은 집안에 선생이 나올 거라며 좋아했지만 나는 만족하지 못했다. 한 번도 교사가 될 생각을 안 했던 내가 사범대학교에도 합격했다. 초등교사보다는 중등교사가 되고 싶었지만 중등교사로 임용되기가 어려우니 교대에 가라는 아버지의 말을 따랐다. 가족들은 내가 서둘러 안정적인 직업을 갖기를 원했다.

　대학 입시는 부모의 도움 없이 홀로 준비하기 힘들다. 생활기록부를 챙기고 여러 정보를 토대로 수시를 준비해야 한다. 정시 한 방을 노려야 했던 나는 임용고시 한 방으로 승부가 나는 교육대학교 생활에도 잘 맞았다. 대학 생활을 적당히 하다가 임용고시로 안정적인 직장을 얻을 생각만 했다. 미뤄두었던 게임과 연애에 집중했다. 22살, 교육대학교 3학년 교생실습에서 아홉 살 꼬마 아이를 만나기 전까지.

　"선생님은 왜 선생님 해요?" 뒤통수를 맞은 기분이었다. 아니, 차마 아이 앞에서 말을 하지 못하고 마음속으로 말했다. X됐다. 그동안 내가 살아온 세상과 가치관이 무너지는 기분이었다. 나를 좋아했던 그 아이는 어쩌면 나를 보고 선생님이 되고 싶었을지도 모른다. 멋있게 대답을 해줘야 했지만 그러지 못했다. 그때부터 왜 선생님을 하고 싶은지 이유를 찾기 시작했다. 나는 왜 선생님이 되려고 했는가. 물음의 답을 찾으려고 책을 읽었다. 처음으로 자기계발서가 아닌 진짜 책을 읽었다. 독서모임을 만들었다. 교육대학교 학생이 아니라 다른 대학의 학생, 직장인을 만났다. 직장 또는 다른 대학을 다니다가 교대에 입학한 장수생 형과 누나들을 만나 고민을 나눴다. 오랫동안 고민하고 이유를 찾기 위해 노력했다. 하지만 고민이 깊어질수록 왜 선생님이 되려고 하는지 이유를 찾을 수 없었다. 오히려 나는 선생님이 되어서는 안 된다는 이유를 발견했다. 너무나 사랑스러운 아이들 앞에 나는 한없이 부족한 존재라 느꼈다. 생존주의 세상에서 살아남기 위해 욕망으로 삶을 살아온 내가 처음으로 부끄러웠다.

"모두가 처음부터 완벽한 선생님일 수는 없어. 아이들을 만나고 아이들과 함께 부족한 부분을 채워가는 거야." 장수생 형이 말했다. 임용고시를 보지 않겠다고 선언했던 내가 다시 임용고시를 보겠다고 말했다. 아홉 살 꼬마 여자아이의 물음을 시작으로 나의 세상과 가치관은 쉴 새 없이 흔들렸다. X됐다가 계속 나올수록 삶은 절망스러웠다. 독서 모임에서 만난 여러 사람들 덕분에, 장수생 형, 누나들과 나눈 대화 덕분에 희망을 찾았다. 어쩌면 나도 좋은 선생님이 될 수 있겠다는 희망이 생겼다. 내가 되고 싶은 좋은 선생님은 아이들이 존경하고 우러르는 선망의 대상이 아니다. 욕망으로 아이들을 부추기는 선생님도 아니다. 아이들과 함께 살아가는 선생님이다. 그런 선생님이 되고 싶다는 꿈이 생겼다.

2021년 고3이 된 나의 첫 제자들은 그때 열두 살 5학년이었다. 욕망이 아닌 희망을 동력으로 아이들을 만났다. 쉬는 시간마다 운동장으로 뛰어나가 축구를 했다. 같이 땀을 흘리고 아이스크림을 사 먹었다. 아이의 고민 상담으로 통화를 하면 어느새 밤이 되었다. 아이는 긴 통화가 끝날 때면 쑥스럽게 "고마워요."라고 말했다. 사춘기를 시작해서 힘들고, 학원 때문에 힘든 아이들이 조금은 쉴 수 있도록 비빌 언덕이 되어줬다.

1년을 아이들과 함께하고 군에 입대했다. 사관후보생 시험을 보고 어렸을 때부터 갈망한 해군 장교가 됐다. 선생님이라는 옷만큼 해군 장교

옷도 잘 맞았다. 하지만 위기는 군 복무 기간이 교사 복무 기간보다 길어질 때 다가왔다. 교사 김기수보다 중위 김기수가 익숙해지자 고민이 생겼다. 내가 다시 학교로 돌아가서 예전처럼 아이들을 만날 수 있을까. 교육을 주제로 쓴 여러 책을 읽으며 답을 찾기 위해 노력했다.

공교육 밖에서 아이들과 함께하는 마을교육공동체에 눈길이 갔다. 무작정 기차길옆작은학교에 SNS 메시지를 보냈다. 군 휴직 중인데 아이들을 만나 교육봉사를 하고 싶다고. 대학생 때 다문화가정 아이 과외를 하며 느꼈던 고민도 떠올랐다. 인천광역시교육청에 전화했다. 다문화교육 관련 교육봉사를 하고 싶으니 도움이 될 만한 단체를 소개해달라고 말했다. 장학사님은 어울림이끌림 사회적협동조합을 소개해줬다. 운명처럼 두 공동체를 만났다.

두 공동체를 만나 호칭이 다양해졌다. 평일 낮에는 중위 김기수, 중대장님이었다가 저녁에는 김기수 삼촌이 되었다. 기차길옆작은학교에서는 서로를 삼촌, 이모로 부른다. 중학생 아이들에게 사회를 가르쳤다. 주말에는 전투복 대신 사복을 입었다. 1호선 전철을 타고 어울림이끌림 사회적협동조합에 갔다. 선생님이 되어 미얀마 난민 아이들에게 그림책을 읽어주고 한글 공부를 도왔다. 두 공동체를 만나 변한 건 호칭만이 아니다. 타지에서 외롭게 살던 삶도 변했다. 기차길옆작은학교에 가면 이모, 삼촌 그리고 아이들과 같이 저녁밥을 먹었다. 작은 밥상을 여러 개 붙여 옹기종기 모여 밥을 먹었다. 밥을 다 먹으면 이모들은 김기수 설거지하는 것 좀 보자고 말했다. 그릇 씻는 물소리 너머로 들려오는 이모, 삼촌들 대화 소리는 진지했다. 학교 선생님들의 대화가 아니라 가족의 대화였다. 명절이 되면 어울림이끌림 식구들과 전래놀이를 했다. 약간의 우리말과 어설픈 몸짓을 더해 윷놀이, 제기차기, 투호를 설명했다. 놀이를 마치면 장터를 열었다. 입지 않는 의류를 나누고 선물했다. 부대 말고는 마음 붙일 곳이 없던 나는 공동체의 일원으로 살아갔다. 두 공동체에서 시간을 보낼수록 부대에서 해야 할 일이 쌓였다. 하지만 괜찮았다. 가정으로 돌아가 가족에게 힘을 받는 기분이랄까. 에너지를 충전해 부대로 돌아가 열심히 일을 했다. 홀로 보내던 절망의 시기를 두 공동체와 함께 희망으로 보냈다.

　기차길옆작은학교와 어울림이끌림 사회적협동조합은 내게 희망이 되어주었듯이 절망의 세상에서 희망을 구체적으로 만들어가는 곳이었다. 기차길옆작은학교는 가난한 동네에서 아이들에게 버팀목이 되어줬다. 자발적 가난을 선택한 그들은 물질적 빈곤뿐만 아니라 영혼의 빈곤을 겪고 있는 아이들을 품었다. 가정으로부터, 학교로부터, 사회로부터 소외된 아이들은 공동체에서 울고 웃으며 같이 살아갔다. 그들의 울음과 웃음에 같이 울고 웃는 이모와 삼촌들이 있다. 현직 선생님들뿐만 아니라 마을에서 오랫동안 함께 살아간 이들은 함께 모여 숲을 만들었다. 아이들이, 청년들이, 장년과 노년의 이모와 삼촌들이 함께 숲을 만들어 살아가고 있다.

　어울림이끌림 사회적협동조합 대표님을 만나기는 쉽지 않다. 그는 주로 해외에 나가 있는 일이 많다. 항공사 기장인 대표님이 없어도 괜찮다. 어울림이끌림에는 변호사, 퇴직 교장선생님, 학교 방과 후 강사, 주부 등 마을의 여러 사람들이 함께하기 때문이다. 다양한 사람들이 마음을 모아 난민, 이주민과 함께하는 공동체를 만들었다. 그들이 한국에서도 잘 살아갈 수 있도록 돕는다.

두 공동체와의 만남으로 교육은 자격증을 갖고 있는 전문가, 즉 선생님들만 해야 한다는 믿음이 깨졌다. 마을에서 마음을 모아 함께하면 더욱더 의미 있는 교육을 할 수 있다. 전역을 앞두고 기차길옆작은학교 동훈이 삼촌과 술 한잔했다. 삼촌은 "학교로 돌아가면 교실에서 가장 약한 사람이 누구인지 항상 생각해."라고 했다. 어쩌면 교육은 사람을 살리는 일일지도 모르겠다. 공동체를 이루어 약자도, 강자도 함께 살아가는 일이 교육 그 자체이지 않을까.

절망의 세상에서 어떻게 살아남을 수 있을까. 누군가가 알려준 대로 홀로 욕망을 가득 채워 맞서야 할까. 아니면 도망쳐야 할까. 입시 중심 생존 이데올로기에 갇혀 입시가 세상의 전부인 줄 알았다. 하지만 세상은 그보다 훨씬 복잡하고 어려웠다. 가난과 빈곤, 난민과 이주민 등 두 공동체에서 마주한 개념은 입시라는 절망과 차원이 다른 절망이었다. 이 절망은 절대 홀로 극복할 수 없다.

두 공동체는 절망의 세상을 공동체와 함께 살아가고 있다. 이제 나도 조금은 알겠다. 절망의 세상을 살아가는 방법을. 절망을 넘으려면 공동체와 함께해야 한다. 공동체 안에 희망이 있다고 믿는다.

우리가 소망하는 세상

선망, 욕망, 절망, 실망, 도망. 내 안의 수많은 X망들은 내가 모르는 사이 어렸을 때부터 내 안에 쌓였다. 학습되고 강요된 X망들은 나만의 X망이 아니다. 공통의 X망은 사회가 개인에게 심는 것이다. 나도 모르는 사이에 우리는 이를 공통의 기준과 가치로 여긴다.

누가 만들었는지 모르는 기준과 가치를 한 번쯤 돌아봐야 하지 않을까. 이 기준과 가치들이 나의 삶에서 어떻게 작용하는지, 나를 잃게 만드는 폭력은 아닌지 생각해야 하지 않을까. 온전한 나란 없다. 하지만 내 안의 수많은 X망을 돌아보는 일은 중요하다. 세상과 뒤섞인 나에게서 세상을 조금 거두어낼 수 있기 때문이다. 세상을 조금 덜어내면 그동안 마주하지 못한 나를 알 수 있다. 나에게 집중하면 절망스러운 세상을 살아갈 수 있는 '나만의 동력'을 찾을 수 있다. 나는 공동체에서 희망을 발견했다.

내가 근무하는 운양초등학교는 강릉 사천면에 위치한 작은 시골 학교다. 운양초등학교는 조금 이상하다. 다른 학교와 다르다. 교직원, 학생, 학부모 그리고 마을이 지나칠 정도로 가까운 관계를 맺고 있다. 개인의 성취나 타인이 부여한 역할에 집중하지 않는다. '나'라는 본질적 자아에 집중한다. 교직원과 학생, 학부모라는 위치를 넘어 인간 대 인간으로 마주 본다. 학부모와 종종 연애 상담을 한다. 결혼을 하고 싶다고 말하면 진지하게 고민하라며 농담도 한다. 본질적 자아로 살아가는 공간은 단순히 직장이 아니다. 하나의 삶터이자 공동체다. 무슨 일이 있든 없든, 교직원과 학부모, 학생들 모두 둘러앉아 수다를 떠는 운양의 문화는 신뢰를 쌓아 공동체를 만들었다. 웃음도 눈물도, 즐거움도 슬픔도 관계 속 소통으로 만들고 극복해 나아간다. 교육공동체가 된 학교는 더 이상 지식을 전수하는 공간으로만 존재하지 않는다. 학생뿐만 아니라 교직원과 학부모도 함께 성장하는 공간이 된다. 삶을 함께 가꾸어나가는 공동체가 된다.

평일에는 운양초등학교에서 아이들을 만나고 주말에는 강릉청소년 마을학교 날다에서 청소년들을 만난다. 날다학교는 현직 초, 중, 고등학교 선생님들이 기획하고 운영하는 마을교육공동체다. 강릉시 청소년이라면 누구나 참여할 수 있다. 선생님들은 아이들과 마을을 연결하는 링커(linker) 역할을 한다. 강릉의 사회문화 자본을 연결해 청소년들이 하고 싶은 활동을 지원한다. 소방관, 인권운동가, 농부, 변호사, 영화감독, 전투기 조종사 등 청소년들이 다양한 분야의 전문가들을 만날 수 있도록 돕는다. 날다학교는 청소년들이 입시 중심 생존 이데올로기에 갇히지 않도록 돕는다. 입시에 가려진 삶의 이면을 볼 수 있도록 돕는다. 사회가 부여하는 욕망에 갇히지 않고 스스로를 마주할 수 있도록 돕는다. 내가 무엇을 좋아하고 싫어하는지 다양한 프로젝트를 하며 주체로 성장하는 배움터다. 어느 날, 날다학교 학생에게 부모님이 물었다고 한다. 너는 꿈이 무엇이냐고. 학생은 무엇을 하고 싶은지 잘 모르겠지만 강릉에서 살고 싶다고 말했다. 유일한 선망의 대상을 따라 해군 장교가 되고 싶던 나, 속초를 하루빨리 벗어나고 싶던 나와는 달랐다. 날다학교는 아이들이 본인 스스로와 강릉을 더 잘 알아가는 공동체다.

날다학교는 학생들의 자치 배움터이면서 마을의 공유공간이다. 다양한 모임과 만남이 이루어진다. 강릉 청년들의 커뮤니티 '이음' 독서 모임도 날다학교에서 진행한다. 군 복무를 마치고 이음을 만들었다. 타지인 강릉에서 홀로 살아가기 싫었다. 매일 만나는 선생님들을 넘어 다양한 사람을 만나고 싶었다. 만남은 배움과 성장을 이끌고 만남으로 이루어지는 관계는 공동체를 만든다는 믿음으로.

강릉의 청년 지형은 서울과 같은 대도시와 다르다. 대학생과 취업준비생의 수가 적다. 직장 발령으로 강릉에 이주한 경우가 많다. 이음은 강릉이 낯선 이주민들이 적정 수준의 관계를 맺고 마을에서 지속해서 살아갈 수 있도록 돕는다. 독서 모임으로 시작했지만 4년 동안 강릉의 대표 청년 커뮤니티가 되었다. 이음 안에 걷기 모임 걸음, 글쓰기 모임 지음, 영화 모임 필름, 필사 모임 적음, 사진 모임 찍음, 기상 모임 깼음, 수영 모임 빠졌음 등 다양한 소모임이 있다. 대개 청년들의 모임은 자기계발 모임이거나 친목 모임인 경우가 많다. 하지만 이음은 둘 사이 경계에 있다. 욕망을 부추기고 생존을 위한 자기계발을 하지 않는다. 자신이 하고 싶은 주제로 소모임을 만든다. 만남이 친목으로 끝나지 않는다. 지역사회와 연대하고 공공성을 고민한다. 지역의 독립서점을 이용하고 지역의 독립영화를 알린다. 다양한 프로젝트로 기부금을 마련해 도움이 필요한 곳에 나눈다. 강릉의 청년문화를 바꾸기 위해 문화도시 라운드테이블 등 다양한 담론장에도 적극적으로 나선다. 이음은 적정 수준의 관계를 맺으며 마을과 문화를 바꾸는 새로운 유형의 공동체다.

나는 강릉에서 오래 살고 싶다. 태백산맥을 넘고 싶어 했던 어린 시절의 꿈은 이루지 않았지만, 오롯이 나로 존재할 수 있는 이곳에 뿌리를 내리고 싶다. 지금 내 꿈은 여기, 공동체들과 함께 있다.

내가 소망하는 세상은 운양초등학교처럼, 날다학교처럼, 이음처럼 수많은 공동체가 존재하는 세상이다. 얼굴도 모르는 누군가가 부여한 공통의 가치와 기준이 가득한 세상이 아니다. 본질적 자아를 드러내는 공동체, '나'라는 사람을 찾고 내가 발 딛고 살아가는 마을을 알아가는 공동체, 좋아하는 일을 좋아하는 사람들과 함께 할 수 있는 공동체다. 'X망세상'은 사회화란 말로 동질성을 강조한다. 하지만 이는 수많은 개별의 존재를 사라지게 한다. 그 중심에는 '나'가 있다. 우리는 더 이상 '나'

를 잃어서는 안 된다. 적정 수준의 '우리' 안에서 '나'를 지켜야 한다.

당신이 소망하는 세상은 어떤 세상인가. 그 세상이 내가 소망하는 세상과 함께하면 좋겠다. 우리에게는 더 많은 공동체가 필요하다. 더 많은 공동체 안에 더 많은 사람들이 각자의 향기로 살아갈 때 'X망세상'에 희망이 피어날 수 있다. 그물망처럼 얽힌 관계와 공동체 속에 희망이 있다고 믿는다.

'나로' 사는
삶의 지은이

박지은(나로)

　8년간 사용하던 활동명 '짜몽'을 버렸다. 대학 선배가 짜리몽땅하다며 나에게 붙여준 별명이었다. 내가 스스로에게 새로 지어준 이름은 '나로'다. 다른 사람들에게 휘둘리며 사는 삶을 그만 내려놓고 싶었다. 내 주변의 많은 친구들은 다들 자신의 뜻대로 잘 살아가는 것 같은데 어느새 나는 돈에, 환경에, 일에, 사람에 휘둘리며 살고 있는 것 같았다. 나로서 살아간다는 뜻의 '나로'라는 이름이 참 마음에 들어서 개명까지 해버릴까 하다가 일단 참았다. 그리고 함께 활동하던 친구에게 넌지시 이야기를 꺼냈다.

　"나 활동명 바꿀까 싶어."

　"오, 정말? 어떤 이름으로?"

"나로."

그 순간 내가 생각지도 못한 반응이 터져 나왔다. 그 친구는 박장대소를 하며

"나로? 푸하하하하 그럼 박나로 씨가 되는 건가? 하하하"

그 이후로 나는 짜몽으로 약 1년을 '더' 살았다. 아직도 그 친구가 왜 그렇게 웃었는지 알 수는 없지만, 휘둘리지 않겠다 싶어 고른 이름에서부터 이미, 휘둘리고 있었다.

칭찬은 나를 휘두른다

9살에 미술을 시작했다. 그림을 그리는 걸 좋아하진 않았다. 칭찬받고 싶어 오빠를 이기기 위해 노력하다 보니 얻어걸린 게 그림이었다. 그림을 그리면 칭찬을 받았고 그게 좋아서 그림을 그렸다. 그렇게 9살에 동네의 작은 입시 미술 학원에 다니며 7년간 소묘를 그렸다. 정말 토가 나올 정도로 그림이 그리기 싫은 날에는 3시간 동안 백지 상태로 시위를 했다. 그런 날은 상상화를 그리는 날이었다. 난 잘 그려서 칭찬받기 위해 그림을 그린 거지 내가 그림 그리는 걸 좋아한 게 아니었으니까. 그런데 그리고 싶은 것이 있어야 상상이 되는데 애초에 나는 그리고 싶은 게 아무것도 없었다. 그렇게 그리는 그림은 점점 더 고역이었고, 예고 입시를 시작한 지 한 달 만에 비용이 한 달에 백만 원이라는 말을 듣고서 바로 그만뒀다. 그때는 그렇게 돈이 비싸다는 이유를 변명 삼아 관뒀지만 사실은 따로 하고 싶은 것이 있었다. 그렇게 나를 포함한 내 주변의 모든 사람들이 당연하다 여겼던 나의 첫 장래희망 '화가'는 저 멀

리로 사라졌다.

나는 다른 친구들에 비해 통통한 편이었고, 종종 그걸로 인해 스트레스를 받기도 했었다. 어느 날 엄마가 살을 뺄 겸 갑자기 댄스 학원에 딱 한 달만 다녀보라며 두 달간 나를 설득하기 시작했다. 나는 원래 춤추는 걸 좋아하긴 했지만 그건 나만의 비밀이었다. 그 당시만 해도 나를 아는 모든 사람들은 나를 '얌전히 앉아서 그림 그리는 지은이'라고 알고 있었고, 나도 남들이 보기에 '나대는 아이'가 되고 싶지 않았다. 아무튼 엄마도 내가 한두 번 싫다고 하면 포기하곤 했는데, 그때만큼은 지금 둘이 대화를 나눠도 참 이상하다 싶을 정도로 포기하질 않았다. 그래서 나는 두 눈 꼭 감고 '딱 한 달만' 하고 나갔다(엄마는 아직까지도 그때의 설득을 후회할 때가 있다고 한다).

처음 들어간 수업은 방송 댄스였다. 춤추는 사람들이 어떤 사람들일지 알 길이 없어 엄청 긴장하고 들어갔던 기억이 난다. 긴장해서 평소에는 절대 입지 않았을 핑크색 트레이닝복도 위아래 세트로 맞춰 입고 갔다. 근데 웬걸. 긴장했던 것에 비해 다들 못해도 너무 못하는 것이었다! 나는 한번 보면 다 따라 하는 동작들을 다른 사람들은 선생님이 두 번, 세 번을 반복해줘도 어려워했다. 두 번째로 잘하는 것을 발견했다. 그렇게 1년을 다니던 중 "지은이는 다른 꿈이 없으면 댄서가 되면 참 좋겠다."라는 선생님의 말에 홀려 엄마를 졸라 좀 더 전문적인 스트릿 댄스 학원으로 옮겼다. 미술을 그만둔 이유는 사실 거기 있었다.

새로 옮긴 학원에서는 청소년 팀을 꾸려 공연이나 대회도 나갈 수 있는 공연 반이 있었다. 처음 배우는 장르의 춤들이었지만 나는 곧잘 따라 하고 연습도 열심히 하는 편이어서 공연 반으로 들어와보겠냐는 제안을 받았다. 무대에 서서 사람들 앞에서 춤을 춘다고? 어색하고 낯설기는 했지만 다들 잘한다 잘한다 해주니 왠지 할 수 있을 것 같았다. 곧장 엄마에게 공연 반으로 들어가고 싶다 했고, 엄마는 내가 몇 번 하다 말겠지, 라는 생각으로 알겠다고 했다. 학원비도 미술 학원에 비하면 월등히 저렴했다. 그렇게 공연 반에 들어가고 첫 대회에 출전하여 인생 처음 무대에 오른 날. 태어나서 단 한 번도 맛보지 못했던 엄청난 희열을 느꼈다. 그때 그 희열감은 아직도 생생하다. 내가 춤을 추고, 사람들은 나를 보며 환호성과 박수를 보냈다. 많지 않은 관객이었지만, 힘들게 연습했던 동작 하나하나가 빛을 발하는 순간. 무대에서 내려온 후 한참이 지나도 심장이 계속 두근거렸다. 그때 마음을 먹었다. '아, 나는 무대에 올라야 하는구나.'

더 쿨내나고 간지나는 내가 되기 위해

다니던 댄스 학원이 갑자기 망했다. 학원에 선생님으로 계시던 분이 나에게 팀으로 같이 활동하자는 제안을 했다. 무려 성인들만 있는 프로 팀이었다. 참 멋지다고 생각했던 사람이 나에게 같은 팀을 해보자고 제안을 하다니. 엄마와의 몇 주간의 전쟁 끝에 나는 팀에 합류했다.

2, 30대 성인 남성 세 명과 10대 남성 둘이 연습생으로 있었다. 일주일에 한 번씩 새벽 연습을 하고, 나와 다른 연습생 둘은 학교가 끝나면 곧장 연습실로 달려가 청소를 해야 했다. 팀 연습을 하다 보면 때때로 공연도 나갈 수 있었다. 나는 공연을 가거나 뒷풀이 자리에 가서 청소년임을 숨겨야 했는데 키가 작다 보니 곧잘 들통나고는 했다.

"야, 너 자꾸 어린 티 낼 거야? 오빠들이 너 때문에 자꾸 제약이 걸리잖아. 화장도 좀 하고 귀걸이도 좀 하고. 언제까지 애처럼 다닐 거야?"

멋진 선생님이라고 생각했던 사람은 어느새 오빠라는 호칭으로 바뀌었고 슬금슬금 긴장감 없이 들이미는 요구와 욕구에 가랑비에 옷 젖듯 익숙해져 있었다. 17살의 나이에 24살 선배가 나를 보고 27살인 줄 알았다는 말을 들으며 좋아하고 안도했다. 그 팀에서는 약 10개월 정도 있었는데 불미스러운 사고가 몇 번 있었다. 모두가 걱정하고 우려했던.

팀의 유일한 여성이었던 청소년은 팀원들의 술자리 이후 단장에게 성추행과 성폭행을 당했고, 몇 차례의 사건 이후 결국 팀을 나갔다.

처음 한두 번은 그래도 배울 것이 많다고 생각해 사과를 받으며 넘어갔다. 그러나 몇 차례가 지속되며 결국 뭘 배우더라도 욕구 받이가 되는 느낌을 지울 수 없어 춤을 추지 않더라도 그만해야겠다고 생각했다.

몇 개월을 아르바이트만 하며 춤도 추지 않고 지냈다. 춤춘다고 공부도 손을 놓았고 집에 흐르는 분위기가 다시 학원을 다니고 싶다는 말을 꺼낼 수 없게 느껴졌다(실제로 부모님이 독촉 전화에 시달리기 시작할 무렵이었다). 담배 피고, 술도 마시고, 외박도 했다. 나를 구제할 길이 없어 보였다. 춤판에서 내 사연은 이미 알 사람들은 다 알게 된 듯하고, 나를 찾는 사람도 없는 그곳에 나는 더 이상 갈 수 없겠구나 싶었다. 그렇게 알바 인생을 살아야 하나 싶던 즈음, 내가 팀을 나온 소식을 듣고 친하지는 않았지만 나름 알고 지냈던 선배가 연락이 왔다. 같이 연습하자고. 낯설기는 했지만 반갑기도 했다. 그렇게 몇 번 연습을 하다가 친해지면서 그 선배의 팀 연습실에도 종종 가게 되었고, 얼마 안 가 팀으로 들어오겠냐는 제안도 받게 되었다.

그 팀은 팀 내 규율이 엄격했다. 미성년자들은 술, 담배를 절대 하면 안 되었고, 팀 내 연애 금지는 물론 사생활 검사도 서슴지 않았다. 도덕적이라는 이유를 들어가며 그게 필요 이상의 규율이라는 것을 그 누구도 반박하거나 거부하지 못했다.

19살부터는 나도 수업을 한두 개씩 맡아서 할 수 있었다. 비록 페이는 거의 받지 못했지만, 때때로 수업 보조로 참여하거나 온전한 내 수업이 있기도 했다. 대상은 거의 댄서를 꿈꾸는 청소년, 어린아이들이었다. 그때 당시 팀에서 강조하던 것이 있는데 '선생님으로서의 위엄'이었다. 학생들과 나이 차이가 얼마 나지 않으니 쉽게 보이면 안 된다며 화장도, 옷차림도, 말투도 검열해야 했고 심지어 학생들과 편하게 대화를 나누거나 조금만 친해 보인다 싶으면 바로 경고를 받았다. 내가 원래 그런 사람이 아니어도 나는 진중하고 예리하고 쿨내나고 시크하며 간지나는 선생님이 되어 있어야 했다. 그러기 위해 가장 쉬운 방법은 학생들을 피하는 것이었다. 대답은 짧고 간결하게, 사적인 대화는 일절 나누지 않았다. 그러다 보니 어느샌가 아이들이 다가오면 표정부터 해서 무슨 말을 어떻게 해야 하는지 몰라 어색한 행동과 어투의 향연이 시작되었고, 그런 내 모습이 부끄러워 결국 '나는 애들이 싫어'라는 생각으로 변질되었다. 내가 아이들을 왜 싫어한다고 생각했는지, 대하는 게 왜 어려웠는지 10년이 지나서야, 지금으로부터 불과 몇 개월 전에 깨달았다.

어쨌든 팀 내 규율도, 검열도 심한 그곳에서 어떻게 몇 년을 버텼는지 왜 그렇게 버티면서 있었는지 당시에는 알 수 없었다. 나중에 생각해 보니 그 팀이 마치 나를 유일하게 구원해준 구원자처럼 느껴졌다. 그 전 팀에서 겪은 일들과 루머로 인해 위축되어있던 나를 받아들여주고 많은 것들을 가르쳐주었으니. 내가 유일하게 의지(라고 쓰고 의존이라 읽는다)할 수 있었던 곳이었다. 그래서 팀의 규율이나 모순적인 것들을 눈감고 외면하며 좋은 것만 보려 했던 것이다. 그렇게 내 의존적 성향이 짙어지고 있었다.

나를 아껴서 그래

그래도 다행히 내 실력만큼은 스스로 자부할 수 있었다. 팀에 대해서도 조금씩 한계를 느꼈는데, 나는 음악에 단순히 동작을 끼워 넣는 것이 아니라 스토리를 만들고 표현하고 싶은 욕구가 생겼다. 그래서 연극과 춤을 병행할 수 있는 대학을 가게 되었고, 학교 작품을 핑계로 팀과는 조금씩 거리를 둘 수 있었다. 학교는 경기도의 작은 3년제였지만 과 내 단합은 매우 좋았다(좋지 않으면 집합이었다). 학교 선배를 만나면 90도로 인사하며 내 이름과 학번을 밝혀야 했지만, 내 나이 또래의 사람들을 만나고 어떤 규율 없이 사적인 관계를 자유롭게 맺는 것이 너무 오랜만이어서 마치 자유를 찾은 느낌이 들었다.

학교에서는 연기와 연극 수업이 대부분이었는데, 그중 유명한 배우였던 교수님이 진행하시는 수업에서 각자 장면 연기를 발표하는 시간이 있었다. 그때 내 장면 발표가 끝나고 교수님께서 한참 동안의 침묵 뒤에 이렇게 말씀하셨다.

"지은이는 춤도 추면서 연기도 같이 해라."

그 교수님은 연기 칭찬을 하시는 경우가 거의 없었다. 그러다 보니 교수님의 그 한마디는 내 마음에 깊게 들어왔다. 그리고 학교에서 정식 작품의 첫 공연을 마친 날, 나는 맥주를 사 들고 집에 가서 엄마에게 말했다.

"엄마, 나 연극 할래."

엄마는 당황하셨다. 아니 그렇게 반대하던 춤을 추겠다고 꾸역꾸역 고집부리더니 학교에 들어서자마자 몇 달 만에 이제는 연극? 왜 내 딸은 좁디좁은 고난의 길로 가려고만 하나, 싶으셨을 것이다. 내가 했던 스트릿 댄스보다도 돈 벌기가 어려운 것이 연극이었으니까. 하지만 이미 학교는 들어가버렸고, 내 고집은 꺾을 수 없었다. 얼마 안 가 팀에도 내 마음을 전했다. 마음 졸이며 이야기를 어렵게 꺼냈는데, 팀 단장님은 예상했다는 듯 알겠다고 하셨다.

대학 생활을 하며 유난히 친해진 동기가 있었다. 그를 k라고 부르겠다. k는 나보다 7살이 많으며 대학로에서 연극 활동을 하다가 늦게 학교를 들어온 동기였다. 학교에서 첫 연극을 하면서 연기에 대해 아무것도 모르던 나는 k에게 조언을 구하게 되면서 대화를 많이 나누었고, 연극에 대한 그의 열망과 가치 지향들을 듣고 나누며 k와 나는 사귀는 게 아니냐는 의심을 받을 정도로 가까운 사이가 되었다. 우리 둘의 사이가 틀어진 건 다름 아니라 내게 남자친구가 생기면서였다.

나는 다른 동기 r을 좋아하게 되었고 k는 처음에 우리 둘을 이어주겠다며 셋이서 곧잘 놀기도 했다. 그런데 r은 술을 먹으면 공격적으로 변하는 성향이 있었고, 학기 초에 트러블도 종종 있었다. 나는 그런 얘기를 듣긴 했지만 실제로 본 적이 없었다 보니 별 대수롭지 않게 생각하고 있었는데 오히려 k가 반대를 하기 시작했다. r과 내가 점점 서로 좋아하는 마음을 느끼고 있을 때 즈음 k가 나를 붙잡고 말했다.

"너 연기할 거 아니야? 이제 막 연기를 시작한 주제에 무슨 연애야. 그리고 다른 사람은 몰라도 r은 안 돼. 너 연기하는 데 방해밖에 안 되는 놈이야. 걔랑 연애할 거면 나랑 연 끊을 각오해."

　나는 그게 나를 위해서 해주는 말이라고 착각했고, r을 멀리하려 했다. 하지만 이십 대 초반의 사랑을 어찌 막으리. 결국 r과 연애를 시작했고 설마 했지만 k는 정말로 나를 무시하기 시작했다. 다른 학교 사람들에게 나는 안 된다며 결국 무너질 거라는 악담과 험담을 하고 다녔다. 그렇게 1년 뒤 r이 군대를 가면서 그와 헤어졌고 운명처럼 k와 나는 졸업 작품에서 주인공 부부 역할로 만나게 되었다.

　나는 k에 대한 안쓰러운 마음이 있었다. 어려움 속에서도 자신의 연기와 연극에 대한 열망을 포기하지 않고 늦은 나이에 대학까지 와서 몇 살이나 더 어린 선배들에게 존댓말로 자존심 꺾어가며 배우려고 했던 사람이었다. r로 인해 멀어지기 전까지는. 하지만 다시 만난 k는 조금 달랐다. 졸업을 앞두고 서른이 된 k는 자격지심으로 똘똘 뭉친 꼰대가 되어 있었다. 하지만 나는 안쓰러운 마음과 더불어 학교에서 만난 첫 연기 선생님이자 파트너였기에 그와의 관계를 다시 회복하고 싶었다. k는 그런 나의 마음을 금세 알아차렸고 나에게 조건을 내걸기 시작했다.

　연애 일절 금지. 연기를 잘하고 싶다면 자기가 하라는 것 거부하지 않기. 인맥을 위해 술자리 따라다니기. 다른 선배들 말 듣지 않기 등등. 지금 생각해보면 말도 안 되는 것들이지만 그 당시 k는 졸업 후에 너희가 뭘 할 수 있을 것 같냐, 그 치열한 연극판에서 살아남기 힘들다는 말들로 후배, 동기들을 겁주었고 자신은 이미 인맥도, 경력도 있다며 자신을 따르라 하고 있었다.

내 친구들은 k와 거리를 둬라, k가 너를 그렇게 대하는 것은 잘못된 것이다, 등등 많은 이야기를 해주었지만 나는 그때마다 친구들에게 k가 나를 위해서 그러는 것이다, 라는 가스라이팅 피해자의 교과서적인 발언으로 그를 오히려 옹호했고 친구들은 혀를 내두르며 나를 포기했다.

k의 통제와 연기 코칭으로 스트레스와 함께 매일 울어가며 연습했고, 다행히 졸업 공연은 잘 끝났다. 연기적으로 칭찬도 많이 받으며 학교를 졸업할 수 있었는데 나는 그 또한 k덕분이라고 생각했다. 졸업 직후 k는 동기들을 모아 외부에서 작품 창작을 시작했는데 그 과정에서 k는 히스테릭할 정도로 나를 통제하는 것이 심해졌다. 동기들끼리는 나이 차이가 있어도 이름으로 서로를 부르며 친구처럼 지냈는데 내가 다른 오빠에게 말을 놓거나 장난을 치면 나를 동기들 보는 앞에서 차렷하라며 윽박지르고 한참 잔소리를 늘어놓기도 했다. 거부하거나 반박하면 잔소리 듣는 시간만 길어질 뿐이기에 나중에는 그저 하라는 대로 했다. 그리고 그에 따른 내 스트레스도 점점 극에 달했다.

k에게 두 명의 교수님이 워크숍과 배우 자리를 제안했다. k가 나도 그곳에 데려가 함께 작업을 하게 되었고 작품과 일을 하는 내내 k와 떨어질 수가 없었다. 어느 순간부터 k와 같이 있는 시간이 지옥 같이 느껴졌다. 상상 이상의 통제들이었다. 우리 관계가 왜 그렇게 된 건지 알 수가 없었다. 이 사람만큼 나를 위해주는 사람도 없는 것 같은데 나는 이 사람과 함께하는 게 왜 이리도 고통스러울까. 이유를 알아차리지 못하고 지나간 1년의 시간 동안 나는 점점 무너져갔다.

혼자 신호등 앞에 서있다 보면 쌩쌩 지나는 차들에 내가 치여 죽는 상상을 하고, 침대에 누워있으면 천장이 내려앉아 깔려 죽는 상상을 하루에도 몇 번씩 했다. 내가 그런 상상을 하는 것도, 그것이 아픈 신호라는 것도 인지하지 못했다. 하루는 k와의 일정이 끝나고 집에 가는 길에 갑자기 버스에서 내려 걷고 싶은 충동이 들었다. 걷다가 눈물이 왈칵 터져 나왔다. 그제서야 알았다. 이건 아니구나. k가 나를 어찌 생각하든 나는 지금 힘들구나. 같이 작업하던 교수님이 우리 둘의 관계에 대해서 눈치를 채신 건지 나에게 힘들면 전화하라고 하셨던 기억이 떠올라 전화를 걸었고, 교수님은 k에게 솔직하게 말하라며 다독여주셨다. 엄두가 나지 않았지만 이 상태로 가다가는 내가 죽을 판이었다.

며칠의 고심 끝에 k에게 더 이상 나는 함께 작업하기 힘들겠다고 말했다. k가 나를 위해서 해주는 말이나 행동들이 나는 감당하기가 어렵고 당분간 나는 개인적으로 시간을 좀 보내고 싶으니 나중에 좋은 기회가 되면 다시 작업하자고 이야기를 했다. k는 생각보다 별말 없이 알겠다고 했으나 추후 다른 사람들을 통해서 나에게 너무나 큰 배신감을 느꼈으며 나와의 인연은 끝이라고 말했다고 들었다. 앞날이 막막하게 느껴졌으나 속은 시원했다. k를 통해 같이 작업하던 교수님들과의 인연은 그대로였고, 한 교수님을 따라 가평에서의 활동이 시작되었다.

나는 누구, 여긴 어디

가평에서는 너무나 다행스럽게도 좋은 친구들을 만났다. 그렇게 우연히 재밌는 친구들과 뽈레뽈레를 만났다. 뽈레뽈레는 브라질 타악을 연주하며 공연이나 워크숍을 하는 팀이었는데 북을 두드리는 소리는 내심장을 다시 두근거리게 했다. 가평에서 만난 친구들은 서로 나이와 상관없이 활동명으로 서로를 친구처럼 대했고, 그 안에는 당연히 서로에 대한 존중이 기반이 되어 있었다. 10살이 넘게 차이가 나더라도 언니, 오빠, 선배라는 호칭 없이 서로를 대했다. 친구들은 나에 대해서 내가 하는 일이나 나이, 학력으로 판단하거나 평가하지 않았고 나의 생각과 성향 그리고 마음을 궁금해했으며 부족함이 있더라도 그저 있는 그대로의 나라는 사람을 받아들여주었다. 처음 겪어보는 대우에 적응하는 데에 시간이 걸렸다. 단체 생활의 반복된 경험 안에서 나의 생각보다는 단체가 우선시되거나 내가 무언가를 해내야만 인정받았었는데 이제는 그러지 않아도 괜찮았다. 아니 이제는 정말 나의 생각과 마음을 알아야 했고 표현할 수 있어야 했다. 일개 역할 단위로 존재하는 것이 아니라 개인 작업자로서 함께 무언가를 만들어나가야 했기 때문에.

뽈레뽈레와 함께 활동을 시작하고 초반에는 활동에 대해 내 생각이나 의견이랄 것이 없었다. 항상 결정 내려지는 것에 따르고, 단체의 생각이 곧 내 생각이었는데 뽈레뽈레는 그렇지 않아서 종종 어려움을 겪었다. 내 생각을 말해야 하는데 나는 나의 가치도, 신념도 없는 상태였다. 그러다 보니 친구들이 내는 의견에 항상 좋다고 말하는 것밖에는 할 수가 없었고 친구들은 그때마다 나에게 물었다. 정말 좋아? 너의 생각은 뭐야? 계속되는 질문 속에서 나는 스스로에게 질문을 던져야만 했다. 정말 내가 원하는 것은 무엇이지? 너무 오랫동안 내가 원하는 것을 생각하지 않고 활동에만 집중했구나 싶었다.

나도 나를 찾고 싶었다. 내가 무엇을 원하는 사람인지, 무엇을 중요하게 생각하는지 알 수가 없었고 마치 나를 상실한 느낌이 들었다. 그러나 어디서부터 어떻게 찾아가야 할지 막막했다. 이제 더 이상 나는 춤을 출

때처럼 어떠한 활동을 위해 내 몸과 마음을 다 바쳐 노력할 마음도 들지 않는데. 나를 즐겁게 해주는 것은 결국 남들이 좋아해주고 인정해주는 것들뿐이었다 생각하니 아찔했다. 이토록 남에 의해 좌지우지되는 삶을 살았다니….

뽈레뽈레에서 어떤 활동을 할지 고민이 많았다. 나는 학교에서 배운 것들을 응용해서 워크숍에서 다양한 활동을 접목시키기는 했지만 내 것 같은 기분은 딱히 들지 않았다. 사람들을 대하는 것도 처음에는 너무 어색했고, 나보다 경험 많은 친구의 진행 능력과 나를 비교하며 자책하는 날들도 종종 있었다. 그럴 때 전과 다른 점이 있었다면 그런 쭈굴한 나의 마음을 함께 활동하는 친구들과 나눌 수 있는 것이었다. '다른 친구들과 내가 비교돼. 더 잘했어야 하는데 그러지 못했던 것 같아서 너무 부끄럽고 아쉬워.'라는 말을 건네면 친구들은 언제나 이렇게 얘기했다.

"괜찮아. 그 순간의 너는 최선을 다했잖아. 그걸로 충분해."

친구들은 나의 감정을 있는 그대로 받아들여주고 공감해주었다. 그리고 부족한 것에 대해 판단하거나 평가하지 않고 괜찮다고 말해주었다. 우리는 서로를 대하는 방법에 대한 많은 대화와 스터디를 했는데 그중 우리가 워크숍을 진행하며 참여자들과도 공유하는 약속 네 가지가 있다.

1. 서로 존중하기 (평가하거나 판단하지 않기)
2. 다른 사람의 이야기 경청하기
3. 자유로운 의사소통하기
4. 실수해도 괜찮기!

이 약속은 참여자들에게 편안함을 주었지만 삶을 살아가는 나에게도 편안함을 주었다. 이 공간에서 이 사람들과는 내가 있는 그대로 존재해도 괜찮겠구나 싶었다. 그렇게 나는 나를 찾아야만 할 것 같은 조급함을 조금씩 내려놓았다. 어떤 모습의 나이더라도 그 모든 모습은 결국 나인 것이로구나, 그저 친구들이 나를 인정해주고 받아들여주듯, 내 스스로가 나를 받아들이는 것이 필요하겠구나 싶었다.

그저 살아있음을

남들에게 보여지는 것에, 인정받는 것에 치중되었던 삶을 살다가 가스라이팅을 호되게 겪었고, 외부로 인해 나를 상실한 줄 알았지만 결국 타인이 나를 흔들도록 허락하고 수용한 것은 나였다. 나로 서기 위한 발악을 할 때마다 나는 또 누군가의 휘둘림으로 나 스스로를 던져 넣었다.

미처 언급하지 못한 다양한 사건과 사고를 겪으며 내가 깨달은 것은, 사실 우리는 모두 연결되어 있고 서로에게 영향을 주고받을 수밖에 없는 존재들이며 그 영향은 좋을 때도 있고 나쁠 때도 있는 것이 당연하다는 것이다. 나는 여전히 내가 어떤 사람인지 잘 모르겠고 무엇을 원하며 어떤 삶을 살고 싶은지 찾는 여정 중에 있지만, 이제는 그냥 그렇게 명확하지 않은 내 모습을 조금씩 받아들이고 인정하려 노력 중이다. 흔들리는 것도, 누군가에게 영향을 받는 것도, 환경에 불안한 마음이 드는 것도 괜찮다. 멋지고 훌륭하고 대단한 가치와 지향으로 살아가기보다는 보잘것없고 좀 찌질하고 의존적일 때도 있지만 그런 나를 스스로 보듬어줄 수 있는 사람이면 괜찮다고. 잘 살고 있다고.

사실 '나로' 산다는 것은 그저 순간, 순간을 진심으로 살아가는 것, 살아내는 것. 그 자체가 아닐까.

나의 첫 번째 공간,
녹번동 초록집에게

연굴

　2019년 3월, 나는 독립하여 1인 가구가 되었다. 주변 친구들은 부러워하는 한편, 본가에 살면 집밥을 편히 먹을 수 있을 텐데 나와서 살기 힘들겠다고 걱정한다. 사실 나도 경제적 측면에서 부모님 집에 살며 집세로 나갈 돈을 조금이라도 더 모으고 싶었다. 하지만 세상일이 마음대로 되지 않듯, 독립을 해야 하는 상황에 부딪혔다.

　다행히도 내가 속한 사회계층에 지원되는 대출이 있었다. 중소기업취업청년 전월세보증금대출(이하 중기청)이었다. 하지만 현실은 매물을 구하던 계절인 겨울만큼 추웠다. 시행된 지 얼마 되지 않아 은행원, 공인중개사 중에도 모르는 사람이 많았고 케이스마다 다른 응대로 정확한 정보를 찾기 무척 어려웠다. 그저 먼저 고군분투한 대출 경험자들의 감사한 인터넷 후기를 따라 알음알음 헤쳐나가야 했다. 그리고 무엇보다 금액에 맞는 집을 찾기 어려웠다. 회사를 1년 다니며 나름 월급의 50%씩을 모았지만 급여 자체가 적어 보증금 전액을 대출로 해결해야만 했다. 최대 대출 금액 1억에 융자가 없는 안전 매물이었다. 그렇게 부동산 투어가 시작됐다.

스스로 독립이 가능할까

"안녕하세요. 중소기업 청년 전세자금대출로 1억 전셋집 알아보러 왔는데요."

"요새 1억짜리 전세 없어요, 거기 앞에 연락처 적어놓고 가면 전화할게요."

열 몇 번째였을까 들어가는 부동산마다 관심 없이 우릴 바라보았다. 그중 세 곳 정도가 안타까워하며 부동산에 대한 이러저러한 이야길 해주었다. 이후 실제 연락을 준 부동산은 한 곳뿐이었고 안타깝게도 중기청에 대해 잘 모르고 매물을 보여주어 방법을 바꾸기로 했다. 내가 집을구하는 지역에서 중기청을 전문으로 하는 부동산을 알아내 매물이 나올 때까지 모니터링했다. 하지만 나오는 매물 중 중기청이 가능한 1억 이하는 거의 없었다. 결국 나는 스스로의 힘으로 독립할 수 없음을 깨달았다.

중소기업에 다니는 사회 초년생이 몇 천을 모으려면 얼마가 걸릴까. 그때는 과연 사회 초년생이라 할 수 있을까. 대출에 대출을 끼면 결국 월세와 동일했다. 사회 초년생에게 저리에 대출을 해준다는 것과 그 취지는 좋았지만 결국 자립할 수 없다는 무력감에 휩싸였다. 주변의 힘에 기대야 하는 현실을 받아들여야 했다. 기댈 수 있는 주변이 있다는 것이 감사했다.

그 뒤 계약은 빠르게 진행됐다. 매일매일 부동산을 모니터링했고 1억 2천의 매물을 발견할 수 있었다. 글을 올린 지 몇 시간 만에 연락을 몇 차례 받아 점심시간을 빼 집을 보러 갔다. 근무지에서 먼 지역이었다면 집을 볼 수 있는 기회조차 얻기 어려웠을 거다. 부동산 사장님을 따라 가파른 언덕을 오르자 내리막 골목길 여러 건물 사이로 필로티를 포함해 5층짜리 빌라가 보였다. 다시 계단을 올라 차오르는 숨으로 둘러보게 된 집은 이전에 보았던 매물에 비하면 양호해 보였다. 이것저것 걱정이 없는 건 아니었다. 그중에도 천장의 불규칙한 무늬가 눈에 띄어 기존 임차인과 부동산 사장님께 여쭤보았지만 인테리어 벽지라는 긴가민가한 답이 돌아왔다. 하지만 더 좋은 곳을 찾기 어렵다는 것을 알았기에, 계약을 재촉하는 부동산 사장님에게 약간의 시간을 벌어 바로 은행의 가심사를 받아보았다. 갭투자만 없다면 대출이 나올 수 있을 거라는 은행원의 말에 두근거리는 마음으로 바로 가계약을 맺었다.

계약 날 처음으로 임대인을 만났다. 그는 이 빌라를 공사할 때 참여한 사람 중 하나로 임금의 대금으로 이 집을 받았다고 설명했다. 현재는 은퇴 후 강원도에서 지낸다는 그는 내게 만나는 사람이 있으면 전세가 끝날 때 아예 이 집을 사라며 허허 웃었다. 사회적 미소로 계약은 좋은 분위기 속에 무던히 진행됐다. 계약금을 치르며 내 생에 처음 천의 자리를 넘은 억의 단위가 오가는 걸 경험했다. 긴장으로 난 손의 땀이 마를 새 없이 이사 준비가 시작됐다.

이사 또한 쉽지 않았다. 기존 짐이 빠지고 청소하며 집 곳곳에 노후로 인한 고장이 확인됐다. 가장 심각한 건 배수였다. 세탁기를 연결하자 물이 넘쳤다. 그날 저녁 나는 임대인에게 전화를 걸었다. "안녕하세요, 사장님 저 은평구 녹번동 임차인 ○○○이에요. 오늘 이사 왔는데 여기 세탁기 배수가 되지 않아서 수리해야 할 것 같아서 의논드리려고 연락했어요." "아, 나 이제 거기 집주인 아니니까 전화하지 마요. 부동산에 전화해요. 끊을게요~"

끊어진 전화, 어느 모임의 회식 자리였는지 전화 너머로 들려오던 웃음소리와 달리 내 머리는 종이 울리듯 얼얼했다. 이사 온 지 하루 만에 임대인이 바뀌었다. 전혀 예상치 못한 일에 은행원의 이야기가 기억났다. '집주인이 바로 바뀌거나 갭투자 위험 매물이라면 대출이 몰수될 수 있어요.' 이것이 맞는지 아닌지 당시의 나는 알 수 없었기에 무언가 잘못될 수 있다는 두려움에 심장이 방망이질쳤다. 결론부터 이야기하면 다행히 대출에는 문제가 생기지 않았다. 나는 새로운 임대인과 다시 관계를 맺기 위해 노력해야 했고 내가 받은 대출의 특성을 설명하느라 회사 옥상에서 약간의 진땀을 흘렸을 뿐이다. 그리고 세탁기 배수 문제도 힘들었지만 해결할 수 있었다. 그렇게 걱정 많던 과정 끝에 은평구 녹번동에 살게 됐다.

그냥 살어

세탁기 배수 말고도 작은 고장이 계속 발견됐다. 거실 큰 창문을 잠그는 두 개의 크리센트 중 하나가 부러져 있었다. 거실 등은 형광등 중 하나가 접하는 부분이 고장 나 새로운 형광등을 달아도 불이 켜지지 않았다. 변기와 세면대 아래 접하는 부분에 물이 새어 나왔고 샤워기 수전도 물이 새고 있었다. 화장실의 환풍기는 조금만 돌리면 불이 날 것 같은 무서운 소리를 냈다.

이사 초였기에 부동산에 말해보았지만 월세도 아니고 전세면 인테리어를 포함해 생활고장은 세입자가 고치고 살라는 말을 들을 뿐이었다. 인테리어는 갸웃했지만 이미 고장 난 상태였던 걸 "생활"고장으로 보자니 잘 이해가 되지 않았다. 하지만 당장 세탁기도 설거지도 못 하게 되는 배수 문제가 컸기에 다른 고장은 부동산과 임대인의 권유대로 "그냥" 살기로 했다.

거실 큰 창에는 방범 장치를 설치하고 거실 등 하나는 포기하고 조명을 들였다. 변기와 세면대 아래는 가루 석고를 직접 칠하고 샤워기 수전은 따로 구매해 교체했다. 화장실 환풍기는 소리가 너무 크다는 옆집의 이야기를 듣고 사용하지 못하고 있다.

한창의 분주함이 있고 여름이 되었다. 그해 여름은 한 달 내내 비가 왔고 우리 윗집은 비가 새어 고생한다는 이야기가 들렸다. 며칠 뒤 우리 집 마루에도 심상치 않은 물기가 발견됐다. 그리고 바로 옆 벽에도 단열 벽지 사이로 물이 맺혀 있었다. 평온함도 잠시 다시 마음이 분주해졌다. 임대인에게 전화를 걸어 집의 상태를 알리자 약속을 잡고 집을 방문하기로 했다. 반차를 내고 처음으로 만난 두 번째 임대인은 첫 번째 임대인과 아는 사이로 비슷한 나이로 보였다. 벽과 마루의 물기를 확인한 임대인은 고개를 들어 불규칙한 무늬의 천장을 보았다. 집을 구매하고 처음 와본 듯했다. "이거 예전에 누수가 있었나 보네. 물 자국이야 이거." 드디어 수상한 인테리어 벽지의 정체가 밝혀졌다. 나는 단열 벽지 안쪽으로 물이 젖어 곰팡이가 나지 않을까 걱정된다고 했다. "이 집 집장사들이 지어서 날림공사야, 그냥 살어."

사실 나도 지쳐 있었다. 가계약부터 이어진, 책임이라는 핑퐁 게임에 나는 더 이상 공을 굴리고 싶지 않았다. 장마가 지나면 물이 마를 거라는 말을 끝으로 임대인은 돌아갔다.

이 소리는 어디서 나는 것일까?

내가 그동안 좋은 곳에 살았거나 조용한 이웃들을 만났거나, 그것도 아니면 정말 이 집이 날림 공사인지, 소리에 관한 신기한 경험을 하고 있다. 이사 오고 한 달이 안 되어 밤중에 쿵쾅거림과 외침이 들렸다. 무척 선명한 쿵쿵거림에 나는 분명 윗집일거라 생각했다. 소음의 정도가 심하게 느껴져 진원지를 확인차 복도에 나갔다. 놀랍게도 대각선 아랫집에서 나는 소리였다. 신기한 마음에 인터넷 검색을 해보니 여러 아파트에서도 있는 사례였다. 원래 집이라는 게 대각선 아랫집 소리도 윗집 소리처럼 들리는 걸까? 건축을 잘 몰라 더욱 궁금했다.

그 뒤 2년 동안 소리에 대해선 참 이야기가 많다. 아이들의 외침, 멍멍이의 소리, 옆집 화장실 볼일 보는 소리, 윗집 아저씨 재채기와 물 뱉는 소리까지 거실에 앉아 있으면 8시에서 9시쯤 집에 가수가 방문하는 듯하다. 이웃집에서 샤워를 하며 부르는 노래는 언제나 비슷한 곡이었다.

어느 날 밤, 야근을 마치고 돌아와 침대에 누웠다. 너무 피곤해서 오히려 잠들기 힘들었다. 그때 누군가의 규칙과 불규칙을 넘나드는 의뭉스러운 소리가 들렸다. 이것이 자취생활 썰 중 하나인 남녀의 소리임을 깨닫는 건 오래 걸리지 않았다. 때는 여름밤, 창문을 열어두었으니 그럴 수 있겠다 싶었지만, 은근히 거슬리는 고음 소리는 잠을 방해했고 야하게 느껴지기는커녕, 지금 자도 출근 때까지 얼마 못 잔다는 생각에 짜증과 화만 났다. 그날 밤 이후 며칠 뒤, 신기한 일이 일어났다. 퇴근 후 거실 간이소파에서 노곤노곤하게 잠이 들던 나는 의식과 무식의 중간 어디선가 같은 소리를 들었다. '과연 저 소리는 어디서 들리는 걸까? 3개월 동안 들어본 적 없는데 왜 갑자기 들리는 걸까.' 비몽사몽한 정신으로 생각하고 있자니 갑자기 꼭 마치 내 근처에서 말하듯 큰 소리가 들렸다. "어후! 또 저러네!" 그리고 갑자기 소리가 멈췄다. 나는 순간 정신이 번쩍 들었다. 아주머니의 신경질적인 외침이 꼭 옆집에서 들린 것 같기도 하고 앞 건물 집에서 들린 것 같기도 했기 때문이다. 신기한 소리의 울림이었다. 뭐, 덕분에 그 뒤 한 번도 같은 소리를 들은 적은 없다. 흐린 날의 주말, 아침에 눈을 떴다. 몽롱한 기운 속 가짜 인테리어 벽지 천장을 보고 있자니 어디선가 소리가 들렸다. 우는 소리. 떨리는 그 소리는 한참을 이어지더니 통곡으로 변했고 조금 있자니 다른 사람도 같이 울기 시작했다. 누구인지, 무슨 일인지 잘 모르겠지만 벽 너머로 누군가 슬퍼하고 있었고 내 기분도 함께 울적해져갔다.

이웃집의 소리가 공유된다는 건 결국 나의 소리도 공유되고 있다는 것이다. 아이러니하게도 우리는 서로의 얼굴도 잘 몰랐지만 소리를 통해 사생활을 공유하고 있었다.

혼자 사는 것의 한 가지 괜찮지 않음

　(외부 소리를 제외하고) 원할 때 침묵할 수 있는 자유, 내 습관에 맞춰 배치한 가구와 물건, 집 안에서 노는 것 등 나는 혼자 사는 게 맞았고 좋았다. 또 내겐 좋은 인간관계가 있고 집이라는 안식처로 돌아와 혼자만의 시간을 통해 에너지를 충전할 수 있어 기뻤다. 그런데 딱 한 가지, 안전에 대한 두려움이 있었다. 어느 날 저녁 퇴근길, 공동현관에 들어가기 위해 필로티 주차장 안으로 들어섰을 때다. 그때 어디선가 진하고 불쾌한 냄새가 훅 들어왔다. 그리고 한쪽 벽이 의심스럽게 얼룩져 있었다. 설마 노상방뇨는 아니겠지, 하는 의구심이 돌았다. 그리고 일주일 뒤 여름밤. 집들이로 친구들을 배웅한 후 나 혼자 집에 돌아오는 길, 다시금 어두운 주차장에 들어서자 지난번보다 더 강한 암모니아 냄새가 공기 중에 가득했다. 내 의심은 확신이 되었고, 순간 주택지 한가운데서, 예상컨대 자신의 집을 앞두고 벌이는 노상방뇨에 분노와 두려움이 소름 끼치게 밀려왔다. 컴컴한 밤, 집에 들어가다 1:1로 누군가의 엉덩이를 마주칠 수 있다는 것, 그리고 그 사람이 제정신이 아닐 가능성이 크다는 것에 그날부터 집 주차장이 무서워졌다. 다행히 이 문제는 신고를 통해 순찰 간격이 한시적으로 좁혀지자 해결되었다. 아니 해결되었다 믿고 싶다.

　다른 일은 이웃집 아저씨 중 파이터가 있다는 점이었다. 나와 직접 대화한 적은 없지만, 아저씨가 성내는 소리를 몇 번 들은 적이 있었다. 그는 거의 모든 이웃과 한 번씩 싸웠고, 어느 날은 간헐적으로 누군가 내는 쿵쿵 소리에 크게 "뭐 해!", "시끄러워!" 하고 고함쳤다. 사실 나는 쿵쿵 소리보다 아저씨의 외침에 더 깜짝깜짝 놀랐다. 하필 그날 집에 친구가 오다가 공동현관문이 열리자마자 아저씨의 "왜!" 하는 외침에 깜짝 놀랐다고 한다. 그 뒤 나는 이웃 아저씨를 "왜 아저씨"라는 별칭으로 부르고 있다.

혼자 있다 보면 외부 환경으로부터 이런저런 두려움이 생길 때가 있다. 그럴 때마다 누군가가 함께해주면 좋겠다는 생각이 든다. 어느 날 친구에게 이런 고민을 이야기했더니, 그런 두려움 때문에 함께 사는 사람을 필요로 하게 하는 환경이 잘못된 게 아니냐며 한숨 쉬었다.

반려식물

내 공간을 갖게 되면서 생긴 변화 중 하나는 식물에 관심이 생겼다는 거다. 아직 집이 정리되지 않은 3월 말, 부모님을 졸라 고양시의 화훼단지에 갔다. 점찍어둔 식물을 둘러보고 몇몇을 토분에 분갈이해 집으로 업어왔다.

초록빛. 뭉뚱그려 초록빛이라 해도 시기에 따라 달라지는 다채로운 초록빛 아이들을 잘 몰랐을 때는 남몰래 성장하는 친구들이라 여겼지만 곁에 두니 하루가 다르게 변하는 모습이 눈에 들어왔다. 매일 아침, 또는 퇴근하고 나서 조용히 상태를 관찰하다 보면 마음이 평온해지고 시간도 빠르게 흘러갔다. 그러다 욕심이 났다. 더 많은 식물을 키우고 싶다는 것이 아니라, 더 좋은 환경에서 크게 해주고 싶다는. 그래서 아침마다 빛과 바람이 좋은 작은 난간 위에 내어놓고 저녁에 다시 들여놓곤 했다. 흙이 가득한 토분은 생각보다 무거웠고 빛을 잘 받게 해주고 싶어

요리조리 자리를 잡아주다 보면 시간이 참 잘 갔다. 퇴근 후엔 진 빠진 몸으로 식물을 옮겨 들이다 모기까지 들어와 자다 깨기도 여러 번이었다. 그래도 식물을 돌보는 건 즐거웠다. 따듯한 봄빛과 바람, 적당한 물에 쭈욱쭈욱 새잎을 내고 또 그 잎이 연녹색의 어린잎에서 파릇파릇한 진초록의 어른 잎이 될 때 식물은 기분이 좋아 보였다. 뜨겁게 바뀐 여름 햇볕에 잎을 오므릴 때는 힘겹고, 기나긴 장마철을 버텨낼 때는 괴로워 보였다. 나는 우리 아이들에게 사랑과 책임을 느꼈다. 두 번의 응애와 장마 피해에 새잎과 줄기를 돋아낸 유칼립투스를 숭덩숭덩 자를 땐 마음 아파도 내가 해야 한다는 의무감과 함께 볼품없이 변하더라도 부디 살아주길 바라는 마음이 든다. 고맙게 자라준 식물의 분갈이를 위해 전지가위와 흙, 더 커다란 토분을 구입할 때면 생각지 못한 가격에 결제 버튼을 누르는 손이 약간 떨리기도 한다.

아이들을 위한 볕이 드는 집, 베란다가 있는 집을 생각하면, 다시 집에 대한 현실을 고민하게 된다. 그저 내 상황에서 최선을 다할 수 있는 숫자까지만 반려식물을 들이는 데 만족하고 있다. 그리고 그게 옳은 것 같다. 무턱대고 식구를 늘리면 그들에게 필요한 충분한 시간도 돈도 모자랄 것이기 때문이다. 식물 걱정도 이만한데 자식은 어떨지 상상할 수도 없다.

집에 대한 애정

힘들었던 이야기를 먼저 풀었지만 난 우리 집을, 내 공간을 사랑한다. (외부 사건이 없을 때) 집은 내 거처로 안전과 안정을 준다. 집은 내 취향(좋아하는 분위기, 음식, 음악)을 담을 수 있는 유일한 곳으로 쉼과 영감을 준다. 그렇게 쓸고 닦고 꾸미며 집의 좋지 않은 부분마저 걱정이라는 애정으로 살펴보게 된다.

한 해를 살고 새로운 가을이 막 시작되던 때 임대인에게 전화가 왔다. 아랫집 집주인으로부터 천장에 물이 샌다는 연락을 받았다 했다. 걱정스러웠다. 눈에 보이지 않는 부분에서 물이 샌다면 큰 공사가 될 것 같았다. 미리 전화를 주고 온다던 임대인은 집에 도착하기 10분 전에 전화를 주었다. 물의 근원지를 찾기 위해 여기저기 보았지만 흔적이 보이지 않자 우리 집에서 새는 게 아닌 것 같다 했다. 그때 아랫집 임대인이 찾아왔다. 아마 함께 집을 보기로 했나 보다. 곧 두 사람은 복도에서 다투기 시작했다. 우리집 임대인은 누수 탐사를 하지 않고 계량기를 잠궈 하루 지켜보자 했고 아랫집 임대인은 전문가를 불러야 한다 했다. 얼마 뒤 전문가가 왔고 누수가 있는 것 같으니 내일 오전에 탐사와 수리를 진행하자 했다. 기사님은 내게 시간을 약속하고 떠났다. 그러는 중 두 사람은 싸우고 있었다. 아랫집은 천장 인테리어를 요구했고 우리 집 임대인은 아랫집 임대인에게 비용을 반반 내자고 하고 있었다. 법률상 윗집의 누수라면 아랫집의 피해를 책임지는 게 맞았다. 하지만 다툼은 끝나지 않았다.

다음 날 수리 기사님이 찾아왔다. 함께 자리하기로 약속했던 임대인은 좀 늦는다 하여 먼저 작업을 진행했다. 다행히 물이 새는 곳을 찾아냈고 수리를 마쳤다. 찾던 중 새로운 문제를 발견했다. 비가 오면 굴뚝을 타고 보일러실 벽으로 물이 새어 들어오고 있었다. 보일러 사용엔 문제가 없었지만 이대로 두면 건물이 상할 것 같았다. 저녁이 되어 임대인이 찾아왔다. 그는 수리된 곳을 살폈다. 그리고 비가 새는 보일러실을 보더니 "사는 데 문제없으니 그냥 살아요." 하고 말했다.

나는 계약할 때부터 임대인들이 이 집에 애정이 없음을 느꼈다. 아무리 직접 살지 않아도 집이 고장 나는 건 물건의 가치가 떨어지는 일이었다. 재개발을 생각하고 산 거였을까? 이런저런 생각이 들 때 갑자기 현관에서 등을 돌리며 임대인이 말했다.

"거, 내년에 어떻게 할 거예요?"

"계약 말이죠? 전 괜찮으면 계속 살고 싶어요."

"아, 우리 아들이 들어와 살 수 있다니까 준비해요."

냉장고 소리가 나지 않는 곳에 살고 싶어요

뜻밖이었다. 집을 보지 않고 샀다는 점과 곰팡이를 방치했다는 점에서 나는 당연히 실거주는 하지 않을 거라 생각했기에 이사도 2년 뒤의 일이라 생각하고 있었다. 그렇게 나는 다시 집을 알아봐야 했고 이사라는 큰 이벤트를 준비해야 했다.

인터넷을 켜고 검색창에 처음으로 "청약"을 쳐보았다. 미래를 위해 미리 알아두고 청약 신청을 하고 있어야 했을까. 무거운 마음으로 생소한 말이 가득 쓰인 안내문을 열심히 오르내렸다. 얼마지 않아 나는 청약 중 분양은 절대 어림없다는 걸 깨달았다. 돈도 돈이지만 그전에 자격이 안 되었다. 나는 아직 서른이 안 되어 무주택자가 아니었고 청약 통장은 횟수는 넘었지만 대학생 시절 최소 금액씩 넣었기에 금액이 충족되지 않았다. 다음은 임대주택이었다. 공공임대주택, 행복주택, 청년주택

이름이 다양했다. 내게 해당하는 단어가 청년이었기에 청년주택 공고를 살폈다. 거의 대부분은 주거 형태가 10평이 안 되는 원룸 또는 쉐어하우스였다.

여행을 가면 대부분 원룸 형태의 숙소에 머무르게 된다. 그러면 침대와 냉장고가 한 공간에 놓이는데, 그때마다 새삼 냉장고 소리가 정말 크다는 걸 깨닫는다. 때때로 주방 시설이 딸려 있을 땐 아무래도 음식 냄새와 식사 공간이 침실과 겹치게 된다. 가끔의 여행이라면 괜찮지만, 일상의 집이라면 음식을 먹고 옷을 입고 앉아서 일을 하고 잠을 자는 공간이 모두 같아진다. 다시 말해 손님을 맞이하고 일을 하는 공적 공간과 잠을 자고 옷을 갈아입는 사적 공간이 분리되지 않는다는 것이다. 또한 소음과 악취로부터도 취약할 수밖에 없다. 세탁기, 냉장고 등의 가전제품 기계 소리는 잠이라는 휴식의 시간에도 지속되고 화장실 냄새, 음식 냄새 역시 뒤섞이게 되어 청각과 후각을 쉴 수 없게 한다. 더불어 대부분의 원룸은 창이 작고 외벽에 있어 환기가 쉽지 않다.

나의 경우 옵션이 없는 다세대 빌라에 들어오면서 중고 가전제품을 구비했기에 원룸으로 가게 된다면 모두 처분해야 했다. 그렇다고 경제적 부담이 주는 건 아니었다. 오히려 반전세나 월세로 매월 들어가는 금액은 더 많았다.

어디로 갈까

임대주택 청약을 몇 군데 넣어보았지만 경쟁률만으로도 될 거란 생각이 들지 않았다. 다시 "중기청 1억 전세"를 검색해보았다. 8천에서 1억

3천만 원대에서 몇 개 없는 매물 중 "지층 같은 반지층"이란 이름의 매물과 "모든 대출 가능한 귀한 전세"라는 이름의 집이 보였다. 타일이 깨진, 내 나이와 비슷한 매물이 나왔다. 나는 구옥을 싫어하지는 않지만 관리되지 않은 구옥에는 살고 싶지 않았다. 그렇다면 다음 계약 때는 더 나은 결과를 기대할 수 있을까? 그렇게 보이지 않았다. 지금의 급여로는 어림없었다. 현실이 그럼에도 불구하고 나는 정말로 온전히 애정을 줄 수 있는 "나의 집"이 갖고 싶었다.

　나는 우리 집을 사랑했지만 건물 곳곳에서 물이 샌다는 점에 지쳐 있었다(4층은 여전히 물이 새고 있었고, 2층의 벽지는 아직 고쳐지지 않았다. 당연히 우리 집 보일러실과 벽에 흐르는 물도 그대로였다.). 그다음으로는 햇빛을 원했다. 북서향의 거실은 볕이 들지 않았고 건물이 사방에 있어 어느 창이든 볕이 길지 않았다. 그렇기에 창문을 마주한 옆 건물의 이웃과 서로가 원치 않게 사생활을 보게 됐다. 이사 오고 두 달이 된 어느 저녁, 익숙해져가는 집 거실에 누워 노곤노곤 졸고 있었다. 그때 처음으로 거실 창 맞은편 작은 창에 사람 얼굴이 휙 나타났다. 깜짝 놀라 바르게 앉았다. 아마 환기를 하려고 창문을 연 모양이었다. 이런 일이 익숙한 듯 내 쪽은 최대한 보지 않고 창만 열고 들어갔지만 놀란 건 어쩔 수 없었다. 그 뒤 나는 커튼을 달았고 빛은 더욱 귀해졌다.

　나는 종로를 좋아한다. 서울에서 태어나 한강 위쪽에서만 지내온 내게 종로는 익숙하면서도 흥미로운 장소. 경복궁역에서 수성동 계곡을 오르며 내려다보는 서울의 풍경은 아름답다. 집들이 반짝이는 불빛은 누군가의 야근으로 밝힌 빌딩의 빛보다 따뜻했다. 넓게 펼쳐진 하늘 아래 옹기종기 모인 불빛을 한참을 멍하니 바라보니 점점 일렁이며 흐릿

해졌다. 인정해야 했다. 서울에 사는 내 모습은 몇 년이 지나도 비슷할 것이다.

대학생 때 처음으로 혼자 여행을 갔다. 강릉 안목해변은 지금이야 너무나 유명하지만 당시에는 잘 알려지지 않은 곳이었다. 파란 바다와 소나무를 바라보며 서른, 마흔 즈음엔 이곳에 살고 싶다 생각했다. 그런데 시간이 흘러 평창 올림픽과 코로나19를 보내고 나니 동해 일대는 상상조차 할 수 없는 금액이 되어 있었다. 다른 지방 도시로 생각을 바꾸었지만 올라간 집값은 이미 어느 곳 하나 결정을 쉽지 않게 했다. 무엇보다 뚜벅이인 나에게 이동이 불편한 곳은 현실적인 문제에 부딪히게 했다. 난 어디로 가야 할까, 어디에 갈 수 있을까.

소중한 추억들

나의 공간이 생긴 후 많은 변화가 있었다. (외부 요인을 제외하고) 내가 통제할 수 있는 공간이 생김으로써 온전히 "집"에서 휴식할 수 있었다. 평화로운 적막, 고요함 속에 내 마음은 풍부해졌다. 나는 일상의 작은 것들을 사랑하고 감사했다. 낡은 흔적도 사는 데 문제 되지 않는다면 내게는 정을 붙일 수 있는 풍경 중 하나였다. 낡은 공간이 나의 색을 덧입어 새로운 분위기를 자아낼 때, 가능한 선에서 수리되어 온전한 역할을 해낼 때 나 또한 새로운 힘을 얻었다. 바쁜 하루 속에서도 가만히 멈추면 건물 사이로 산이 보이기도 했고 누군가 심은 소나무가 보이기도 했다. 운이 좋으면 건너편 집 감나무에 올라타 지저귀는 새도 볼 수 있었고 몇 시간 안 되는 짧은 순간의 노란색 볕이 부엌 창문으로 들어오는 걸 바라볼 수도 있었다.

나는 동네 산책도 좋아했는데 빨간 벽돌 건물에 햇빛이 드는 게 예뻐 보였다. 건물과 나무 사이 때때로 바뀌는 하늘이 아름다웠고 이사 때마다 버려지는 가구들도 흥미로웠다. 집에서 20여 분 걸어가면 나오는 천도 좋아하는 장소 중 하나였다. 천을 따라가며 하나둘씩 생겨나는 오래된 것과 새로운 것이 섞인 작은 가게를 경험할 때면 나에게도 새로운 에너지가 옮아오는 것 같았다. 골목 속에 있는 구립도서관을 찾아가는 것도 나의 기쁨 중 하나였다. 또 같은 은평구에 사는 친구와 서로의 집에 초대해 밥을 먹고 이야길 나누며 어려운 일은 위로받고 기쁜 일은 함께 즐거워할 수 있었다. 참으로 행복했고, 나는 스스로 선택한 동네의 주민임을 자랑스러워했다.

나는 동네를 사랑하고 내 고향 서울을 사랑한다. 하지만 안정되지 않은 거취에 마음은 차가운 바람을 맞듯 외로워졌다. 내가 나고 자라고 살고 있지만 이곳에 내가 자리할 곳이 없어 보였다. 튼튼하게 지어져 필요할 때 관리하면 제 수명 이상 자리할 수 있는 건물에 볕이 들고 습하지 않으며 청각, 후각, 시각적으로 사생활이 보호될 수 있는 집에, 나는 살고 싶다. 이런 마음이 욕심이라는 게 슬프다. 그래도 나는 욕심을 부리고 싶다. 그런 안정된 공간을 찾았을 때, 혼자 또는 누군가와 미래를 그리고 또 다른 생명을 키워내는 도전을 할 수 있으리라 믿는다.

서른아홉,
잘 살아내었다

김한나

　나는 30대 후반이고 직업은 대학교수다. 타이틀만 보면 성공한 청년이라고 해야겠다. 그러나 오늘의 내가 있기까지 나도 여느 청년들처럼 버겁고 힘든 날들을 살아왔다. 지금부터 나는 이 자리를 핑계 삼아 나에 대한 이야기를 해보고자 한다. 이 이야기는 나의 삶에 대한 정리이며, 내 삶에서 존재했던 일들과 생각들에 대한 기록의 성격을 갖는다. 책으로 출판되느니만큼 이 이야기를 읽을 사람들도 고려해야 하지만, 한국 나이로 39살을 지나며 마흔을 목전에 둔 상황에서 내 삶에 일어난 일들과 생각들을 진솔하게 담아보고자 한다. 그렇기에 스스로 "청년"이라 칭하기에는 쑥스러움이 있다.

　40대를 앞두고 있는 현재, 나 자신을 다시 한번 돌아보고 이야기 나눌 수 있는 기회가 생겨 감사하다. 독자들은 내 삶의 경험들에 대해 공감할 수도 있고, 크게 공감하지 못할 수도 있지만, 나의 진솔한 이야기가 작으나마 힘과 용기를 줄 수 있기를 바라는 마음이다. 지금부터 적어가는 나의 이야기는 시간대별 기록과 내 인생의 주제별 기록이 다소 혼합된 형태로 작성되었다.

어린 시절, 내 인생 도화지의 밑그림

나는 3남 1녀 중 둘째, 외동딸로 태어났다. 부모님은 오빠를 낳은 후, 더는 아이를 낳을 수 없다는 의사 선생님의 말씀을 들었는데 딸을 낳고 싶은 마음에 교회에 다니게 되었다고 한다. 그렇게 6년의 기도 후, 내가 태어났다. 그 후로 나와 8년 터울의 첫째 동생, 10년 터울의 둘째 동생이 태어났다. 부모님께서는 항상 이 두 명의 동생은 '덤으로 얻은 축복'이라고 표현하신다.

나는 가족으로부터 많은 관심과 보살핌 속에서 사랑을 듬뿍 받으며 성장했다. 물론 성장 과정에서 아픔과 시련도 있었지만, 어린 시절의 기억은 대부분 큰 사랑을 받은 것으로 남아 있다. 인천에서 유치원을 다니던 시절, 선생님을 굉장히 좋아했고, 졸업할 때 많이 울었던 기억이 난다. 초등학생이 되어서도 몇 년 동안은 유치원 선생님을 보러 가곤 했었다. 나는 어릴 적에도 유독 감수성이 풍부했던 것 같다. 나를 오랫동안 보아온 다른 사람들이 하나같이 하는 말이기도 하다.

초등학교 시절은 가장 공부를 열심히 하고 의욕적이었던 때였다. 하고 싶은 것도 많고, 호기심도 많고, 배우고 싶은 것도 많았다. 또한 선생님과 친구들에게 인정받고, 사랑받고 싶어 했다. 다행히도 선생님과 친구들도 나를 많이 인정해주고 아껴주었다. 인기가 꽤 좋았다. 그런데 초등학생 때의 상승세와는 달리 중학생, 고등학생이 될수록 학업 성적은 점점 하향 곡선을 타며 사춘기에 접어들었다. 급기야 고등학교 3학년, 가장 공부를 열심히 해야 하는 그때, 나는 내 학창 시절 중 가장 많은 시간을 친구들과 놀면서 보냈다. 그리고 '대학은 왜 가야 할까?'와 같은 진지한 인생 고민을 했다. 덕분에 그 누구보다 가파른 성적 하락을 경험하게 되었다.

IMF 그리고 교통사고

1997년 IMF. 외환위기가 발생하고 얼마 뒤, 아버지는 다니던 회사에서의 갑작스러운 구조조정으로 인해 실직하게 되셨다. 그 당시에 아버지는 국내 대기업의 임원이셨다. 나는 우리나라가 그토록 힘든 시기를 겪고 있었는지, 그리고 우리 가족이 그토록 아픈 시기를 거치고 있었는지 그 당시에는 전혀 알지 못했다.

1999년 내 나이 17살, 고등학교 1학년, 아버지 친구 자제분 결혼식이 있어서 주말 동안 우리 가족은 가족여행 겸 강원도를 다녀오게 되었다. 주말에 공부를 좀 더 해야 한다는 생각이 있었던 나는 부모님께 집에 남아 공부하겠다고 말씀드렸다. 부모님께서는 나만 혼자 남겨두고 가는 것을 내키지 않아 하셨지만, 집에 남아 공부를 하겠다는 딸의 말을 들어주셨다. 그날 전까지 우리 부모님은 나를 어디서든 혼자 재워본 적이 없었다. 주말에 혼자 남은 나는 학교와 학원 숙제 등을 하며 잘 보냈다. 그리고 일요일 저녁, 부모님으로부터 속초에서 일정을 모두 마치시고 서울에 올라오신다는 전화를 받았다. 수화기 너머 어머니께서는 내게 잘 자라고 인사해주시고, 내가 자고 있을 시간에 도착할 테니 염려 말고 푹 자라고 말씀해주셨다. 통화를 마치고, 일요일 밤, 나는 잠이 들었다.

월요일 아침, 전화 소리에 잠이 깨었다. 집에는 아무도 없었다. 전화를 받았다. 아버지였다. 수화기 너머 들려오는 담담한 목소리. 그런데 느낌이 이상했다. '왜 집에 계시지 않고 전화를 하시지?' 하는 생각이 동시에 들었다. 아버지는 아주 짧게 말씀하시고 전화를 끊었다. "딸아! 사정이 생겼으니 지금 준비해서 학교에 가서 담임 선생님을 만났으면 하는구나. 그리고 조퇴해라. 담임 선생님께서 설명해주실 거니 잘 듣고 이따 만나자. 별일 아니니 염려 마라."

학교에 갔다. 1학년 2반 교실에 들어가려 하는데, 담임 선생님이 들어가는 나를 보고 교실 문밖으로 나오셔서 나를 꼭 안아주셨다. 그런데 선생님 표정이 안 좋아 보였다. 사고가 났다고 하시며, 병원을 알려주시고 병원으로 바로 가라고 하셨다. 그리고 병원 가는 방법을 적은 쪽지를 손에 쥐여주셨다. 학교는 걱정하지 말고 잘 다녀오라고 하시면서 그 후 여러 말씀을 해주셨는데, 이후의 말씀은 하나도 기억이 나지 않는다. 아무것도 들리지 않았다.

지하철을 타고 병원에 도착했다. 응급실로 가야 했다. 응급실 건물이 보였다. 걸어가는데 저 멀리 응급실 건물 앞에 익숙한 사람이 보였다. 오빠였다. 심각하게 어딘가로 전화를 하고 있는 것 같았다. '오빠가 왜 와 있지?' 하는 생각이 드는 동시에 직감적으로 불안감이 밀려왔다. 무서웠다. 오빠는 당시 포항에 있는 대학교에서 기숙사 생활을 하고 있었기 때문이다. 오빠에게 인사를 했지만 오빠는 아무 말도 하지 않았다. 내 손을 잡고 응급실 안으로 들어가는데 아빠가 서서 병원 가운을 입은 사람들과 이야기하고 있었다. 그런데 아빠 얼굴에는 붕대가 감겨 있고, 덕지덕지 붙은 반창고에 묻은 피가 눈에 들어왔다. 아빠는 내게 다가오시며 괜찮다고 하셨다. 응급실 병실 안으로 들어갔다.

응급실 병원 침대에 엄마가 계셨다. 흰 가운으로 온몸이 덮여 있었다. 엄마 얼굴은 보지 못했다. 손만 잡아드렸다. 사실 그다음부터는 잘 기억이 나지 않는다. 동생들은 보지 못했다. 수술실에 있다고 했다. 아빠는 몇 가지 것들을 처리하고 난 후, 나중에 수술받겠다고 하셨다. 나와 오빠를 제외한 우리 가족은 그날 교통사고가 났다. 저녁에 서울로 올라오시다가 일어난 일이었다. 엄마는 매우 크게 다쳤다. 물론 아빠와 동생들도 함께 다쳤다. 동생들은 그때의 그 일을 여전히 기억한다.

엄마는 생명이 위험하다고 했다. 의식이 돌아오지 않아 중환자실에 입원해 계셨고, 한동안 식물인간이셨다. 그 후로 여러 번의 수술과 재활을 거쳐 목숨은 건졌지만, 지금도 하반신 마비의 장애를 가지고 살아가고 계신다. 이제는 휠체어도 타시고, 아주 힘들어하시지만 보조대를 이용해 한 걸음 한 걸음씩 내딛기도 하실 정도로 많이 회복되었다. 짧게 이야기를 했지만, 엄마가 이렇게 회복되시기까지 20년이 걸렸다. 그래도 다행히 아빠와 동생들은 타박상과 골절 정도여서 1년 내에 회복이 이루어졌다. 주말마다 엄마가 계시는 병원에 갔다. 중환자실에 계실 때는 면회를 했고 병동을 옮기셨을 때는 병실의 간이침대에서 잤다. 병원에서 숙제하며 공부했다. 동생들이 어렸기에 동생들도 돌봐야 했다. 첫째 동생은 교통사고가 난 다음 해에 초등학교에 입학했다. 엄마는 입학식에도 참여할 수가 없었다. 아버지와 내가 그 입학식에 갔다. 막냇동생 초등학교 입학식 때에도 마찬가지였다. 엄마를 대신하여 내가 갔다. 마음이 아팠다. 그 당시 누가 엄마랑 같이 쇼핑을 갔다는 이야기나 가족이 함께 어디에 다녀왔다는 이야기를 들으면 이상하게 눈물이 났다. 그래도 가족들 앞에서 울 수가 없었다. 특히 엄마 앞에서는.

엎친 데 덮친 격으로 다가온 아버지의 실직과 가족의 교통사고 그리고 할아버지의 소천, 오빠와 나의 수술 등 우리 가족은 크고 작게 병원 신세를 졌으며, 꽤 많은 이사를 하게 되었다. 이사를 할 때마다 집의 평수는 작아졌고, 아파트에서 빌라, 빌라에서 연립주택으로 옮겨가게 되었다. 그런데 학교에서 친구들이나 선생님들은 내가 늘 웃고 있고 표정이 밝아서 내가 그런 상황이었는지 잘 몰랐다고 한다. 하지만 그 시기 나는 성적이 점점 떨어지기 시작하였고, 학교생활에 회의를 느끼고 있었다. 극심한 사춘기가 찾아왔다. 부모님은 그리고 오빠는 나를 최선을 다해 돌봐주셨다. 내가 학업에 방해받지 않게끔 노력하셨다. 그런데 사춘기가 혹독하게 온 그때의 나는 일부러 더 많이 반항하고, 혼자만의 세상으로 들어갔다. 부모님은 나 때문에 많이 힘들어하셨다. 엄마는 그렇게 말씀하신다. 아들 셋보다 너 하나가 더 힘들었다고.

다시 공부, 부모님의 바람

성적이 점점 떨어진 나는 재수를 했다. 대학을 왜 가야 하는지 의미를 찾지 못했던 시기였기에 처음에는 재수도 하지 않겠다고 버티었다. 굳이 대학도 안 가고 싶고, 하고 싶은 것도 없다며 부모님과 대립각을 세웠다. 그래도 결국 끝까지 저항하진 못하고 재수의 길로 접어들었다.

재수를 하기 전에 부모님과 약속을 했다. 마음잡고 공부 열심히 해볼 테니, 대신 내가 원하는 대학을 가게 해달라는 약속이었다. 부모님은 내가 교대에 가길 원하셨다. 지금도 그렇지만 그때에는 교대에 대한 인식이 좋고, 특히 여학생들의 지원율과 선호가 높았다. 국립대로서 부담 없는 등록금, 안정적인 미래의 보장 그리고 결혼 시장에서의 인기(?) 때문이었을 것이다. 그러나 그때도 그렇고, 지금도 그렇고 나는 이와 같은 이야기를 굉장히 싫어한다. 그래서 나는 저항했다. 답답하고 촌스럽다며 싫다고 했다. 결국 우리는 타협점을 찾았다. 대학 지원 시 3개의 지망을 적을 때 하나는 내가 원하는 대학, 하나는 교대, 나머지 하나는 적지 않는 것으로.

이렇게 약속하고 시작한 재수생의 생활. 공부하는 습관을 다 잊은 건지 않아서 집중하기가 힘이 들었다. 게다가 그때는 바야흐로 2002년. 대한민국 태극전사 월드컵 열풍이었다. 재수생 친구들과 함께 공부를 핑계로 모여 열심히 응원하러 다닌 기억이 난다. 수능 100일 전이 되었다. 정신이 번쩍 들었다. 100일 플랜을 짜서 전지에 그린 후 온 방에 붙여놓았다. 하루하루 공부해야 할 목표를 세우고 달성되면 지워나가는 방식으로 꼬박 100일을 보냈다. 아무도 만나지 않았다.

수능일이 되었고, 시험을 봤다. 점수가 제법 잘 나왔다. 나는 언론인이 되고 싶었다. TV에서 뉴스를 진행하는 아나운서가 멋지게 보였다. 첫 번째로 신문방송학과가 있는 서울의 모 대학에 지원했다. 그리고 두 번째로는 부모님이 원하시는 교대, 세 번째는 지원하지 않았다. 교대의 점수가 한창 높을 때라 첫 번째 지망이 더 안정적이었고 교대는 안정적이진 않다고 생각했다. 그런데 결과는 내 예상과 달리 첫 번째 대학은 떨어지고 교대만 붙었다. 그렇게 교대에 입학하게 되었다.

교대생 그리고 초등학교 교사로서의 삶

교대생으로 사는 생활이 시작되었다. 만족도는 기대 이상이었다. 비록 일주일의 시간표가 빡빡하게 짜여있는 커리큘럼 속에, '고등학교 4학년'이라는 말을 우스갯소리처럼 친구들끼리 하곤 했지만, 대학 생활이어서 그런지 재미있었다. 선배들, 동기들과 함께 잘 지냈다.

교대는 초등학교 교사를 양성하기 위한 특수목적대학교이다. 초등교사는 중등교사와 다르게 전 과목을 모두 가르쳐야 하기에 말 그대로 초등학교 교과목을 모두 다 배운다. 그리고 입학할 때 학과를 선택한다. 학과명은 교과목명과 거의 유사하다. 분반의 개념이라는데 나름 학과별 해당 과목에 따른 전공 심화 수업도 있다. 나는 1지망 체육, 2지망 음악, 3지망 미술의 예체능 학과를 지망으로 작성하였다. 그리고 1순위 지망 체육교육과에 합격하였다. 내가 체육교육과에 지원한 것에 대해 그때의 내 주변 사람들은 다들 놀란 눈치였다. 내 주변 사람들은 지금도 여전히 그때의 내 선택을 이해하지 못한 채 놀라기만 한다.

내가 이렇게 지망한 데에는 내 나름의 이유가 있었다. 나는 체육을 가장 못하고 싫어했다. 초등교사는 모든 과목을 학생들에게 가르칠 수 있어야 하는데 부족한 부분을 더 열심히 하기 위한 내 나름의 묘수였다. 보통 수준 정도는 해야 훗날 초등학생들과 함께 즐겁게 체육 시간을 보낼 수 있으리라 생각했다. 이렇게 시작된 나의 체육교육과에서의 생활은 심화 전공 체육 실기가 넘쳐났다. 골프, 체조, 테니스, 육상, 체력단련, 수영 등 많은 과목에서 F와 C＋가 성적표에 즐비했다. 나는 졸업할 때 4년 평균 학점이 3.0을 넘지 못했다. 같은 해 졸업하는 학생들 중 거의 꼴찌였던 것 같다.

그래도 나는 체육교육과를 다니는 4년 동안 참 즐거웠고 행복했다. 실제로 운동에 취미를 붙이기도 하였다. 나는 억지로였지만 대학생 때 끙끙대며 체육을 접하고 익혔던 덕분에 지금도 꾸준하게 운동하려는 생활 습관을 갖게 되었다. 그리고 대학생 때에도 키가 1～2cm 정도 컸다. 체육교육과로 지망한 덕분이라 생각한다.

졸업 후, 나는 서울의 초등학교 교사로서의 생활을 시작하였다. 동료 교사, 학생들이 소중하고 귀했다. 무엇보다 학생들이 너무 예쁘고 사랑스러웠다. 나는 대한민국의 미래인 우리 아이들이 바르게 성장하고 따뜻한 성품과 건강한 정신을 가질 수 있도록 교육하는 교사가 되고 싶었다. 내가 쏟아주는 사랑에 비해 학생들의 지지와 사랑이 더 컸다. 나는 깨달았다. 교사는 학생에게 무엇을 해주는 존재이기에 앞서, 학생에게서 훨씬 더 많이 받고 더 많은 것을 배우는 존재라는 것을. 참 고마웠다.

20대의 마지막, 내 인생. 내가 선택하고 싶다!

초등학교 교사를 하며 우리 반 학생들의 성장하는 모습과 사랑스러움은 매일매일 내게 큰 행복과 기쁨을 주었다. 그렇게 교사로서 대학원 석사 과정을 공부하며 바쁘게 지내고 있었지만 이상하게도 가슴 한편에 허전함이 문득문득, 때로는 한동안 지속되는 것을 느낄 수 있었다. 20대의 후반부에 다시 한번 삶의 큰 변화가 다가오는 것 같았다. 그동안 의식적으로든 무의식적으로든 내 마음의 목소리를 듣지 않으며 꾹꾹 눌러왔던 어떠한 소리가 올라오는 것 같았다. 정말 내가 하고 싶었던 것은 무엇이었던가. 진지하게 다시 되감아보기 시작했다.

재수를 할 때부터 나는 원래 언론인이 되고 싶은 꿈이 있었다. 대학교 4학년 때, 교생실습도 다녀오고 초등학교 학생들도 참 예뻐했다. 아이들에 대한 사랑과 교대 생활은 만족스럽고 즐거웠지만, 이상하게도 교사가 되어야겠다는 생각은 들지 않았다. 다른 친구들은 임용고사를 준비하는 동안 나는 언론고시를 꽤 열심히 준비하였다.

'아랑'이라는 인터넷 카페에 가입했다. 리포터, 아나운서, 기자 등을 준비하는 예비 언론인들의 카페였다. 열심히 자료를 찾고 정보를 검색했다. 지금은 많이 생겨났지만, 당시엔 드물었던 아나운서 아카데미를 찾아 등록하고 본격적으로 언론인을 지망하며 준비를 시작했다. 아나운서 아카데미 학원비는 매우 비쌌다. 그 당시 나는 방송국 단역 출연, 카페 서빙, 과외 등을 하며 열심히 학원비를 모았다. 그러나 실제로 졸업한 후에는 지속할 용기가 없었던 걸까, 미래에 대한 불확실함으로 인한 현실과의 타협이었을까. 결실을 맺지 못하였다.

그때의 기억이 28살에 다시금 내 마음을 울리며, 그때의 도전과 하고 싶었던 것을 해보고 싶다는 간절함이 내 마음을 가득 채웠다. '서른이 되기 전에 치열하게 노력해보자. 하고 싶었던 것을 이뤄보자. 그것이 찰나의 순간일지라도.'라는 마음이 들었다. 그렇게 준비하기 시작하였고 감사하게도, 아니 운이 좋게도 미국의 동부 한 한인방송국의 앵커가 되었다. 당시 취업 비자를 받으려면 수속 절차가 시간이 꽤 걸렸기에 어학

연수를 먼저 병행하기로 하였다. 그런데 어학연수를 위한 F1 비자로는 월급을 받고 일을 하면 안 된다는 것을 알게 되었다. 그런 상황에서 '나는 왜 앵커가 되고 싶었을까?'를 고민해보았다. 안정적인 직장이어서도 아니고, 돈을 많이 벌고 싶어서도 아니었다. 내가 해보고 싶었던 경험이었기 때문이었다. 그렇게 미국에서의 생활을 시작하기로 결정하였다. 공부를 하며, 자원봉사의 개념일 수 있지만 프리랜서 앵커로서 하고 싶었던 것을 하게 되었다는 생각에 행복했다. 지금도 그 자체로 만족한다.

30대 연구자의 길, 도전과 시련

초등학교 교사를 사직할 때 나는 한국에서 박사과정 중이었는데, 미국에 오게 되며 휴학을 한 상태였다. 미국에서의 어느 날, 무척 존경하는 지도교수님께 안부 메일을 드렸다. 지도교수님께서는 퇴직이 몇 년 남지 않으셨다고 하시며, 자신의 지도하에 학위를 마치기 위해서는 한국으로 들어오는 것이 좋겠다는 답장을 보내주셨다. 그렇게 한국에 돌아와 박사과정을 마치고 나는 지도교수님의 마지막 제자로 박사학위를 받게 되었다.

33세라는 꽤 어린 나이에 박사가 되었다. 그러나 대한민국에 교육학 박사는 매우 많았다. 이렇게 비정규직 박사가 많다는 것을 학위를 받고 시간이 지날수록 체감할 수 있었다. 박사학위를 받고, 국책 연구기관에서 계약직 박사로서의 연구위원 생활을 시작하였다. 모든 게 새로웠고 어려웠다. 연구프로젝트에 함께 참여도 하고, 논문도 쓰느라 육체적으로는 좀 피곤했지만, 그래도 즐겁고 보람 있었다. 웰빙? 삶의 질? 이런 것을 기대할 순 없었지만 대한민국 교육정책의 싱크탱크 기관에서 이렇게 많은 선배 박사님들과 일할 수 있고 그 안에서 배울 수 있다는 것에 감사했다.

대학에서 시간강사도 하고, 정규직 박사 채용에 지원도 몇 번 해보았지만, 떨어졌다. 자신감도, 자존감도 함께 떨어졌다. '내가 자신 있는 연구 분야는 무엇일까, 나는 어떤 것을 잘하는 연구자가 될 수 있을까'를 고민했다. 그러나 잘 떠오르지 않았다. 나만의 콘텐츠가 필요하다고 고민하며 보내던 중, 이전에 프로젝트를 할 때 만났던 칭화대학(중국, 베이징)의 한 관계자께서 칭화대학의 박사 후 연구원으로 근무해보는 것이 어떻겠냐며 제안해주셨다. 그리고 그렇게 준비 과정을 거쳐 나는 칭화대학의 교육학과 연구교수로서 경력을 쌓게 되었다(박사후연구원을 연구교수로 칭했다).

칭화대학에서 근무하면서 한국에서 일할 때 부족했었던 부분들을 보충하려고 노력하였다. 연구자로서 연구실적을 쌓고자 꽤나 열심히 연구에 매진하였다. 중국이라는 낯선 곳에서 혼자 생활하며 힘들다고 느끼기도 했지만, 연구실적을 쌓을 수 있어서 기쁘게 보람되었다. 그런데 부족하다고 생각하며 보완하려고 했던 생각들이 내 스스로를 많이 압박했던 탓일까. 여러 편의 연구실적을 냈었는데, 그중 게재된 논문 하나가 연구윤리 위반에 해당하였다. 시간이 지나서 알게 되었다. 내 잘못이었다. 이제 시작하는 연구자로서 나는 연구직으로서 적합하지 않으며, 자격이 없다는 생각이 들었다. 많이 낙심하고 좌절하였다. '한국으로 돌아가야겠다, 더 이상 연구를 해나갈 자신이 없다'라는 생각을 하였다. 스스로에 대한 자책과 반성의 시간을 몇 년 동안 가졌다. 그리고 그 과정에서 마음의 상처들이 생기기도 했다.

나는 더욱 다짐했다. 누구보다 성실하게 그리고 정직하게 한 걸음 한 걸음 내딛을 것을.

40대, 이제는 어떤 삶이 펼쳐질까

나는 초등학교 교사, 비정규직 박사, 시간강사, 대학의 비정년 트랙 교수를 거쳐 이제는 서울 4년제 대학의 정년 트랙 교수가 되었다. 돌이켜보면 그간의 과정이 순탄치만은 않았다. 나는 우리 대학에서 교사가 되고자 하는 학생들에게 강의할 때, 중간중간 나의 경험을 자주 들려준다. 또한, 교사의 역할이 얼마나 중요한지, 아이들을 통해 역으로 배우게 되는 것이 얼마나 많은지에 대해 최대한 진솔하게 이야기하곤 한다.

40대를 맞이하는 나는 어쩌면 이미 기성세대의 모습에 많이 물든 사람이 되어 있는지도 모르겠다. 하지만, 여전히 나는 한 걸음 한 걸음 나아감에 있어서 늘 청년의 때처럼 깨어 있으려 노력한다. 내가 누군가에게 어떤 조언을 할 만한 사람인가 하는 생각이 들 때도 있지만, 이 자리를 기회 삼아 이야기하고자 한다. 우리가 우리의 삶의 방식으로 지금의 삶에 최선을 다했으면 하는 바람이 있다. 용기를 가지고 저항하며, 나아갔으면 한다. 타인의 시선이 아닌 자신의 시선으로 세상을 당당하게 살아갔으면 한다.

나도 내 삶이 버거울 때가 종종 있다. 아니 사실 대부분의 시간이 아주 버겁다. 하루를 마치고 집에 오면 '한나야, 오늘 하루 잘 살았다. 오늘도 잘 살아내었다'라는 말이 저절로 나온다. 누구는 엄살이라고 할 수도 있다. 그러나 그렇게 보일지라도, 나는 내가 느끼는 이 시대의 삶이 힘들다. 뭐가 이렇게 고된지 모르겠다. 하지만, 우리 잘 살아보자, 앞으로도. 특히 이 책을 함께 보고 있는 우리는 더욱더 잘 살아가보자. 서로에게 힘이 되어주면서.

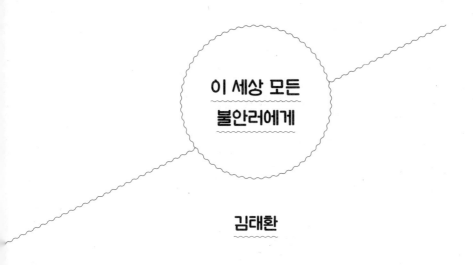

이 세상 모든 불안러에게

김태환

불안감에 대해 늘 고민한다. 내가 가지는 불안감의 시작은 어디일까. 그 이유와 출처를 찾고 싶어서 책도 읽고, 글도 쓰고, 유튜브 영상도 찾아봤다. 그리고 내린 결론은 '나만 불안한 게 아니구나'였다. 이 시대를 살아가는 청년 세대는 물론이고, 40대와 50대도 불안하다고 한다. 나이에 상관없이 상황에 관계없이 우리 모두는 각자의 불안을 가지고 살아간다. 그나마 이 불안을 줄일 수 있는 방법은 내가 가진 불안을 공유해서 비슷한 불안을 가진 이들과 공감하는 것. 내가 가지고 있는 불안감을 다섯 개로 나눠봤다.

1. 취업(진로)에 대한 불안감 "무엇으로 먹고살아야 할까?"

2. 가족에 대한 불안감 "사랑하는 사람이 아플 때 나는 얼마나 버틸 수 있을까?"
3. 연애와 결혼에 대한 불안감 "혼자 있고 싶은데 외로운 건 싫어."
4. 인간관계에 대한 불안감 "남들한테 나는 어떤 사람일까?"
5. 나이에 대한 불안감 "남들보다 뒤처지는 건 아닐까?"

각 주제에 대한 솔직한 이야기를 적어봤다. 비슷한 상황에 놓인 이들과 공감할 수 있길 바라며.

취업(진로)에 대한 불안감, "무엇으로 먹고살아야 할까?"

아마 20~30대 청년의 가장 큰 고민은 취업과 진로 문제일 거다. 대학교 전공이 밥 먹여주는 시대는 이미 지났다. 대학교에 진학하기보다 고등학교를 졸업하고 바로 공무원 시험을 준비해서 최연소로 합격하는 이야기를 신문에서 종종 확인할 수 있다. 더불어 코로나19가 촉발한 우리 사회의 급격한 변화로 인해 인공지능이니, 코딩이니 하는 4차 산업 기반 기술을 익혀야 생존에 유리하다는 걸 알게 모르게 깨닫게 된다. 이런 시대에 직업과 진로에 대한 불안감이 커지는 건 당연하다.

사람들은 흔히 하고 싶은 일과 해야 하는 일 사이에서 어느 쪽을 선택해야 하는지 묻곤 한다. 나는 4년 넘게 서울의 한 지역에서 청년단체 활동가로 일했다. 청년 시민을 만나며 그들의 삶과 생각이 정책에 반영될 수 있도록 돕는 일을 했다. 당연하게도 직업은 안정적이지 않았다. 수입도 불안했고 미래는 더 불안했다. 의미가 좋고 내가 하고 싶어 하는 일이지만 불투명한 미래를 생각하면 늘 고민이 깊어졌다. 언제까지 이 일을 할 수 있을지, 내가 내 몸 하나 건사할 수는 있어도 앞으로 책임질 사람들이 늘어날 텐데 그때는 어떻게 할지 등등. 무엇보다도 하고 싶은 일과 해야 하는 일 사이에서 혼란스러운 적이 많았다. 주변 친구들에게 이런 고민을 이야기하자 당연하게도 대다수의 친구가 같은 고민을 한다며 함께 공감했다. 나처럼 시민사회에서 활동하는 친구부터 금융회사에 다니는 친구까지. 지금 일을 하고 있든 아니든, 미래 계획이 있든 없든 모두가 불안해하고 있었다.

사실 아직도 고민의 결과는 없다. 그나마 알게 된 건 하고 싶은 일과 해야 하는 일, 한쪽으로만 치우쳐진 일은 없다는 거다. 단지 비율이 다를 뿐. 그리고 평생을 살아가며 자신에게 적합한 비율을 찾고, 그 비율대로 일할 수 있는 직업을 가지는 게 좋다는 것. 딱 거기까지다. 이런 고민 이전에는 '하고 싶은 일 대 해야 하는 일'의 비율을 '9대1' 정도로 설정했다. 그런데 지금은 그 반대가 되어도 괜찮겠구나 싶다. '1대9'여도 만족스럽게 살만한 사람은 잘살겠다고 생각한다.

문제는 우리 사회가 자신에게 적합한 비율을 찾는 시간적 여유를 허락하지 않는다는 점이다. 우리 사회는 '초중고 교육-대학교-취업-결혼-자녀 출생(또는 출산)'으로 이어지는 생애 주기를 외면하기 어려운 곳이다. 아무리 결혼과 자녀 출생이 필수가 아닌 선택으로 바뀌었다고 하더라도, 주변 사람들로부터 느끼는 압박은 여전하다. 여전히 사회적 인식은 결혼해서 번듯한 집을 사고 차를 사고 아이를 기르는 게 당연하기 때문에. 이런 사회적 압박 속에서 취업이라는 관문 앞에 놓인 청년은 자신의 삶을 자유롭게 탐험할 기회조차 스스로 외면하게 된다.

여기에 자기 자신에 대한 인식도 진로 불안감을 가중한다. '내가 이 정도로 일은 해봤는데, 딱히 배운 게 없어서 다른 분야로는 옮기지 못하고, 그래도 지금 이 직업 세계에서 계속 일하고 싶지는 않아'라는 자기 인식. 이런 고민은 대부분 이직을 하고 싶은 친구들에게 자주 들은 이야기다. 과감하게 도전하자니 자신이 없고, 하던 걸 하자니 뭔가 아닌 것 같고. 그 애매한 회색 지대에 갇혀 있는 게 요즘 청년들이 아닐까 싶다. 물론 나를 포함해서.

이 정도까지 이야기하면 누군가 되묻는다. 진로와 직업에 대한 고민은 나이가 많아도 늘 있다고. 맞다. 맞는 말이다. 하지만 그 고민을 하는 사람이 처한 상황이 각자 다르다. 청년과 중년과 장년이 하는 진로 고민은 시작과 깊이가 전혀 다르다. 그렇기에 청년의 진로 고민은 다른 세대와 구분되어 읽혀야 한다. 청년의 불안감과 중장년의 불안감은 전혀 다르다.

가족에 대한 불안감 "사랑하는 사람이 아플 때 나는 얼마나 버틸 수 있을까?"

얼마 전 뇌출혈로 쓰러진 아버지를 병간호하던 한 청년이 생활고를 견디지 못하고 아버지를 방치해 숨지게 한 일이 있었다. 병원비, 요양원비를 감당하지 못한 청년은 집에서 아버지를 홀로 살폈고 가스와 인터넷, 휴대전화가 끊겼다고 한다. 정치권과 시민사회에서 선처를 요구하는 탄원서가 쏟아졌지만 결국 법원은 존속 살해 혐의로 청년에게 징역 4년을 선고했다. 뉴스 사회면에 나오는 이 사건이 나에게만큼은 남다르게 다가왔다.

2020년 가을 저녁, 아버지가 뇌출혈로 쓰러졌다. 다행히 집에 모든 가족 구성원들이 있어 빠르게 구급차를 불러 병원으로 향했다. 하지만 의료진은 코로나19 검사 결과가 나오기 전까지 수술해줄 수 없다고 했다. 게다가 의료인 파업까지 겹쳐 인력이 부족하다고도 했다. 1분 1초가 아까운 상황에서 우리 가족이 할 수 있는 건 없었다. 그나마 어머니가 주변 지인들에게 전화를 돌려 다른 병원을 알아보셨고, 자정이 다 되어서야 다른 병원으로 옮긴 후 수술을 받을 수 있었다.

아픈 가족을 병간호해본 사람이라면 알겠지만, 수술하는 당시보다 돌볼 때가 더 힘들다. 손가락 하나 굽히지 못하는 사람을 병간호하는 데는 많은 시간과 노력이 필요하다. 우리 가족도 그랬다. 주변에서는 간병인을 고용하면 편하다고들 했지만, 어머니의 생각은 변함없었다. 가족이 돌봐야 했기에 어머니, 친형, 내가 24시간 3교대를 돌며 아버지를 돌봤다. 아버지가 눈을 뜨고, 손을 움직이고, 말을 하고, 휠체어에 앉기까지 꼬박 한 달이 걸렸다. 그 한 달이 나의 기억에 강렬하게 남아 있다. 정신적으로 체력적으로 지쳤다. 회사 일을 어떻게 했는지 기억이 나지 않을 정도로. 그리고 아버지가 퇴원하던 날 생각했다. 앞으로 부모님이 큰 병을 얻어 오랫동안 아플 때 나는 얼마나 버틸 수 있을까?

우리 사회는 복지 영역에 있어 '사회적 책임'이라는 단어를 오랫동안 사용해왔다. 정부에서는 사회복지 영역에서 '커뮤니티 케어(Community Care)'를 지향하는 정책을 펼쳤다. 커뮤니티 케어는 아프거나 도움이 필요한 사람이 자신이 머무는 지역사회에서 살아가며 돌봄을 받는 시스템을 말한다. 시설에 입소하거나 전문 의료기관에 입원하는 것을 지양하고 복지 당사자가 편안하게 느끼는 공간에서 삶을 이어가는 것을 목표로 한다. 그런 커뮤니티 케어가 잘 이루어지고 있을까? 아버지를 방치해 숨지게 한 청년의 사례만 보아도 아직은 아닌 것 같다. 뇌출혈 수술비와 병원비는 청년 혼자서 도저히 감당할 수 없었을 거다(경험에서 알게 됐다. 돈이 정말 많이 든다.). 혼자서 아르바이트를 해서 생계를 꾸리기에는 그 시간에 아버지가 혼자 방치되게 된다. 청년에게는 선택의 여지가 없었다.

의료 복지 영역은 사람의 목숨과 존엄성을 다룬다. 그래서 더 처절하고 가슴 아프다. 모든 정책과 제도에 사각지대가 있다지만, 의료 복지 영역만큼은 사각지대가 0에 수렴하도록 노력해야 한다. 가족의 아픔을 가족 구성원에게만 책임 지우는 것이 아니라 우리 사회 또한 나누어 가져야 함을 잊지 않았으면 한다.

연애와 결혼에 대한 불안감 "혼자 있고 싶은데 외로운 건 싫어."

연애, 결혼, 출산을 포기하는 3포 세대가 어느새 N포 세대로 바뀌면서, 내 삶에 포기하는 것도 하나둘씩 늘어나기 시작했다. 자녀는 갖고 싶지 않고 결혼도 잘 모르겠다. 여기에 내 집 마련의 꿈은 치솟는 집값 앞에서 허물어졌고, 더 나아가 잘 사는 인생이 무엇일까 하는 질문이 계속 드는 요즘이다. 특히 주변 여성 친구들과 대화를 나누면 이런 생각을 나만 하는 게 아니라는 걸 확인할 수 있다.

집은 사고 싶다. 하지만 결혼은 하고 싶지 않다. 한 여성 친구가 한 말이다. 우리 사회는 삶의 기반 시설들을 생애 주기에 맞춰 설계하는 경향이 있다. 특히 집을 바라보는 관점은 투자 대상 혹은 결혼한 부부가 아이를 기르기 위해 필요한 것 정도로 나열된다. 실제로 우리나라의 주택정책 중 주거복지 부문에 '신혼부부 주택자금 지원', '신혼희망타운', '행복주택', '신혼부부 주택 특별공급'이 있다(2021 주택업무편람, 국토교통부). 결혼과 집은 떼려야 뗄 수 없는 관계다. 새로운 집을 사고 싶으면 돈이 많거나, 부모님이 부자거나, 신혼부부여야 한다(그마저도 최근 대출 규제와 매물 부족으로 신혼부부들이 집을 갖기 어렵다). 소득이 높지 않고, 부모님이 부자가 아닌 청년이 집을 갖기 위해서는 결혼이라는 사회적 제도를 통과해야만 한다. 바로 이 지점에서 불안감이 생긴다. 나는 사랑도 하고 집도 갖고 싶지만 둘 다 할 수 없는 현실을 깨닫게 됐을 때, 바로 그때 결혼을 포기하고 내 집 마련을 포기한다.

결혼이 집과 관련 있다면 연애는 어떨까. 연애 정도는 그냥 자유롭게 할 수 있는 것 아닌가? 맞다. 그런데 다르게 생각해볼 여지가 있다. 연애는 경제적 비용과 함께 사회적 비용을 발생시킨다. 사회적 비용에는 관계의 피로도, 주변인들로부터 압박 등이 포함된다. 여기에 더해 기회비용이 있다. 기회비용은 어떠한 선택을 했을 때, 포기한 쪽에서 얻을 수 있었던 이익을 뜻한다. 연애하면서 포기해야 하는 시간과 에너지를 자기 계발에 쏟았다면, 지금보다 더 많은 월급을 받는 직장에 갈 수 있지 않을까? 그 돈으로 지금보다 월세가 낮고 버스정류장에서 가까운 집에서 살 수 있지 않을까? 이런 생각이 드는 거다. 게다가 연애로 인해 쓰는 돈을 아껴서 삼성전자에 넣으면 내 미래에 더 도움이 될 텐데…? 과장 같지만 모두 실제 친구들에게 들었던 말이다.

연애의 불안감과 관련해서 여성 친구들에게 종종 듣는 말이 있다. 대화가 되는 남성이 있으면 소개 좀 해줘. 대화가 되는? 대화는 그냥 하면 되는 것 아닌가 싶겠지만, 이들이 말하는 '대화가 되는'에는 일정한 기준이 있다. 첫째, 상대방 말을 끊지 않아야 한다. 정말 많은 남성이 여성과 대화할 때 무례한 행동을 많이 하는데 그중 대표적인 것이 말을 끊는 것이다. 이 부분에서 치를 떠는 한 여성 친구가 나에게 말했다. 말 못 해서 죽은 귀신이 붙은 것 같다고. 끝까지 듣고 대답하는 게 그렇게 어렵냐고. 둘째, 과도한 자랑을 하지 않아야 한다. 일명 '허세'가 없어야 한다는 뜻이다. 셋째, 여성의 삶에 관심을 가지고 계속 공부할 것. 이 마지막 기준에서 정말 많은 여성이 헤어짐을 경험한다고 한다. 특히 불법 촬영물, N번방, 낙태죄 폐지와 같이 여성의 삶과 직접적으로 관련 있는 이슈에 대해 다투다가 결국 헤어지게 되는 경우를 종종 목격했다. 여성 삶의 안전 이슈에 대해 귀를 막는 남성들과 만나는 것이 여성 청년들이 연애를 주저하는 또 하나의 이유이기도 하다(이성애 중심적으로 썼지만, 꼭 연애와 관련되어 있지만은 않다).

《혼자 있고 싶은데 외로운 건 싫어》라는 책이 있다. 심리학에 관한 책인데 나는 이 책 제목을 다르게 읽곤 한다. '사랑은 하고 싶은데 엄두가 안 나'로. 집값 때문에, 신혼부부 위주의 지원 정책 때문에, 미래가 불안한 우리 사회 때문에 사랑할 엄두가 나지 않는다.

인간관계에 대한 불안감 "남들한테 나는 어떤 사람일까?"

코로나19가 시작되던 때, 이 정도로 세상이 바뀔 줄 알았던 사람은 아무도 없었을 거다. 대면 모임이 모두 비대면으로 바뀌고, 온라인상에 머무는 시간이 더욱 늘어났다. 사람들은 감염에 대한 공포에 떨며 집 밖을 나가지 않는 '셀프 감금'을 실천했다. 주로 집에 있는 내향형 인간인 나는 그다지 큰 불편함을 겪지 않았지만 어떤 청년들은 다르게 이야기한다.

전에 다니던 직장에서 '코로나19로 인한 도봉구 청년의 경제적 · 심리적 문제에 관한 연구: 커뮤니티를 중심으로'를 진행한 적이 있다. 총 141명의 청년 응답자 중 97.8%는 '본인 또는 가족이 감염된 이후에 타인에게 전염시킬 수 있어서 두렵다'는 질문에 '그렇다'고 답했다. 그리고 이어서 진행된 초점집단인터뷰(FGI)에서 몇 명의 참여자들은 무기력감과 우울감, 분노와 열등감 등을 느꼈다고 답하기도 했다. 감염을 피하고자 집에만 있으면서 SNS에 접속하는 시간이 많아졌고, 그로 인한 사회적 단절을 경험한 사례도 있었다. 이처럼 코로나19의 유행은 청년 세대의 관계에 대한 불안감을 자극했다.

사람들이 나를 어떻게 생각하는지는 삶의 질을 결정하는 중요한 요소이다. 자아를 구성하는 기본 형질이면서 동시에 자존감을 좌지우지하기 때문에. 사람은 타인과의 만남이 줄어들면 자연스럽게 자기 자신에 대한 이미지를 왜곡한다. 보통은 SNS를 보며 타인과 나를 비교하게 되는데, 이때 나 자신을 평가하는 기준은 내가 아닌 다른 이의 삶으로 이동한다. 마치 거울을 보고 있지만 화장한 나의 얼굴만 보고 싶어지는 것과 같다. 특히 SNS는 놀이동산 같은 곳이다. 삶의 어둡고 칙칙한 면은 없고 활기차고 행복한 면만 가득한 곳. 그래서 누구나 사회적 가면을 쉽게 쓸 수 있고, 그래서 자기 삶을 큐레이팅하기 쉽다. 자기 마음에 드는 순간만 아름답게 꾸며서 전시하는 세상에서 좁은 자취방에 누워있는 나의 삶은 부정당하기 쉬워진다.

한때 나에게도 타인과의 비교가 자기 부정으로 이어지고, 다시 타인의 시선에 민감해지는 악순환이 일어난 적이 있었다. 내 주변 사람들은 나를 어떻게 볼 것인지 남들 몰래 신경 안 쓰는 척하며 신경 썼던 때. 지금도 완전히 벗어났다고 말하진 못하지만, 그나마 불안을 줄일 수 있었던 방법은 독서다. 특히 에세이 장르의 책을 많이 읽었다. 다양한 사람들의 사는 이야기를 읽고 있노라면, 우리가 모두 각자 삶을 묵묵하게 사는 거구나 싶어진다.

나이에 대한 불안감 "남들보다 뒤처지는 건 아닐까?"

대한민국 사회에 아주 오랫동안 팽배한 편견이 하나 있다. 어느 나이 즈음 되면 무언가를 하고 있어야 한다는 편견. 초중고에서는 공부해야지, 대학생 때는 학점 잘 받고 대외활동도 열심히 해서 취업 준비해야지, 취업하면 승진하려고 노력해야지, 연애하면 결혼해야지, 결혼하면 아이는 한 명 가져야지 등등. 정말 셀 수도 없이 많다. 나는 최근까지 "대학생 때 클럽 한 번은 가봐야죠! 나중에 후회할 거예요"라는 조언을 듣기도 했다. 그렇게 이야기한 분은 무릇 대학생이라면 해야 하는 행동들이 정해져 있다고 여겨서 친절히 조언해주었겠지. 하지만 살면서 어느 시점에도 꼭 해야 하는 것이나 꼭 이루어야 하는 것은 없다. 적어도 나는 그렇게 살아왔다.

하지만 세상은 그렇게 쉽게 나를 내버려두지 않는다. 가장 가깝게는 부모님이 그렇다. 정말 많은 청년이 부모의 바람과 다른 삶을 살아간다.

번듯한 직장도 없고, 비혼을 선언하고, 제사를 거부하고, 아이는 생각도 않는다. 나 또한 마찬가지여서 번듯한 직장도 없고, 친척 행사에는 되도록 참여하지 않고, 아이는 생각도 말라며 어머니에게 으름장을 놓았다. 그래도 어머니는 말씀하신다. 네가 아기를 안 키워봐서 그렇다고. 얼마나 예쁘고 세상이 아름다워 보이는지. '그럼 어머니 왜 저를 키우실 때 불 꺼진 방안에서 훌쩍훌쩍 우셨나요?'라고 되묻고 싶지만 나는 그저 웃을 뿐이다. 남성인 내가 이런데, 여성 청년들은 오죽할까.

사회적 압력을 견뎌내지만, 사람은 사람인지라 '정말 그런가?' 싶을 때가 온다. 30살 넘으면 번듯한 직장은 가져야 하지 않을까? 늦어도 30대 중반에는 결혼하는 게 좋지 않을까? 이렇게 스스로 묻다가 주변을 돌아보면 나보다 몇 발자국 앞서가는 친구들이 보인다. 저들처럼 나도 바쁘게 움직여서 빨리 달려야 하나 싶다. 침대에 누워 있노라면 그런 불안감이 침대 위로 스멀스멀 기어 올라온다. 그럼 스스로가 싫어지고 미워지는 순간까지 다다르고, 주의를 환기하기 위해 어쩔 수 없이 스마트폰을 켠다.

물론 알고 있다. 어느 나이에 어떤 걸 하고 있어야 하는 기준 같은 건 가짜라고. 그렇지만 무의식에 있는 어느 방에서 불안감이 깽판을 치며 돌아다닌다. 그 불안감이 내 귀에 계속 속삭인다. "너무 늦는 거 아니냐?"라고.

세상 모든 불안러에게

이 시대를 살아가고 있는 모든 청년과 불안러들에게 내가 쓴 글을 바친다. 이 글을 읽으며 당신이 가지고 있는 불안을 해결할 수 없겠지만, 최소한 혼자라는 느낌만큼은 잠시라도 사라졌길 바란다. 만약 지금 당장 불안감으로 힘든 시간을 보내고 있다면 'worrier'와 'warrior'라는 단어를 기억하길. 발음은 비슷하지만, 뜻은 전혀 다르다. 'worrier'는 '걱정을 많이 하는 사람', 'warrior'는 '전사'를 의미한다. 걱정과 불안이 많은 그대여, 당신은 이 험한 세상을 헤쳐나갈 전사이니 쫄지 마시길. 그리고 절대 혼자가 아니니 너무 외로워 마시길.

당신의 삶은 안녕하십니까?

[박석준 님이 김기수 님, 김수호 님, 김한나 님, 연굴 님을 초대하였습니다.]

박석준

> 여러분, 안녕하세요.
> 이곳은 《청년을 위한 나라는 없다》 집필진 수다방
> 입니다.
> 다들 사람보다 글로 서로를 처음 만나보았을 텐데,
> 간단히 인사들 나누실까요?

김기수

> 오! 안녕하세요. 반갑습니다.
> 저는 강릉의 초등학교 교사이면서, 지역에서 청년들과 활동하고 있는
> 김기수라고 합니다.
> 주말이면 마을교육공동체 날다학교의 선생님이 되기도 합니다.
> 글 속에서 본질적 자아를 한껏 끌어낸 뒤에
> 이렇게 사회적 자아로 인사 나누려니까 살짝 민망하네요.

김한나

> 반가워요! 저는 서른아홉 김한나입니다.
> 사실 글을 쓰면서 '내가 과연 청년일까?'
> 이런 고민을 많이 했었는데,
> 서른아홉의 생각도 필요하다며,
> 집필진으로 초대해주어 감사했어요.

연굔

안녕하세요. 제 필명은 연굔으로 서울에 살고 있습니다.
지금은 이사할 집을 알아보고 있어요.
석준 님 소개도 궁금합니다!

박석준

아! 제 소개를 안 했군요.
저는 과로에 시달리는 백수, 박석준입니다.
2019년까지 비영리 사단법인을 직접 만들어 활동해오
다가, 후배들에게 물려주고 지금은 공식적으로 백수.
하지만, 이런 여러 프로젝트를 하며… 살고 있습니다.

김수호

빌어먹고 사는 웹소설 작가 김수호입니다.
반갑습니다.

김기수

수호 님! 필명이나 작품 이름 여쭤봐도 되나요?

김수호

저희가 내적 친밀감이 더 생긴다면 알려드릴게요.
아직은 부끄럽네요.

박석준

> 저는 여러분의 원고를 읽으며,
> 나름 내적 친밀감이 높아졌다고 생각했는데,
> 아직인가 보군요.

김수호

> 아니에요. 저도 오늘 좌담회에 참여하기 전에
> 글을 읽어보고 왔는데,
> 확실히 같은 또래의 이야기라서 그런지 많은 부분에 공감할 수 있었고
> 각자의 경험은 다르지만, 큰 틀에서 같은 이야기를 하고 있는 것
> 같다는 느낌을 받았습니다.
> 제가 수줍음이 많아서 그래요.

김한나

> 맞아요. 특히 기수 님은 교직을 하고 있다는 점에서
> 동질감이 느껴졌던 것 같아요. 비록 지금은 조금 다른 길을 걷고 있지만요.
> 그런 측면에서는 수호 님하고 비슷한 길을 걷고 있다고 해야 할까요?
> 안정적인 직장을 벗어나 새로운 도전을 선택했으니까요.

김수호

> 그렇죠. 저도 한나 님을 만나 뵈면 그런 부분에서
> 질문드리고 싶었던 것이 있었어요. 사실 어떤 일을 하는가도 중요한데,
> 제게 또 한 가지 인상 깊었던 것은 연군 님의 글이었어요.
> 집이라는 공간! 살아가는 데 있어 정말 중요하잖아요.
> 저도 지금의 집을 구하기까지 여러 시행착오들이 있었거든요.
> 엄청 발품 팔아 다니며,
> 다행히 정부에서 제공하는 임대주택을 구할 수 있었지만,
> 이건 운이 좋은 케이스이기도 하고.

연굴

저는 집을 구하면서 어려웠던 이야기만 하고 싶은 건 아니었어요.
집이라는 공간을 통해 만들어지는 일상을 이야기하고 싶었어요.
그런 면에서 책의 제목이 너무 거창한 느낌? 어두운 느낌이 들었어요.

박석준

어둡고 거창한 이야기만을 하려 한 것은 아닌데,
연굴 님 이야기를 듣고 보니, 독자들이 그렇게 느낄
수도 있겠네요.
그래서 오늘의 좌담이 더욱 중요한 것도 같아요.
처음 이 책을 기획할 때, 여러 필진들의 글을 묶어
서 출간하는 것 그 이상이 있으면 좋겠다고 생각했
었거든요.
분명, 각자의 삶을 이야기하고 자신이 바라보는 풍
경을 풀어가겠지만 이 시대를 살아가는 청년으로
서 공통적으로 감각하는 무언가가 있을 거라 생각
했어요. 그렇다면 참여하는 필진들이 한데 모여 가
볍게 때로는 진지하게 이야기를 나누었으면 좋겠
다 싶었지요. 오늘이 그 첫 시간입니다.

연굴

좋네요. 다만 제가 글을 쓰며 우려했던 것 중 하나는
청년에는 MZ세대도 포함되어 있는데,
청년 중에서도 평균 연령이 높은 저희가 청년세대를
충분히 대변할 수 있을까, 그런 걱정이 들었어요.

김기수

저도요! 저도 MZ세대 아닌 것 같아요.
분명 청년은 맞는 거 같은데.

김한나

유구무언입니다.
그러한 성찰? 자기검열까지는 아니더라도, 혹시 내가 너무 일반화하여
이야기하고 있지는 않은지 돌아보는 겸손함 같은 것들이 필요할 것 같아요.

박석준

우리 안에 그것들이 작동하는 게 중요할 것 같네요.
그래서 여기 계신 모든 분들이 필요합니다.
모두 다 같은 청년인 것 같지만, 이 안에도 서로 다른 경험과 그로부터 만들어진 가치관 등이 공존하는 거잖아요.

김한나

다양성의 가치는 정말 중요한 것 같아요.
같은 초등교사로서의 삶을 경험했지만,
기수 님은 강원도에서, 저는 서울에서
각기 다른 것들을 경험한 것 같더라고요.
그래서 교육에서도 지역분권과 지역자치가 중요하겠구나, 생각도 했고요.
또! 또! 직업병 나온다. 김한나!

박석준

그럼 각자 삶에서 중요하다고 생각하는 것들이
무엇인지 이야기해볼까요?

김기수

저는 관계요! 관계라 하면, 보통 타인과의 관계만을
생각하기 쉬운 것 같은데,
저는 두 가지를 이야기해보려 해요.
우선은 나 자신과의 관계. 서른 살이 되어서야 알게 된 것이 있어요.
그동안 나 자신을 잘 모르고 살았구나!
내가 좋아하는 것, 싫어하는 것뿐만 아니라
언제 내 감정의 스위치가 눌러지는지 같은 것들.
평소에 잘 생각하지 않고 살았던 거 같아요. 그런 기회가 없기도 했고.
근래에 자존감과 관련된 콘텐츠가 주목을 많이 받았었는데,
이제 우리 세대가 이런 문제에 관심을 갖게 된 것 같아요.
그동안 나를 돌볼 시간이 없었구나!

김수호

맞아요. 저도 회사 다니는 것이 너무 힘들어서 대책 없이 그만두고 나온 뒤로
한참을 방황했었거든요. 그때 자존감이 바닥이었는데.
그런 시간들이 고통스럽긴 한데, 꼭 필요한 순간들인 것도 같아요.
진짜 내가 좋아하는 건 무엇일까, 내면을 들여다보는 시간들이었죠.

김기수

다른 하나는 타인과의 관계인데.
사실 우리 세대는 깊이 관계하는 것을 부담스러워하는 것 같아요.
'찐친', '절친'이라는 건 사춘기 시절에 유용했던 것 같고.
그 시기를 지나 보니 적정 수준의 관계가 중요한 것 같아요.
홀로 남겨지는 것은 싫지만, 그렇다고 내가 너무 고갈되는 관계는 힘들고.
서로가 존중받을 수 있는, 딱! 적정 수준의 관계가 필요하죠.

김한나

저는 건강을 꼽아보았는데,
신체적인 건강과 정서적인 건강, 또 정신적인 건강까지 모두 중요하다고 생각해요.
다른 말로는 무탈함에서 오는 편안이랄까? 편편하고 안전한.
이제는 100세 시대를 넘어, 120세, 150세까지도 산다고 하잖아요.
어느 한 부분이라도 건강하지 않게 살아간다면, 행복하지 않을 것 같아요.

연굳

저는 같은 질문을 대학생 때 스스로 해본 적이 있었어요.
그때 얻은 답이 '나는 내 마음의 평안이 가장 중요하다'였어요.
돈도 내가 먹고사는 데 마음이 평안할 만큼 벌면 된다, 였고,
그랬기 때문에 직장을 선택할 때도 돈을 많이 주는 것보다
내 마음이 평안한 환경인지를 보았던 것 같아요.

김수호

재밌는 게 이야기를 하면 할수록 연결되는 느낌이 드네요.
저도 회사를 다닐 때, 훨씬 많은 수입을 안정적으로 벌어들였는데.
행복하지 않았어요. 그래서 저는 궁극적으로 행복이 가장 중요한 것 같거든요.
나만의 보금자리를 찾는 것도 나와 잘 맞는 직업을 구하는 것도
자신의 행복을 찾아가는 것이라고 생각해요.
살짝 다른 이야기를 하면, 산업화 시대를 겪은 부모 세대는 자신의 경험을 통해서
자식들에게 어떤 직업을 권하는데, 이건 진정한 자아실현이 아니라고 생각해요.
제 경우에도 그랬고.
자아실현의 욕구가 가장 상위에 있는 욕구라고 하잖아요.
그것을 이루었을 때, 비로소 행복에 가까워지는 것 아닌가 싶어요.
지금의 청년 세대가 바라는 것도 그런 것 같고요.

김한나

그럼, 수호 님은 지금의 생활에 만족하나요?
실례될 수 있지만, 어찌 보면 웹소설 작가라는 직업이
항상 일정한 수입이 있거나 그렇진 않잖아요.

김수호

맞아요. 확실히 불안정하긴 하죠.
웹소설 작가는 프리랜서이고, 프리랜서는 자신이 일하는 만큼
수입을 가져가기 때문에, 수입이 항상 일정치는 않거든요.
그래서 늘 일정 정도의 불안감을 안고 살아가죠.
근데 이거는 누군가가 나에게 선택을 강요한 것이 아니라

온전히 내가 좋아서 선택한 것이기 때문에 조금 더 책임감도 생기고
즐겁게 일을 할 수 있는 것 같아요.
아이러니하게도 한결 마음이 편안하다고 할까요?

김한나

오! 좋은데요? 편안!

김수호

한나 님은 어때요? 교사라는 안정적인 일자리를 두고, 학업을 선택했을 때
아무래도 쉬운 결정은 아니었을 것 같아요.

김한나

교대 졸업하고 바로 교사 생활을 시작했었어요. 욕심은 많아서
석사 공부를 병행하고 있었는데, 그땐 솔직히 부대낀다고 생각하지 않았어요.
오히려 기수 님처럼 학교에서의 생활 외에 사회적인 활동으로 얻어지는
만족감이 더 컸거든요. 삶의 활력이라고나 할까요?
그런데 박사과정에 들어가니까 이야기가 달라지더라고요.
가장 실망했던 것은 아이들에게 온전히 집중하지 못하는 나 자신이었어요.
초등학생들은 제가 보이는 반응에 피드백이 즉각적이거든요.
그 아이들을 바라보는 것이 보람이었는데, 그 행복이 사라지더라고요.
누군가는 휴직을 하면 되지, 왜 사직을 하려 하냐며 말리기도 했어요.
하지만 결국 중요한 것은 '지금 내가 집중하고 싶은 것이 무엇인가?'이니까
내 삶을 내가 직접 선택해보고자 했던 마음이 컸던 것 같아요.
물론, 시간이 지나서 그렇게 미화하는 것일 수도 있는데,
분명 그 시절에 저도 힘든 것이 있었을 거예요.

연굳

석준 님은 삶에서 가장 중요하게 생각하는 것이 뭐예요?

박석준

연굔 님, 제게도 질문을 주셔서 감사합니다.
저는 여러분에게 질문만 할 줄 알았지,
제가 질문받을 것은 예상하지 못했는데요.
저는 소명인 것 같아요. 종교적인 의미는 아니고.
저는 인생에 무언가 큰 계획을 세우고 살아가진
않거든요.
다만, 내가 '쓰임이 있는 곳에 쓰일 것이다'란
믿음 같은 것이 있고 내 가치관과 맞는 일이라면 주
저 없이 했었던 것 같아요.
물론, 저도 돈이 좋긴 하지요. 하지만, 돈이 모든 것
을 압도할 만큼 중요한 것이라 생각하진 않아요.
연굔 님, 수호 님의 생각과도 비슷하다고 할 수 있
겠네요.

연굔

저도 제 마음이 평안할 정도의 돈은 필요하다고 생각해요.
그런데 요즘 돈의 가치가… 정확히는 노동소득이죠,
자꾸만 줄어드는 것 같다는 느낌이에요.
나는 꾸준히 사회생활을 하면서 나름 돈을 모아왔는데도
마음의 평안을 위협받고 있구나.
물가도 오르고, 집값도 걷잡을 수 없이 오르니까.
왜 나는 돈이 없을까? 은행이 사주지 않으면 나는 집을 가질 수 없겠구나.
그럼 나는 왜 직장을 다니지?
어차피 가난할 거면 행복한 일을 하는 것이 좋겠다.
근데 행복하려면 의식주가 해결되어야 하는 걸 텐데.
그러면 또 돈이 필요하고, 요즘 시대에 돈을 벌기 위해서는
주식 투자에 전념하거나 코인을 사야 하나? 아니면 갭투자? 솔직히 모르겠어요.
갭투자를 긍정적으로 봐야 할지, 부정적으로 봐야 할지.
집값이라는 것이 너무 복합적인 결과여서 누구의 책임이라고 하기는
어려운 것 같은데, 전 세계적인 추세이기도 하고요.
해결이 안 되는 현실이 갑갑하고,
내 세대에서는 해결이 안 될 수도 있겠단 생각도 들고.
어쩌면 더 위험한 경제 위기가 올 수 있겠단 두려움도 드네요.

김수호

그런 두려움 내지는 불안감으로부터 지켜줄 사회적 안전망이 필요하다는 생각이에요.
투자도 투자이지만, 무언가 도전하기 힘든 세상인 것만은 확실한 것 같아요.
번뜩이는 아이디어가 있더라도, 이걸 사업으로 만들어 도전한다는 것은
엄청난 위험부담이 뒤따르잖아요.

김기수

결정을 하는 사람들이 너무 자기 기준으로만
모든 것을 판단하고 재단하는 것이 문제인 것 같아요.
세상은 이미 저만치 앞서가고 있는데, 과거의 틀에 얽매여서
새로운 안전망 같은 것들을 만들지 못하고, 그러니
용기 내어 무언가 도전하기도 힘든 사회가 만들어진 것 아닌가 싶네요.

김한나

저도 짧게 덧붙이자면, 기존의 제도권 문화와
그 문화의 영향을 받고 자라온 사람들의 성향이
일종의 굳혀진 관습을 만들어내는 것 같아요.
그런 것에 답답함을 느끼면서도 어느 순간에 돌아보면
나도 그 기준 속에서 나를 재단하고 통제함을 발견해요.
누구 탓할 거 없다. 김한나, 네가 가장 문제다!
노래도 있잖아요. 내 속엔 내가 너무도 많아서…

박석준

가시나무!
맞아요. 요즘 청년 문제에 대해 정치권이
관심을 많이 기울이잖아요.
그런데 이게 정책이 된 뒤에,
청년들의 삶에 정말 가닿는가의 문제는
조금 다른 것 같아요.
지역에서 의원님들이 과거의 잣대로, 청년정책
추진한 것의 성과를 가져오라면서 "일자리 몇 개
생겼냐?" 이런 걸 묻는데, 참 난감하다고
이야기하는 젊은 공무원을 만났었거든요.

김수호

일자리만 하더라도 양적 측면만을 고려하는 것 같아요.
양보다는 질 좋은 일자리가 필요한 것인데.
사실 질 좋은 일자리는 단기간에 만들어낼 수 있는 것이 아니라서,
일면 이해되는 측면도 있지만, 그렇다면 경쟁을 완화할 수 있는
다른 방법이라도 찾아야 하는 것 아닌가 싶습니다.

연굴

그런 의미에서 아까 수호 님이 말해준 사회 안전망이
꼭 필요하다고 생각해요.
우리는 입시를 위해 12년 동안 하나의 목표를 향해 달리잖아요.
그 긴 시간 동안의 노력과 과정이 단 한 번의 시험으로 판가름 나고
실패하면 마치 패배자와 같은 낙인이 생겨요.
마찬가지로 사업을 하다가 파산을 하면 회생할 기회가 많지 않아요.
이런 실패에 대한 두려움으로 도전하기 어렵게 되는 것 같아요.
더불어 물리적인 안전망뿐 아니라 정서적인 안전망도 필요하다고 생각해요.

김기수

적정 수준의 관계망! 느슨한 공동체라고 할까요?
제가 지역에서 청년들과 이런저런 공동체 활동을 하고,
주말엔 '날다학교'도 운영하게 된 밑바탕에는
'기찻길옆작은학교'란 공동체의 경험이 있는데요,
솔직히 너무 찐한 공동체는 못 하겠더라고요.
당시 그런 고민들이 있었어요. 정서적 유대감 같은 것들을 느끼면서
보람도 찾을 수 있고, 그런 따뜻함은 좋았는데,
저렇게 모든 것을 투여해서 하기는 부담스러운 거죠.
넷플릭스 같은 공동체면 좋겠다, 계정을 같이 쓰면서 작은 소속감은 느끼는데,
개인은 보호받을 수 있도록. 이런 생각을 했어요.

김한나

적절한 결합의 공동체 와닿아요!
기수 님 이야기 들으면서 수전 케인의 《콰이어트》란 책이 떠올랐는데요,
관계에 대한 숱한 논쟁들이 있어왔잖아요.
내향적이냐, 외향적이냐, 우리는 그동안 외적으로 드러나는 관계를
극단적으로 중시하는 태도 같은 것들이 있었던 것 같아요.
느슨한 공동체! 그게 새로운 대안이 되지 않을까요?

연굴

한 가지 더 이야기하고 싶은 것이 있는데,
노력에 의한, 눈에 보이는 결과물이 필요한 것 같아요.
반려식물을 기를 때, 내가 애정을 다한 만큼
아이들이 잘 자라면 보람을 느꼈는데요,
사회에서는 내가 노력한 것의 결과물이 보이지 않거나
너무 적다는 생각이 들어요.

김기수

결과물을 즉각 눈으로 확인할 수 있는 경우가
매우 드물긴 하지요.

박석준

사회가 복잡다기해지면서 즉각적인 반응 또는
어떤 보상들이 생겨나지 않는 문제가 있지요.
이런 것들이 지금의 우리를 힘 빠지게 하는 것이
될 수도 있겠네요.
앞으로 우리가 더 많은 사람들과 더 깊이 있게
논의해보아야 할 주제를 잘 던져준 것 같아요.

김수호

벌써 마무리할 시간이군요!

김한나

생각보다 시간이 빠르게 흘렀네요.
책이 출간되면, 우리 얼굴 보고 만나요!

김기수

그 사이 내적 친밀감이 높아진 것 같습니다.

연굴

더 많은 분들과 이런 이야기들을 나눌 수 있는 기회가 되었으면 좋겠어요.

박석준

그런 기회를 느슨한 공동체를 통해 만들어보지요.

2장

종말의 시대에
저항하는 법

학생회장으로
마주한
대학의 민주주의

김나현

'시정잡배'가 된 총학생회장

코로나19라는 어마무시한 바이러스가 전 세계를 뒤덮을 줄은 꿈에
도 모르고, 2020년 1월 1일부터 한 대학의 총학생회장으로서 임기를 시
작했다. 겨우 한 달이 지났을까. 학생대표였던 나는, 3월 개강을 앞두고
모든 것이 마비가 된 대학의 혼란스러운 현장 그 최전선에 놓이게 되었
다. 사상 초유의 사태였다. 캠퍼스는 폐쇄되었고, 개강은 연기되었다.
학생들은 학교에, 강의실에 모일 수 없었기 때문에 모든 강의가 비대면
으로 전환되어야 했다. 수업 방식을 논의하기 위해 대학 본부의 교무처
와 총학생회 간의 긴급 면담을 잡았다. 사실 면담 요구는 비대면 전환에

대한 정부 논의가 시작될 때부터 계속했으나, 학교에서 준비된 바가 없다며 계속 미뤘었다. 나는 그 초기 세팅 논의부터 학생들과 함께 하는 것이 당연하다 생각했는데 말이다.

교무처장이 드디어 시간이 된다고 하여 면담이 진행되었다. 면담에 들어간 학생대표 중 95년에 태어난 내가 제일 나이가 많았는데—굳이 학생대표가 아니더라도 당시 웬만한 대학생들 중에 나이가 가장 많은 축에 속했다—나조차도 중학생 때부터 EBS를 포함한 인터넷 강의를 주로 들으며 자라왔기 때문에 당연히 학교에서 이와 비슷한 형태의 비대면 강의 계획을 마련해 올 것이라 생각하고 있었다. 그런데 면담 시작 직후 내 앞으로 제출된 '비대면 강의 계획(안)'을 보고 하마터면 소리를 지를 뻔했다. '교수의 강의 내용 음성 녹음 파일과 PPT 파일 제공'이 첫 번째로 적힌 학교의 '자랑스러운' 계획이었다. 정말 내가 제대로 본 것이 맞는지 몇 번이고 다시 확인하고 학교 측에도 물었다. "이 계획을 진심으로 생각하시고 갖고 오신 건가요?" 교무처장은 고개를 끄덕였다. 심지어 거의 확정안이라고 했다. 다시 말해, 오늘 내게 제출한 이 내용대로 학생들에게 곧 공지가 나간다는 것이다. 이때 깨달았다. 아! 인터넷 강의를 제대로 접해보지 못한 교수, 직원들에게는 비대면 강의가 이런 형태가 될 수 있구나. 머리가 아득해졌고, 나는 어떻게든 이것만은 안 된다고 말하며, 빠르게 긴급 예산을 투입해서 최소한의 장비와 매뉴얼을 갖추고 강의 계획을 세우자고 강조했다. 그러나 학교에서는 이런저런 이유로 선택지에 넣어서 공지할 수밖에 없다고 이야기했다. 두 번째, 세 번째 계획에는 실시간 화상 회의 시스템 활용 등이 있었지만, 안 그래도 미디어가 낯선 교수들이 그것을 선택하지 않을 것이라는 건 당연한 수순이었다. 그날 면담에서 학생들이 이야기할 시간은 주어졌지만, 학교에서는 나를 포함한 학생대표들의 의견을 듣고 계획을 수정할 생각이 전혀 없었다. 그렇게 며칠이 되지 않아 교수들에게 그 계획안 그대로 비대면 수업 방식 공지가 보내졌다.

학교에서는 이걸 "학생들과의 소통, 대화"라고 불렀다. 그러면서 학교는 '공지가 나가기 전에 학생대표들과 만나 의견을 수렴하고 소통하며 이 계획을 결정했다'고 했다. 그리고 학교 방역 체계, 등록금, 기숙사, 학생복지 등 힘을 합쳐 대안을 찾아야 하는 상황이 생길 때마다 나를 이런 식으로 대했다. 나는 늘 우리 학생회 집행부 친구들이 수많은 데이터와 분석을 토대로 만든 기획안과 아이디어를 갖고 학교를 찾아갔지만, 학교는 '학생들이 뭘 몰라서 그런다'며 반려시켰다. 그리고는 50~60대 교수들의 눈으로 가장 흡족스럽고 다른 교수들의 질타를 받지 않을 정도의 계획안을 들고 갑자기 나를 찾아왔다. 대부분 공지가 나가기 전날, 갑자기 부총장이나 처장이 나를 보자고 하는 식이었다. 그리고 한 번도 빠짐없이 학생들이 필요로 하는 것과는 동떨어진 내용들뿐이었다. 학생들에게 필요한 것은 그게 아니라며 수정할 것을 요구하는 나에게 '이미 확정된 것이고, 일정상 내일 공지되어야 한다'고만 되풀이했다. 그리고 학교는 학생들과 대화하기 위해 최선을 다했다고 말했다.

코로나19라는 위기 속에서, 총학생회장으로서 가장 힘들었던 부분은 다름 아닌 바로 이것이었다. 나는 초기 세팅부터 학생 당사자들의 이야기를 함께 수렴하고 대학 구성원 모두가 최선을 위해 함께 나아가기를 원했던 것인데, 그게 단 한 번도 이루어지지 않았다. 결과적으로 학교에서 발표하는 계획마다 학생, 교수 가릴 것 없이 구성원들에게 엄청난 항의를 받았고, 결국 며칠에서 몇 개월이 지나 우리 학생들이 냈던 의견대로 진행된 것이 많았다. 우리의 의견이 사실 예산이 많이 드는 것도 아니었다. 학생들이 당사자로서 생각했을 때 조금 더 나은 수업을 받을 수 있는 방법, 더 안전하면서도 편의를 높이는 방역 체계 등의 크고 작은 아이디어들이었다. 너무 억울했다. 처음부터 학생들의 이야기를 듣고 함께 논의하며 나아가는 것, 그게 그렇게 어려운 것이었을까? 학생들이 '어려서', '잘 몰라서' 회의장에 들어오지도 못하게 하는 대학에서, 자유민주주의를 설립 사상으로 홈페이지에 자랑스레 써놓은 모양이 내게는 우스워보였다.

그해 10월, 나는 부총장으로부터 "네가 시정잡배냐?"라는 말을 들었다. 이 말을 들은 건 학교 집행부와 학생대표들이 한 자리에 모인 회의에서였다. 그 회의는 코로나19로 인해 대학에서 연쇄적으로 발생한 문제들을 논의하는 자리였다. 그때도 역시 몇몇 부총장과 처장들이 '학생들은 뭘 모른다'고 비웃으며 학생대표자들의 이야기를 무시하는 모습을 계속 보였다. 회의가 끝나갈 무렵, 한 처장이 '아침부터 일정이 많아 힘드니 집에 좀 보내달라'고 말하며 의자를 젖히거나 수첩을 닫는 등 무례한 행동을 했다. 그래서 나도 항의를 했다. 책임자로서 진정성 있게 임하셔야 하는 것 아니냐고 말이다. 그렇다고, 반말을 한 것도 아니었다. 그들이 보인 태도와 꽤나 비슷하게 톤을 좀 맞추어 이야기한 것인데, '어디 감히 예의 없이 어른에게' 지적을 한다는 이유로, 1만 학생을 대표하는 총학생회장이었던 나는 순식간에 시정잡배가 되어버렸다. 나를 보는 그분의 머릿속에 왜 하필 '시정잡배'라는 단어가 떠올랐을까?

이 사건이 일어나기 1시간 전, 그 분은 회의 중에도 나에게 또 한 번의 반말을 건넸다. 한창 회의가 진행되던 중이었는데, 총장이 내게 갑자기 반말로 "가만있어!"라고 언성을 높였다. 회의 자리에서 존댓말로 대해 달라고 말했더니, 순간 여기저기서 다른 처장들이 나를 저지하며 회의장의 분위기가 순식간에 험악해졌다. 그리고 그 부총장은 눈을 부릅뜨고 내게 "너 정치하냐?" 하고 물었다. 오히려 부총장에게 '정치의 의미를 알고 내게 말한 것이냐'고 묻고 싶었지만, 괜한 이야기가 길어질 것 같아 그만두었다. 그때 총장이 한마디를 덧붙였다. 교수가 학생에게 어디 반말할 수도 있지, 문제될 것이 없다는 것이 요지였다. 나는 머리가 지끈거렸다. 어른들에게 또 한 소리를 들어서가 아니었다. 강의실이 아닌 학교 행정과 정책 방향을 논의하기 위해 모인 이 테이블에서, 강의실 위계질서를 그대로 가져온 총장, 부총장 포함 대학 처장단의 낡은 사고방식이 여전히 존재한다는 점에서였다. 그분들의 머릿속에 학생들은 그저 강의실에 앉아 있어야 하는 피교육자일 뿐, 대학에서 어떠한 의제에 대해 함께 논의할 수 있는 동등한 주체로 인식되지는 못하는 것인가 하는 생각도 들었다. 언성을 높이는 행위는 같아도, 총장은 '그래도 되는 사람'이고 총학생회장은 '시정잡배'가 되는 공간이—한때는 지식의 상아탑으로 불렸던—정말 대학이 맞는가 하는 생각이 들어 속이 상했다. 정말로 그날 밥을 한 끼도 제대로 먹지 못했다.

대통령은 뽑아도, 총장은 뽑을 수 없나요?

내가 졸업한 대학은 2020년까지 총장 선출 투표권이 오직 한국 국적의 전임교원에게만 주어졌다. 그래서 학생들이 지난 수십 년 동안 선거권을 외쳐왔고, 내가 총학생회장 임기를 수행하던 시기에 대학 3주체(학생, 교수, 직원)가 모두 참여하는 총장 후보 선출 규정이 만들어졌다. 내 임기는 사실상 총장 선출권을 위해 쏟아부었다고 해도 과언이 아니다. 그래서 총장 선출권을 놓고 많은 교수들과 만나 이야기를 나누었다. 그래도 대학 민주주의가 발전하려면 모든 구성원들이 선거권을 가져야 한다는 교수도 일부 있었지만, 학생들은 '미성숙해서' 투표에 참여할 수 없다는 논리로 반대 의견을 펼쳐나간 교수들이 많았다. 법적으로도 성인이고, 대통령과 국회의원을 포함한 모든 공직자에 대한 선거권을 갖고 있는 대학생들인데, 합리적인 선택을 하지 못할 것이라는 논리는 매우 이상했다. 다시 말해 교수씩이나 되는 지성인들이, 또 과거에 우리와 같은 나이로 살아갈 때 독재정부에게 민주화를 요구했던 이들이 이러한 논리를 펼치는 것이 이상하고, 또 수상했다.

그들의 이익을, 또 그들의 자리를 조금도 빼앗기고 싶지 않아서 억지로 만든 논리였을까? 강의실 안팎에서는 민주화 운동 일화를 자랑스럽게 소개하면서, 교수 사회로 뭉쳐서는 학생들의 선거권을 반대하는 교수들의 양면적인 모습에 때로는 배신감을 느꼈다. 결국 빼앗을 게 없고 뺏길 것만 남는다면 결국 기득권이 되는 것인지 회의감마저 들었다. 심지어 학생운동에 앞장섰다는 교수 중 하나는 총학생회장인 내게 "원래 그렇게 투쟁하면서 얻는 거야, 어디 쉽게 얻으려 그래!"라며 꾸짖듯 말하기도 했다. 기가 찼고, 그들에게 묻고 싶었다. 민주화 운동을 하면서, 후대들에게 더 나은 사회를 물려주기를 바랐던 것이 아니었는지…. 1987년 이후 무려 45년이라는 시간이 흐른 지금, 더 나은 민주주의를 쟁취하기 위해 또 다시 학생들이 피와 땀을 흘리기를 원하는지. 그것을 원하는 게 아니라면, 당신들은 진정으로 학생들이 적극적으로 정치에 참여할 수 있는 사회를 만들어냈는지 말이다. 때론 이들에게 직접 묻기도 했다. 그러나 답은 듣지 못했다.

민주주의에 동의하지 않는 학생들이 있다

2019년에 내가 총학생회 집행위원을 하던 때였다. 총학생회에서 홍콩 민주화 지지 선언 대자보를 학교 곳곳에 붙인 적이 있다. 이때 중국 유학생들이 모든 대자보를 찾아 훼손하고 이를 막으려던 홍콩 학생들의 사진을 찍고 위협하는 등의 사건이 벌어졌다. 심지어는 학생 식당 안에서 중국 학생과 홍콩 학생, 한국 학생이 모두 언쟁을 벌이며 물리적인 충돌로 이어질 뻔한 적도 있었다. 총학생회의 홍콩 민주주의를 지지하는 대자보는 글자를 알아볼 수 없을 만큼 찢어진 채 그 위에 'One China'가 쓰인 빨간 스티커로 뒤덮였다. 그와 동시에 학생들이 많이 이용하는 일부 온라인 커뮤니티에서는 중국 학생들을 대상으로 한 혐오 표현과 욕설이 난무했다. 나는 매일같이 그 커뮤니티를 들여다보았다. 한국어를 읽고 쓸 줄 아는 중국 학생들과 한국 학생들 사이의 갈등이 게시물에 그대로 나타나기도 했다. 중국 학생들은 어떻게든 홍콩의 민주주의를 막는 것이 애국자로서 해야 하는 당연한 일이라 생각했고, 민주주의가 당연한 한국 학생들은 중국 학생들의 사상과 그에 따른 행동들을 이해하지 못했다. 온라인 익명 커뮤니티 안에서 이 사건으로부터 시작된 글들은 점점 확장되어갔다. 중국 학생이 너무 많다, 중국 학생들은 수업에도 잘 들어오지 않고 팀플도 제대로 하지 않아서 같이 공부하기 힘들다는 불평이 빗발쳤다. 그 글들은 추천 수 10개를 받아 HOT게시판으로 이동했고, 학생들의 주목과 추천을 받아 순식간에 퍼져나갔다.

나는 2015년에 대학에 입학했고, 2020년까지 학교를 다니며 수업을 들었다. 내가 느끼기에도 1, 2학년을 보낸 2015~2016년보다 최근 2020년에 수업을 함께 듣는 유학생 수가 대폭 늘어났다. 유학생 성적 평가는 상대평가가 아닌 절대평가로 이루어진다는 이야기를 들은 적이 있어서 그런지, 유학생들이 유독 결석이 잦고 수업 참여도가 낮다는 말도 맞는 것 같았다. 당시 나는 총학생회장 선거를 준비하고 있었다. 그래서 유학생에 대해 떠도는 이야기가 정말 팩트인지, 팩트라면 왜 그런지 제대로 알고 나서 관련 문제를 해결하고 싶다는 생각에 원인을 찾아 다녔다. 국제입학관리팀도 찾아가고, 학생처도 찾아갔다. 우리 학교만의 문제는 아닌가 싶어 다른 대학의 입학 전형도 홈페이지에서 찾아 살펴보았다. 뉴스 기사도 많이 읽었다.

그러면서 몇 가지 사실을 알게 됐다. 교육부에서 대학 등록금 동결과 학령인구 감소에 따른 입학정원 동결 정책을 시행하고 있는데, 특히 수도권 사립대학들이 굉장한 불만을 토해냈다. 그래서 교육부는 이를 잠재우기 위한 방안으로 외국인 유학생의 인원 제한과 등록금 인상 제한을 걸지 않았다고 한다. 그래서 각 대학들은 구멍 난 재정을 확충하고 곳간을 채우기 위해 수단과 방법을 가리지 않고 유학생들을 맞이하기 시작했다는 것이다. 실제로 우리 대학도 유학생들이 매년 500~1000명씩 증가해서 학생들이 그렇게 체감할 수밖에 없었던 것이다. 통계를 찾아보니 우리나라 대학의 유학생 80%가 중국 국적을 갖고 있었다.

이런 사실을 알고 나니 이념, 사회, 교육 모두가 다른 두 집단이 한 공간에 모여 연대와 공동체를 말하는 것은 불가능한 일이라는 생각이 들었다. 그리고 최근 몇 년 간 총학생회장단 선거 투표율이 낮아지거나 학생 총회가 성사되기 어렵게 된 이유 중에 하나가 되지 않았나 싶기도 했다. 총학생회 회칙상 입학과 동시에 모든 학생들은 자동으로 총학생회 회원이 되는 형태이므로, 유학생들도 총학생회 회원이 된다. 그런데 학생자치는 민주주의를 기반으로 하다 보니, 중국 학생들을 포함하여 민주주의를 채택하지 않는 국가 출신의 유학생들에게 낯설 뿐만 아니라 동의하거나 받아들이는 것 자체가 어렵지 않았을까. 게다가 언어마저 쉽게 통하지 않아 학생자치활동에 대한 이해도나 참여율이 낮을 수밖에 없을 것 같았다. 그래서 유학생의 비중은 전체 학생의 4분의 1이 될 정도로 커졌지만, 학생이라는 이름으로 연대하고 결집할 수 있는 실제 인원의 비중은 낮아진 바와 다름없지 않나 싶었다. 그래서 고민이 되었다. 이게 문제라고는 생각이 들었는데, 어디서부터 해결해나가야 할지 막막했다. 앞으로 학생들의 국적은 더욱 다양해지고, 국가 간 갈등도 계속 이어질 텐데 고작 이 작은 캠퍼스에서 무엇을 할 수 있을지 마땅히 떠오르는 대안이 없었다. 민주주의를 기반으로 세워진 총학생회에서, 민주주의에 동의하지 않는 학생들과 어떻게 자치 활동을 함께 해나갈 수 있을까? 국적이 다른 학생들 사이에서 발생하는 깊은 갈등을 지금은 그저 손 놓고 바라볼 수밖에 없는 걸까? 이런저런 고민을 계속하다가 어설프게 공론화를 해버리면 더욱 갈등이 심해질까 우려가 되었다. 그래서 결국 제대로 된 공약을 생각해내지 못했다.

'익명'의 이름을 단 학생들

　'전대넷'이라고 줄여 부르는 전국대학학생회네트워크의 정기 회의가 있던 날이었다. 우리 총학생회는 전대넷의 가입 단위였기 때문에 총학생회장이었던 나도 참석했고, 매달 각 대학의 총학생회장들이 모이는 자리라 교류가 꽤 이루어졌다. 매 회의마다 한 번쯤은 나오는 소재이자 2020년 총학생회장들의 공통된 고민으로 자주 출몰하는 것이 있었다. 바로 온라인 익명 커뮤니티다. 특히 코로나19로 인해 20학번 이후의 학생들에게는 캠퍼스에서 정보 교환이 이루어지지 못하다 보니, 온라인 익명 커뮤니티가 마치 선배, 동기의 역할을 대신하는 모양이 된 것이다. 대학 자체적으로 활발하게 운영되는 커뮤니티가 있기도 했지만, '에브리타임'이라는 대학생 시간표 어플리케이션 안의 커뮤니티가 가장 활발했다. 우리 대학도 마찬가지였다. 그러나 전대넷 회의에 나온 총학생회장들의 이야기를 들어보니, 이 온라인 익명 커뮤니티에서 학생대표들을 향한 무분별한 비난이 많아서 정신적으로 너무 힘들다고 했다. 심지어 학생들끼리 게시물로 서로 다투고 혐오 발언이 난무해서 충격을 받을 때도 많다고 했다. 그래서 나는 되도록 에브리타임에 들어가거나 게시글들을 접하지 않으려 노력했지만, 아무래도 학생들의 반응을 즉각적으로 볼 수 있는 도구이기도 하다 보니 궁금해서 종종 들어가 보았다.

　그렇게 접속하여 나의 스마트폰 화면 위에 읽히는 에브리타임에서는 모든 학생들이 '익명'이라는 똑같은 이름을 걸고 일방향적인 글을 작성하거나 또 다른 '익명'들과 댓글로 이야기를 이어나갔다. 학생들은 이 안에서 자신이 하고 싶은 얘기를 아무런 검열 없이 펼쳐나갔다. 학교에 대자보를 붙여도 아무도 볼 수 없고, 과거 페이스북에서 '한국외국어대학교 대나무숲' 페이지에서 글을 제보 받아 올리는 시스템도 자연스럽게 사라졌기 때문에, 대학 내에서 일어나는 이야기와 공론화 목적의 고발이 대부분 '에브리타임'에서 이루어지기도 했다. 때로는 이렇게 순기능을 하기도 했다.

그러나 '에브리타임'에서 발생하는 사건을 책임질 사람은 아무도 없었다. 게시글을 작성할 때 주의사항이 적혀 있고, 최소한의 신고 장치가 있으나 이는 신고 누적 횟수에 따른 자동 계정 정지 시스템이므로 실제 신고 장치로서의 기능을 제대로 하지 못한다는 것이 나뿐만 아니라 학생 대부분의 생각이었다. 그래서 그런지 한참 에브리타임을 보고 있자면, 겁도 없이 이런 글을 써서 올리냐고 묻고픈 글들이 꽤 있었다. 기껏해야 몇 주 계정 정지나 당할 뿐 자신에게 그리 큰 일이 벌어지지 않을 것이라는 것을 잘 알기 때문에, 학생들이 자기 검열도 거치지 않은 채 날것 그대로의 글을 '익명'으로 작성해 올리는 것 같다는 생각이 들었다. 입학 수능 점수에 따라 캠퍼스나 학과 서열처럼 나누며 비하 발언을 서슴없이 쓰고, 캠퍼스 간 이중전공을 하려고 하면 '본교 코스프레를 하지 말라'며 자신들의 입학 성적을 마치 범접할 수 없는 계급인 양 치켜세우는 글들이 보였다. 뿐만 아니라 젠더 갈등, 소수자 혐오, 지역 갈등 등에 관한 글들도 같이 쏟아져 나왔다. 중국 학생들과의 갈등도 이 커뮤니티에서 더욱 심해진 것이었다. 그렇게 수많은 '익명'들은 오프라인에서는 하지 못할 혐오 발언을 쏟아내는 데 거침이 없었다. 이러한 게시물들은 어떠한 필터링을 거치거나 조치가 취해지지 않은 채로 누군가의 가슴을 갈기갈기 찢어놓을 것만 같았다. 무슨 일이 일어날 것만 같아 조마조마했다. 요즘 대학 진학률이 80%라는데, 그렇게 청년의 80%인 대학생들이 오프라인 캠퍼스는 경험해보지도 못한 채 온라인 익명 커뮤니티에서 그런 세상을 배우고 있다고 생각하니 가히 충격적이었다.

나만의 고민이 아니었기에, 전대넷에서 만난 다른 대학 총학생회장들과 지금까지도 종종 연락하며, 지금까지도 계속 큰 문제로 대두되는 이 이야기를 꺼낸다. 그중 한 사람은 '에브리타임'의 대안으로 또 다른 익명 커뮤니티를 만들어보겠다는 아이디어를 내놓았는데 나는 그에게 또 다른 익명 커뮤니티가 만들어지는 것이 해결책이 될 수는 없다고 말했다. 누구나 안전하게 의견을 표출할 수 있는 숙의민주주의의 실현을 위한 공론장 역할을 익명 커뮤니티가 할 수 없을 것 같았다.

대학생을 민주시민으로

나는 지난 7년 가까이 되는 시간 동안 학생회 활동을 하며 우리 대학생들이 민주시민 의식을 함양해야 한다고 외쳐왔다. 학교에서 강의실을 방문하고, 정문에서 마이크를 잡고 연설을 하고, 간식사업을 하더라도 직접 리플렛을 만들고 부착해서 같이 배부하고, 재미있게 학생회 캠프도 진행하며 자료집을 발간했다. 그렇게 수많은 학생들을 만나고 이야기들을 나누다 보면 문득 회의감이 들 때가 있다. 학생자치 이전에 자치라는 개념을, 그리고 대학민주주의 이전에 민주주의 개념을 제대로 이해하지 못한 학생들이 꽤 있었기 때문이었다. 물론, 사회나 한국사 과목에서 민주주의를 접하긴 했겠지만, 이들에게 민주주의가 삶 속에서 어떻게 작용하고 어떤 영향을 미치는지는 잘 알지 못하는 눈치였다. 그래서 더 어려웠다. 나는 학생자치와 대학민주주의를 이야기하고 싶은데, 자치의 개념이 부재하고 민주주의 경험이 부족한 학생들에게 우리가 하는 이야기들이 의도에 맞게 잘 들릴까 싶었기 때문이다. 그래서 더 많은 교육과 지원이 다각도로 이루어지면 좋겠다는 생각을 늘 갖고 있었다.

나는 앞으로 대학의 학생자치가 오롯이 학생들 몫으로 여겨지지 않기를 소망한다. 학생들이 대학에서 자치의 경험을 통해 갈등을 해결하는 과정을 경험하고, 나의 목소리가 가진 힘을 느끼고, 함께 연대하고 결집하여 무언가 바꿀 수 있다는 확신을 갖게 되면, 대학 졸업 후에도 더 좋은 '우리'로 더 나은 사회를 위해 함께할 수 있지 않을까?

졸업을 미뤘다,
대학언론을 위해

차종관

비영리 활동에 뛰어들다

학문의 전당, 캠퍼스 커플, 멋진 선배님과 교수님, 토론 문화, 낭만을 품은 교정, '안녕들 하십니까' 대자보. 누구나 한 번쯤 생각해본 대학의 풍경을 느껴보고 싶었다. 폭력과 혐오, 배제의 대상이 된 경험은 나를 더욱더 대학이라는 로망에 빠지게 했다. 그 누구도 폭력과 혐오에 노출되지 않고 배제되지 않는 세상을 간절히 원했다. 기자를 꿈꾸며 재수했고, 그 꿈을 안은 채 대학생이 되었다.

그러나 그곳은 내가 꿈꾸던 공간이 아니었다. 입학한 달, 내가 마주한 것은 술 마시자고 후배를 부르며 괴롭히는 선배, 적성에 맞지 않는 전공과목이었다. 그들은 대학을 그저 '취업을 위한 관문' 정도로 인식하고 있었다. 그들에게는 꿈도, 대의도, 사랑도 없어 보였다. 술 한 잔에 한탄하며 이상에 대한 미련을 지우고 있었다. 그 외의 무엇도 상상하기 힘들어했다. 문득 그들이 '취업 시장'이라는 컨베이어 벨트에 실려가는 상품과 같다고 생각했다.

그들을 거부하고 싶었다. 내가 할 수 있는 일을 찾고자 뛰어다녔다. 주로 사회에 관해 자신만의 문제의식을 지닌 사람을 만나러 다녔고, 그들을 기록하고 이해하려 했다. 주관을 키워갔고, 비로소 내가 속한 사회를 둘러볼 수 있었다. 생활비가 없어 남이 먹다 남긴 식판을 훔쳐 밥 먹는 학우가 있다는 사연을 접한 것처럼.

대학에 오면 다들 밥은 먹고 다니리라 생각하겠지만, 아르바이트하면서 등록금을 벌다 보니 정작 학업과 생계엔 신경 쓰지 못했다. 그런 사람들이 나를 포함해 무척 많았다. '밥조차 먹지 못한 채 공부하는 학우는 없어야 하지 않겠나' 생각했다. 새내기 딱지를 뗄 무렵, 이 문제를 해결하고자 비영리 활동에 뛰어들었다. 그 이름은 〈십시일밥〉.

  -〈십시일밥〉은 학생들이 공강 한 시간에 학생 식당에서 일하여 그 아르바이트비로 식권을 되사서 취약계층 학우들에게 나누어주는 비영리단체이다.

먹고 사는 것이 자신의 문제가 될 수도 있단 사실을 알아준 걸까. 의외로 이 문제의 심각성을 인식한 학우들이 있었다. 같이 일할 친구들이 순식간에 모였다. 단체는 반년 만에 200명의 봉사자가 식권 2천 장을 기부하는 규모로 성장했다. 교내 소득분위 0, 1분위 학생에게 식권을 학기당 스무 장씩 지원할 수 있었다.

대학 공동체의 현실과 나의 결심

활동하면서 성취도 있었지만 내가 속한 대학 공동체의 민낯을 뚜렷이 보게 됐다. 학생 사회는 구성원의 무관심 속에 와해되고 있었고, 학생자치기구와 대학언론도 그 의미를 함께 잃고 있었다. 대학 구성원은 대학에서 발생하는 사회문제에 관심을 두지 않았다. 사회문제에 대한 정보를 접하더라도 인식과 해결을 위해 노력하지 않았다. '내가 의견을 낸다고 뭐가 달라지겠어'라는 생각이었으리라.

'우리 과 없어지는구나, 별수 없지'라며 자포자기하는 모습은 대학 본부의 일방적인 학사구조 개편으로 번졌다. 그럼에도 학생들은 어떤 의견도 행동도 표출하지 않았다. 익명 커뮤니티 뒤에 숨어 댓글을 쓸 뿐이었다. 대학 사회는 한국 사회의 거울이라 했던가. 미래의 한국 사회를 엿볼 수 있는 공간이 현재의 대학 사회로 느껴졌다. 청년들과 공동체를 집어삼키는 가장 큰 적은 '패배 의식'이 아닐까. 우리 세대는 그동안의 성장 과정에서 문제를 인식하고 해결한 적이 없었다. 승리를 쟁취한 적도, 패배에 쓰라린 적도 없었다. 이들에게 작은 승리의 경험이라도 손에 쥐여주고 싶었다. 이들에게 용기를 주고 싶었다.

사회문제를 상대로 승리하려면, 우선 문제를 인식하는 것에서부터 출발해야 한다. 대학 내에는 식권 문제 말고도 수많은 문제가 있는데, 대부분이 대학 구성원에게 인식조차 되지 않았다. 해결 단계는커녕 문제 인식 단계조차 도달하지 못한 것이다. 문제를 알릴 만한 곳은 대학언론 뿐이었다. 그러나 대학언론은 대학본부 직속 기관으로서 지원받고 있기에, 대학 당국에 의해 좌우돼 위기를 겪거나 제 기능을 하지 못했다.

학생 개인이나 학생회가 문제를 들추려 해도 소용없었다. 대자보가 뜯기거나 '학교 명예에 해를 끼쳤다'며 징계받기 일쑤였다. "언론출판에 대한 허가나 검열과 집회결사에 대한 허가는 인정되지 아니한다." 대한민국 헌법 제21조 2항은 대학에 적용되지 않았다. 민주당의 전국대학생위원회 조사에 따르면 간행물 발행 시 지도교수의 지도나 총장의 승인이 필요한 곳은 전국 4년제 대학 172개 중 143개에 달한다. 대학은 소신껏 문제를 제기할 권리조차 박탈할 수 있는 곳이었다.

나는 이런 현실 속에서 '대학 사회에 문제를 제기할 수 있는 환경부터 조성해야 한다'고 생각했다. 이는 자연히 나의 '미션'이 되었다. 이를 위해 첫째, 대학생의 언로를 틔워 문제를 알릴 수 있는 환경을 조성할 것 둘째, 대학언론이 위기를 극복해 제 기능을 하도록 도울 것 셋째, 대학 사회의 언론 자유 실현을 차례로 실행할 것을 결심했다.

세 가지 미션만 깬다면 문제 인식 단계는 바로잡히리라 생각했다. 대학생이 자신이 속한 사회의 문제를 인식할 수 있다면, 문제 해결 단계까지도 도달할 수 있을 것이다. 알 권리를 바탕으로 문제 해결의 진입 장벽이 낮아진다면, 문제에 관한 관심도는 증가할 테다. 자신이 속한 사회의 문제를 해결하는 모습은 서로에게 본보기가 되어 또 다른 문제 해결 참여로 이어지게 된다. 이러한 환경을 조성하는 것을 바탕으로, 대학생은 스스로 자주적이고 건강한 대학 공동체를 구현할 수 있다. 대학생은 그 경험을 토대로 한국 사회에 진출한 뒤에도 문제를 주도적으로 인식하고 해결할 용기와 역량을 갖출 수 있을 것이다. 대학 사회의 언론 자유를 실현하는 것은 대학 사회를 넘어 한국 사회의 병폐를 해결하는 실마리가 될 수 있다.

첫 번째 미션, 대학알리

첫 번째 미션('대학생의 언로를 틔워 문제를 알릴 수 있는 환경을 조성하는 것')을 위해 저널리즘으로 전공까지 바꾸며 대학언론인으로서 출발했다. 그리고 모교에 대학독립언론 〈단대알리〉를 창간해 대학 공동체 구성원의 알권리 보장을 위해 노력했다. 출근길에 나선 총장님을 기습적으로 취재하거나, 불법 촬영 피해자에게 조심스럽게 인터뷰를 요청했다. 어느 매체보다 학내외 이슈에 가깝게 위치하며 학우들에게 소식을 알렸고, 학우들은 사건이 터지면 '알리 뭐해 어서 취재 안 하고'라며 우리 매체를 찾았다.

하지만 독립언론에도 한계는 있었다. 2012년 전성기를 맞았던 대학독립언론 〈잠망경〉, 〈성신퍼블리카〉, 〈국민저널〉, 〈고급찌라시〉는 현재 우리 곁을 떠났다. 〈단대알리〉 역시 인원 부족으로 내 곁을 떠났다. 그때부터는 모교라는 작은 세계부터 바꿔보자는 관점을 버렸다. 대학독립언론의 지속 가능성을 높이는 방식으로 활동해야겠다고 다짐했다. 이후엔 대학으로부터 독립했지만 자생하지 못하고 줄줄이 폐간하고 있는 〈세종알리〉, 〈회대알리〉, 〈시대알리〉, 〈한림알리〉 등의 〈N대알리〉를 살리기 위해 일했다.

본래 〈N대알리〉는 이름만 같았을 뿐 개별적인 단체로 운영되고 있었다. 그러다 보니 한 곳이 위기를 겪어도 다른 곳은 손 쓸 도리가 없었다. 2013년 〈외대알리〉로 시작된 〈N대알리〉는 여러 대학으로 확장되었지만, 2019년 초에 들어서는 〈외대알리〉를 제외한 모든 단체가 폐간 수순을 밟았다. 그때 폐간된 〈N대알리〉와 아직 폐간되지 않은 〈N대알리〉 사람들 모두가 위기감을 바탕으로 헤쳐 모여 TF를 꾸렸다. TF는 〈N대알리〉가 살아남기 위해서 하나로 통합돼 서로를 보살펴야 한다는 결론을 냈다. 〈N대알리〉를 창간하고 이끌었던 대학언론협동조합 선배님들의 퇴임 이후, 나는 대학독립언론의 정체성을 정립하고 지속 가능성을 모색하기 위해 〈대학알리〉의 대표, 발행인이 되었다. 그리고 이들을 하나의 비영리독립언론으로 재창간했다.

그 후 극적으로 서울시NPO지원센터의 '비영리스타트업 지원사업', 〈다음세대재단〉과 〈사랑의열매〉의 '비영리스타트업 인큐베이팅 사업'에 합격했다. 덕분에 짧은 시간 안에 정체성 정립과 지속 가능성 확보를 위해 노력을 기울일 수 있었다. 비전과 미션은 빠르게 정립되었고, 우리가 어떤 관점으로 어떤 콘텐츠를 만들어야 하는지 고민할 수 있는 계기가 됐다. 또한, 구성원들이 단체에서 즐겁고 성장하기 위한 환경을 어떻게 만들어야 하는지 고민할 여유도 생겼다. 지금도 '독립언론'이라는 단어는 위태로워 보이지만, 발전하는 과정은 달콤했다. 〈대학알리〉 팀은 시간이 갈수록 밀도 있게 독립언론이 나아갈 길을 짚어나갔다. 팀원들의 자발적인 참여와 노력 끝에 〈대학알리〉는 매체 및 단체의 기초를 잡을 수 있었다.

2021년 〈대학알리〉는 비영리민간단체로 등록된 뒤 첫 총회와 선거,

연차 보고를 무사히 마쳤다. 대학알리 1기(대학언론협동조합)가 대학으로부터 독립했다면, 2기는 정체성 정립과 지속 가능성 모색에 힘썼다. 지금은 NPO로서 자립하고, 대학별 독립언론 〈N대알리〉의 네트워크를 확장하고자 한다. 우리 기사를 통해 사회에 어떤 변화가 일어나고 있는지, 사회적 가치는 어느 정도인지 측정해보고자 한다. 즐거운 활동, 동반 성장, 상호 연대, 자기 성찰. 〈대학알리〉 팀이 바람직한 공동체로 나아가기 위한 키워드다.

〈대학알리〉는 대학생 당사자의 대안언론으로서 대학생의 언로를 틔웠고 편집권과 자치권을 방어했다는 평가를 받고 있다. 알 권리와 목소리에 갈증을 느낀 이들이 〈대학알리〉에 인프라와 노하우를 지원받아, 쉽고 편히 자신의 대학에 독립언론을 창간할 수 있게 되었다. 하지만 나는 〈대학알리〉와 〈N대알리〉라는 대학독립언론 브랜드를 안정 궤도에 올려놓은 것만으로 만족할 수 없었다. 이끌어갈수록 명확한 한계를 느꼈다. 이 방법으로는 독립언론이 창간된 대학에서만 언론 자유가 실현되기 때문이다. 대학에서 독립언론을 창간하고자 하는 수요는 무척 드물었다. 이런 창간 속도로는 전국 모든 대학에 독립언론이 생기기까지 매우 오랜 시간이 걸릴 것이다.

두 번째 미션, 대학언론인 네트워크

이에, 나는 두 번째 미션, '대학언론이 위기를 극복해 제 기능을 하도록 돕는 것'을 실행하게 되었다.

- 대학언론의 위기란? : 대학언론은 인력난, 학교로부터의 예산 삭감과 편집권 침해, 급변하는 미디어 시대에 대한 대처 부재 등 다양한 요인으로 인해 위기를 겪고 있다. 대학언론의 위기 원인은 어느 하나로 꼽을 수 없으며, 복합적이다. 1992년 모 언론사에서 처음 대학언론의 위기가 언급된 이래 대학언론이 대학언론의 위기에 관해 논하는 기사는 다수 발행되었다. 그러나 위기의 현상에만 주목했을 뿐, 대학언론의 위기 원인이나 해결 방안에 관해서는 누구도 짚지 못했다. 2000년대 이후 많은 대학언론이 위기를 넘지 못하고 폐간되었다. 위기가 발생하면 원인을 발견하고 해소해야 하는데, 대학언론은 원인 파악과 해결책 모색, 성찰에 지지부진한 채 30여 년째 위기를 자초하고 있다. 〈대학언론인 네트워크〉의 전신인 〈전국 대학생 학보사 기자 페이스북 모임〉 운영자는 "민주화 이후 학생운동이 사그라들던 시점인 1990년대 초반부터 대학언론의 위기 담론이 등장해왔다"며 "이젠 위기라는 말도 진부한 이야기"라고 전했다. 어쩌면 위기가 아닌 이미 '붕괴와 소멸'이 시작된 것일지도 모른다. 특히 지역 대학언론을 시작으로 조직이 빠르게 무너지고 있고, 학생운동의 주축이었던 공동 담론도 사라지면서 대학언론 간 교류도 줄어들고 있다. 대부분의 대학언론은 기본적인 역할조차 수행하지 못한 채 독자에게 외면받고 있다. 대학언론의 콘텐츠는 에브리타임 등 학내 커뮤니티에 게시된 글보다 영향력이 떨어지는 것이 현실이다.

무엇을 해야 두 번째 미션을 의미 있게 달성할 수 있을지 고민했다. 나의 고민을 여러 대학언론인과 나누고자 대학언론인 커뮤니티를 만들었다. 한 해 동안 '대학언론이 위기를 극복하고 제 역할을 하기 위해 무엇이 필요한가'를 묻고 의견을 나눴다. 필요하다면 포럼과 간담회도 열었다. 그 결과, 두 번째 미션의 방법이 도출되었다. 전국 대학언론이 위기를 극복하고, 언론으로서 제 역할을 하도록 연결하고 지원하는 비영리단체를 만든 것이다. 그 이름은 〈대학언론인 네트워크〉.

이곳에서는 연결을 위해 페이스북 그룹 및 오픈채팅방 등의 온라인 커뮤니티와 오프라인 커뮤니티를 운영하고, 지역별 네트워크를 조성한다. 지원을 위해 다양한 사업 및 활동을 기획 및 집행하고 파트너십을 맺는다.

대학언론이 위기를 극복하기 위해서는, 대학언론이 정체성을 확립하고 좋은 콘텐츠를 발행하여 독자를 확보하는 것이 전제돼야 한다. 그러기 위해선 대학언론이 언론으로서 제대로 기능할 수 있도록 기초부터 다져줘야 한다. 대학언론에 입사했음에도 교육조차 받지 못하고 실무에 투입되는 대학언론인을 위해 교육 프로그램을 만들었다. 〈대학언론인 아카데미〉는 대학언론인 네트워크의 핵심 사업이 되었다.

또한, 우리는 3,600여 명의 대학언론인이 온·오프라인으로 소통할 수 있는 커뮤니티를 만들어냈다. 각 지역의 대학언론인을 조직하여 자체적으로 연결과 지원을 나눌 수 있는 '지역위원회'도 구성해주었다. 실체가 불명확한 대학언론의 위기를 뚜렷하게 알고 대응할 수 있도록 연구와 취재를 통해 위기 극복에 필요한 기반을 닦았으며, 대학언론인과 대학생을 위한 상담 프로그램도 만들었다. 대학언론계에 쌓여있던 사료들을 모아 아카이브화했고, 대학언론의 발전을 위한 기금도 운용한다. 대학생의 관점으로 다양한 문제에 접근하는 협업 취재도 주선했다. 쿠

키뉴스와는 대학언론인 성장지원 협약을 통해 청년기자단, 국회의원 초청 토론회, 대선 후보 간담회 등의 일을 함께 했다. 그리고 대학언론인 네트워크의 모든 프로그램과 자료는 대학생에게 무료로 제공되었다.

이렇게 다양한 대학언론인의 필요를 발굴하고 솔루션을 실행해 지금의 '대학언론의 위기'가 해소될 수 있도록 도움을 주는 것이 〈대학언론인 네트워크〉의 역할이라고 생각한다. 이러한 활동은 앞으로도 대학언론인들의 자율적인 위원 참여로 이루어질 것이다. 대학언론이 위기를 극복하고 제 기능을 찾는 것은 일순간에 되는 것이 아니다. 그들의 꾸준한 관심과 참여가 있어야 한다. 그렇기에 대학언론인 네트워크 동료들은 안정적으로 미션을 추구할 수 있도록 법인 설립까지도 목전에 두고 있다. 앞으로는 어떤 솔루션으로 두 번째 미션을 추구할지 기대된다.

세 번째 미션, 대학 사회의 언론 자유

두 번째 미션이 단체를 통해 이루어지는 상황에서, 빠르게 세 번째 미션을 향해 나아가야 했다. 바로 '대학 사회의 언론 자유를 실현하는 것'이다. 대학 사회의 언론 자유는 비단 대학언론만의 것이 아니다. 학생자치기구, 대학생 그리고 대학을 구성하는 모든 이에게 필요하다.

현행 고등교육법은 대학의 자율성을 보장하기 위해 운영의 기본적 부분을 상당 부분 학교 규칙(이하 '학칙')을 통해 규정하도록 하고 있으며, 그에 따라 학생자치활동 역시 제12조(학생자치활동)에 의거하여 개별 대학이 정한 학칙에 따라 운영되고 있다. 그러나 학생자치의 방식을 각 대학의 특성과 자율에 맡겨 대학 구성원의 합의를 장려하겠다는 의도와는 달리, 학생자치와 대학언론은 법적 공백으로 남아 대학 본부의 입맛에 맞게 얼마든지 바뀔 수 있다. 이는 곧 대학생 당사자의 권익을 심각하게 훼손할 근거가 된다.

특히 1980년대 대학 본부에 의해 제정된 학도호국단학칙의 유산인 현행 학칙의 경우, 비민주적 요소가 내포돼 학생들의 권익을 훼손하는 근거로 사용되고 있다. 대학생 당사자와 시민단체는 이러한 학칙 문제를 개선하기 위해 국가인권위원회에 조사를 요청해 2007년 시정명령까지 끌어냈지만, 대학의 74%는 이를 무시했다. 그리고 지금까지도 시정되지 않고 있다. 그에 따라 대학언론 역시 기자 해임 및 편집권 침해를 부지기수로 당하고 있다. 고등교육법과 언론법에도 보호받지 못하고 총장이 발행인, 주간 교수가 편집인인 구조적인 한계를 극복할 수 없는 것이다.

대학생 개인과 학생자치기구의 경우 '① 교내 집회에 총장의 사전 승인 필요 ② 학생지도위원회의 '내 맘대로' 징계 ③ 검열 없이 붙을 수 없는 대자보와 현수막 ④ 학생자치단체 조직을 위해선 학교 허가 필요 ⑤ 학생자치기구 대표자의 자격 기준 제한 존재 ⑥ 학생의 정치활동 금지 ⑦ 학생의 사적 영역 규제 ⑧ 학생들의 학교 운영 참여 불가 ⑨ 강의실 대관에 학교의 검열' 등의 문제를 현행 학칙으로 인해 직접적으로 겪고 있다.

대학 감독의 책임이 있는 교육부는 이 문제를 대학 자율의 영역에 맡기고 있다. 그러나 기울어진 운동장과 같은 대학 현장에서 상대적 약자에 해당하는 대학생 당사자의 권익은 방치되고 있다. 그리고 이러한 상황은 비민주적인 학칙 조항을 철폐하고 대학언론에 대한 탄압 방지책을 마련하는 것에서 해법을 찾을 수 있다.

앞으로의 나는

현재 나는 비민주적인 학칙 조항을 철폐하고 대학언론에 대한 탄압 방지책을 마련하기 위해 온 힘을 쏟고 있다. 오로지 미션을 위해, 지난 7년간 대학언론인이자 비영리단체 활동가로 살아왔고, 최근에는 졸업도 미뤘다. 나는 어느 대학생도 시도하지 않은 길을 걸어왔다. 아직은 문제를 완벽하게 해결했다고 볼 순 없다. 그저 문제를 놓지 않고 꾸준히 활동하는 것이 답이라고 생각한다. 어떠한 사회문제도, 하루, 한 달, 일 년 만에 해결된다고 생각하지 않기 때문이다. 열정과 끈기로 집요하게 문제를 물어뜯는 사람이 차종관이다. 동료들은 나를 그렇게 평가한다. 내가 속한 사회의 문제를 해결하기 위해 치열하게 싸워온 지난 삶을 바탕으로, 나는 세상을 바꾸는 무모한 사람이라고 감히 생각한다. 더 나은 세상은 가만히 있으면 오지 않는다. 이 땅의 많은 언론인이 정의로운 저널리즘을 실현하여 시민들이 문제를 인식하고 해결할 수 있는 환경을 조성해야 한다. 그래야 더 나은 세상을 만들 수 있다. 물론 언젠가는 대학을 떠날 것이다. 대학언론인이라는 신분도 벗게 될 것이다. 다만 앞으로도 나는 사회혁신가, 문제해결자, 활동가의 자세를 갖춘 한 명의 민주시민으로 살아갈 것이다. 끈기 있고 집요하게 문제를 물어뜯는 사람, 관찰하고 발견하고 끝내 해결하는 사람, 차종관을 기대해달라.

나는 언제나 그런 곳을 꿈꿀 것이다. 세상을 작은 희망들이 살아 있는 곳, 누구도 포기하지 않는 곳, 내가 사랑할 수 있고 살아가고 싶은 곳으로 만들 것이다.

서울에 살아야만 사람인 것은 아니예요

강보배

제주에 산다는 건

'말은 나면 제주도로 보내고 사람은 나면 서울로 보내라.'

과거 속담일 뿐이지만 나는 이 말을 끊임없이 강요하는 사회 속에서 때론 순응하고, 때론 방황하고, 때론 저항하며 지금도 살아가고 있다.

내가 태어난 곳은 제주의 모슬포라는 곳이었다. 제주 남서쪽 끝에 있어, 송악산에 오르면 대한민국 최남단 섬이라는 마라도가 보이는 멋진 풍경을 가진 곳이었다. 그렇지만 모슬포는 몹쓸 바람이 부는 곳이라며 '몹쓸포', 가난하고 먹고살기 힘들어 '못살포' 등으로 불리기도 했다.

그렇지만 모슬포에 살던 나는 참 즐거웠다. 친구들과 함께 모슬포 곳

140 》청년을 위한 나라는 없다

곳을 누비며 뛰어놀았다. 동네 앞 커다란 나무를 놀이터 삼고, 용천수가 나는 빨래터에서 물고기와 게들을 잡고, 풀어주며 수영장이나 생태 학습장으로 활용했다. 송악산 밑 일제 동굴진지와 알뜨르 비행장은 역사 배움터이자 우리의 광장이었다. 그저 자연이 품어낸 동네이자 동네가 살아오며 겪은 역사의 공간들이었기에 충분한 설명이나 아이들을 위한 안전장치가 있는 것은 아니어서 매일 다치기 일쑤였지만 그 공간들은 참으로 많은 배움을 주던 곳이었다. 그 시절 나는 모슬포가 참 크다 느꼈다. 주말이면 사촌 동생들과 함께 우리 집 봉고차를 타고 다 같이 나들이를 나섰다. 바다, 산, 숲 등 제주 곳곳 안 가본 곳 없을 정도로 즐겁게 돌아다녔다. 도로가 포장도 제대로 되지 않아 가만히 앉아있다가도 갑자기 봉고차 천장에 머리가 닿을 정도로 낙후됐던 제주였지만 그 시절 제주는 참 넓고도 아름다운 곳이었다.

그러다 초등학교 5학년 때, 부모님을 따라 제주시로 이사를 오게 됐다. 모슬포도 제주에선 나름 제법 큰 마을이라 중고등학교까지 있는 동네긴 했어도 부모님은 내가 더 좋은 교육을 받기를 바랐던 것 같다.

그 시절부터였을까. 나에게 제주가 작아진 것은…. 제주시로 오게 되면서 다른 질감의 세상을 만나게 됐다. 그것이 내가 더 성장했기 때문일지, 아니면 사회가 나에게 새로운 안경을 쓰게 한 것인지 지금도 알 수 없다. 친구들과 뛰어놀 시간도 줄어들었다. 이제는 PC방, 노래방 등이 새로운 놀이터가 됐고, 친구들과 어울리며 배움을 얻는 곳이 자연이 아니라 학원이 돼 있었다. 그저 조금 더 큰 도시로 온 것뿐이었지만, 그 삶에 적응하기는 쉽지 않았다. 도피처를 찾고 싶었다. 그러다 손에 잡힌 것이 책이었다. 그저 책이 재밌고, 글쓰기가 좋았다. 책을 읽고 있으면 답답한 환경에서 벗어날 수 있었다. 제주라는 섬을 넘어 세상 어디든, 아니 세상에 존재하지 않는 이 세계를 놀러 다니는 기분이었다.

그렇게 책에 빠져 살던 날 보며, 한 선생님이 제주도내 백일장에 글을 써보라고 제안했고, 나는 장난삼아 백일장에 도전해봤다. 바람도, 기대도 없었건만 입상하니 기분이 좋았다. "너, 글에 재능이 있는 것 같은데?"라는 선생님 말씀은 참 오랜만의 칭찬이었다. 점점 떨어지는 성적 때문에 혼나기 바빴던 나에게 그 말은 너무나 달콤했다. 내 인생에 있어서 무언가를 제대로 해보고 싶다는 마음을 먹게 했다. 그 말 한마디가 무엇이었기에 소설가라는 꿈을 꾸게 된 것일까.

나는 '딸랑이'였다

그러나 이 즐거움마저 내 의지로 누릴 수 없었다. 나는 '딸랑이'였기 때문이다. 2017년 폐지됐지만 내 학창 시절엔 제주에 연합고사라는 고등학교 입학시험이 있었다. 연합고사와 내신을 합쳐 상위 50% 안에 성적을 받아야만 제주시내 인문계를 갈 수 있었고, 그렇지 못하면 그 당시 실업계 고등학교나 읍면지역 고등학교로 가야만 했다. 특히 그때는 '대학은 인서울 못해도 고등학교는 제주시 내 인문계를 가야 한다'는 분위기가 있었다.

중학교인데도 심한 곳은 야간자율학습이라 불리는 야간타율(?)학습을 강제하기도 했다. 뭐 2013년에 제주도내 모 중학교에서 야간자율학습을 거부한 교사가 담임 자격을 박탈당했다는 기사가 있을 정도니 제주의 고입시험에 대한 압박이 얼마나 컸을지 대략 짐작할 수 있을 것이다. 결국, 제주의 모든 중학생은 연합고사와 내신에서 상위 50%에 들기 위해 아침부터 늦은 밤까지 공부와 씨름해야 했다. 그리고 그 합격선에서 아슬아슬한 학생들을 '딸랑이'라 불렀다. 중학교마다 차이는 있지만, 대체로 연합고사와 내신 성적이 상위 40% 안에 들면 제주시 내 일반고 진학 안정권이었고, 상위 40~55%는 '딸랑이'로 분류됐다. 인생 실패 면하기가 딸랑딸랑한 성적이라는 거다. 제주시 내 인문계학교를 가지 못하는 게 인생 실패라고 보는 세상. 그것을 당연하게 여기는 교육 현장이 바로 제주였다. 그런 현실을 사는 중학생이 책을 읽는 것은 사치였다. 아니 사치가 됐다. 쉬는 시간이나 자율학습 때 틈을 내 책을 읽더라도 '딸랑이가 무슨 독서냐, 공부나 더하라'는 선생님들의 핀잔은 예사였다. 심지어 그때 나에게 백일장을 권해주셨던 선생님도 "공부 열심히 해서 서울 가면 그때부터 제대로 문학 공부할 수 있을 거야"라는 말로 나를 다독였다.

왜 좋아하는 것을 열심히 하면 안 되고, 다 똑같아지는 것에만 매달려야 할까 답답했다. '그래, 고등학교 잘 가면 좋지. 공부 좀 해보자'라는 마음을 먹고 공부에 매달렸다. 성적은 빠르게 올라 '딸랑이' 신세를 면하고 제주에서 나름 잘 나간다는 고등학교에 진학할 수 있었다. 이젠 내가 하고 싶은 대로 할 수 있을 거라고 생각했지만 고등학교 시절도 다른 것은 없었다. 여전히 대입이라는 벽이 있었고, 또다시 공부를 강요받았다. 당시 '귀여니'라는 작가가 문학특기자로 대학에 합격해 화제가 됐다. 나도 문학특기자 전형으로 대학을 도전하겠다고 마음을 먹었다. 온라인에 올린 소설로 대학에 들어간 그녀처럼 나도 할 수 있다고 생각했다. 그렇지만 현실은 녹록지 않았다.

문학특기자 전형을 어떻게 준비해야 할지, 무엇을 배우고 쌓아야 할지 모든 게 막막했다. 그저 인터넷을 검색해 알아낸 정보를 바탕으로 백일장, 글짓기 공모전에 열심히 도전해야 한다는 것을 막연히 알게 됐을 뿐이다. 야간자율학습 시간에 책을 읽고, 글을 깨작이는 것이 내가 할 수 있는 것의 전부였다. 아니 그마저도 자유롭지 않았다. 공부는 안 하고 왜 딴짓하냐는 선생님의 잔소리가 시작이었다. 나는 당당히 말했다. "저 문학특기자 전형 할 건데요." 담임 선생님은 처음엔 그건 뭐냐는 듯 바라보더니, 쓸데없는 소리 하지 말고 공부나 하라며 책을 빼앗아 갔다. 제주에선 문학특기자 전형 같은 것을 준비하는 사람들이 없어서 그런 전형이 있는지도 잘 모르는 것이 이상한 일은 아니었다. 그저 내가 유별난 애였을 뿐이었다.

다음 날 선생님이 나를 불렀다. 아마 문학특기자 전형에 대해 찾아봤거나 문학 선생님에게 물어본 듯싶었다. "문학특기자 전형은 아무나 하는 게 아니야. 공부부터 열심히 하고 대학 가서 글 쓰는 것 제대로 배우는 게 어떠니?" 결국, 또다시 '대학 가면 할 수 있다'는 말이었다. 왜 우리는 매번 다음을 기약해야만 할까. 그리고 그 정말 다음을 기약한다면 그 기회가 정말 오는 것일까.

이번엔 포기하고 싶지 않았다. 틈틈이 백일장, 글짓기 대회에 도전했고, 나름 입상도 여러 번 하고 나서야 책 읽고, 글 쓰는 일이 자유로워졌다. 하지만 더 배우고 싶어도 마땅히 배울 곳이 없다는 것이 답답했다. 제주도 내 백일장이나 글짓기 대회에 입상하는 건 그저 학생기록부에 수상 기록을 넣기 위한 자리였을 뿐, 문학특기자 전형에 보탬이 되려면 전국 단위의 상을 받아야만 했다. 그러기 위해서는 실력을 키우는 게 필수적이었다. 학교에 문학 선생님이 있었지만, 글로 대학 가겠다는 나를 겉멋 든 애라고만 볼 뿐 따로 관심을 가져주지는 않았다. 대회 정보만이라도 공유해주는 것을 감사하게 생각해야 했다. 그렇게 혼자만의 도전은 좋은 결과를 맺지 못했다.

주절주절 풀어냈지만, 이러한 학창 시절 이야기는 나와 비슷한 시기에 있는 친구들에겐 크게 다르지 않은 경험일 것이다. 그저 꿈의 소재가 다를 뿐, 누구나 꿈을 꾸었을 것이고, 그 꿈을 어떻게 풀어갈지 몰라 힘들어하고, 그리고 이를 도와줄 수 없는 환경을 한탄하는 것은 우리의 학창 시절에 단골 에피소드였으니 말이다.

우리는 왜 자기 길을 찾기 어려울까

그런데 지금은 달라졌을까. 여러 가지 이유로 청소년들을 만나지만 지금도 크게 달라진 것은 없는 것 같다. 자유학기제가 생기고, 진로교육이 강화됐다고 하지만 여전히 우리는 인서울 대학을 가기 위한 공부만을 강요받는다. 수많은 미래세대가 자신의 꿈을 키워나갈 기회조차 제대로 얻지 못하고, 대학 입시 성적을 중심으로 대학을 가게 된다. 아니 설령 자신의 도전을 미뤄놓고 인서울 대학에 갔다고 하더라도 자신의 길을 찾는 것은 다시 시작일 뿐이었다. 그런데도 우리는 서울을 가기 위한 교육에만 매몰돼 있다. 실제로 '2019년 대학진로취업 현황조사'에 따르면 대학생들의 고민 중 1위가 '졸업 후 진로'로 57.6%, '학업' 25%를 크게 앞서고 있는 것으로 나타났다. 이러한 고민은 단순히 대학생뿐만 아니라 대학에 진학하지 않았거나, 대학을 졸업한 후에도 지속해서 터져 나오는 목소리다. 그만큼 자신의 삶을 스스로 선택하기 위한 기회 조차 제대로 보장되고 있지 못하다는 것이다.

결국, 나는 대학을 가서야 정말 글을 쓰며 먹고살 수 있을지에 대한 고민을 제대로 시작할 수 있었다. 그저 학창 시절의 백일장, 글짓기 대회가 아닌 삶에서 글을 다시 보게 됐다. 주변에 문학을 하는 사람들을 직접 만나고, 그들에게 글에 대해 배우며 난 소설가가 될 수 있을지, 아니 소설가로 먹고살 수 있을지를 고민했다. 그렇게 바라보니 생각보다 나에게 글재주가 없다는 것을 알게 되었다. 같은 것을 표현하더라도 좀 더 맛깔나게 글을 쓰는 사람들을 만나고 보니 내 글은 그저 학창 시절 글짓기 수준이라는 게 보였다. 다른 고민을 시작했다. 글재주는 부족하지만 글을 쓰면서 먹고살 만한 일이 없을까 생각했고, 기자라는 목표를 새로 세우고 도전하게 됐다. 대학 학보사에 들어가 대학생 기자가 됐고, 편집장을 맡기도 했다. 지역사회에 다양한 사람들을 만나며 견문을 넓혀나갈 수 있었다. 만약 이런 시간이 좀 더 일찍 더 주어졌다면, 그저 하기 싫은 공부를 한다는 마음으로 배움을 대하거나, 그저 답답한 현실을 한탄하며 방황했던 시간을 줄일 수 있지 않았을까. 내 삶에 좀 더 자부심을 느끼며 살아갈 수 있지 않았을까.

이제 각자의 재능과 개성을 죽이고 똑같아지기를 강요하는 사회를 우리는 거부해야 한다. 서울에 가야만 사람 대접받는 사회의 룰을 이제 깨뜨려야 한다. 입시제도를 개혁하여 각자가 좀 더 일찍 자기 삶을 그려나갈 수 있도록 해야 한다.

교육의 기준을 바꾸자

태어난 지역이 비수도권 지방이라는 이유로 경쟁력 있는 교육을 받기 어려운 현실부터 바꿔야겠다. 소설가를 꿈꿀 때도, 기자가 되기 위해 노력할 때도, 그리고 또 다른 삶을 도전할 때도 매번 느낀 것은 배움의 기회가 지역에서는 제한된다는 것이었다. 무언가 제대로 배워보고 싶다고 할 때마다 나는 서울을 동경했고, 배움을 찾아 서울을 찾기도 했다.

기술의 변화는 빠르게 진행되고 사회적 가치도 다변화되는 사회지만 그러한 변화는 서울을 중심으로 이뤄지고, 지역에는 제한된 교육만이 제공되고 있다. 교육의 다양성이 부족한 것은 물론이고 그 질 또한 수도권에 비해 낮다는 이야기를 많이 한다. 이러한 모습은 비단 나의 모습만은 아니었다. 많은 지역의 청년들이 어떻게 살아가야 할지 고민하기 위해 서울로 떠났다. 딱히 목표가 없더라도 그 목표를 찾기 위해서라도 서울행을 택했다. 심지어 제주에서 자신의 길을 만들어가고자 노력하고, 도전했던 친구들도 좀 더 제대로 된 배움을 찾아 서울로 향했다.

'서울로 가서 뭘 해봐야 할지 고민해볼래', '내가 듣고 싶은 내용은 서울을 가야 해', '제대로 공부하려면 서울 가서 하는 게 좋을 것 같아'라는 이유로 높은 집세와 생활비를 감수하며 지역을 떠나 서울로 가고 있다. 자신을 찾기 위해서는 자신이 살고 있는 곳을 떠나야 하는 환경인 것이다. 적어도 배움에 있어선 충분한 기회가 주어졌으면 좋겠다. 빠르게 발전한 기술 속에서 적어도 지식은 온라인을 통해서 충분히 배울 수 있음에도 여전히 그 정보가 지역에는 제대로 전달되고 있지 못하다. 누구나 자신의 길을 설계하는 과정에 충분한 배움의 기회가 주어질 수 있어야 한다. 더 나아가서는 단순히 지식을 읽고, 정보를 전달받는 것을 넘어 자신의 꿈과 관련된 사회적 관계를 구축할 수 있도록 다양한 관계를 연결해주는 기회도 주어져야 한다. 그 또한 배움의 연장선이기 때문이다.

과거의 룰을 깨뜨리자

지역의 문화부터 바꿔야 한다. 지역의 관성적 문화는 청년들의 날개를 가장 먼저 꺾어버리고 있다. '요즘 청년들이 도전의식이 없고, 공무원만 하려고 한다', '눈만 높아서 중소기업 같은 데서는 일하지 않는다'며 타박을 하는 분위기가 싫어 익명성이 강한 서울로 지역을 떠나는 청년들의 이야기는 심심치 않은 레퍼토리다. 그보다 더한 것은 무언가 도전하는 청년들에게 제대로 된 일도 아닌 것은 하지 말라며 차라리 공무원 시험이나 준비하라는 가족이나 친인척의 말이었을 수도 있다.

사회는 급변하고 있는데 여전히 지역사회는 기존의 성공 방법론에 갇혀 있다. 지역을 떠나 서울로 향하는 것이 성공이라는 '서울드림'에 빠져 있다. 실제로 지역에서 꾸준히 활동해온 청년보다 서울에서 활동했던 사람들을 동경하는 모습은 제주 곳곳에서 찾아볼 수 있다. 도시재생, 사회혁신, 사회적경제, 주민자치, 문화예술 등 다양한 영역에서 중심 자리를 꿰차고 있는 것은 서울 사람인 경우가 많다. 이 모든 분야에서 지역주민과의 소통과 협업이 중요해지고 있건만 우리는 정작 새로운 사람에게 그 소통과 협업을 맡기고 있는 것이다.

나 또한 기자 생활을 끝내고 지역사회 활동을 할 때 이러한 부분을 많이 느꼈다. 처음 지역사회의 관심을 가지고 뭐라도 해보고자 할 때는 그런 사람 자체가 귀해 좋아해주지만 시간이 흘러 익숙해지게 되면 그저 단순한 일원이 되기도 한다. 반대로 서울에서 내려왔다고 하면, 전문가로 대우하며 유리한 기회가 주어지는 경우가 많았다. 실제로 내가 지역 활동을 줄이고, 서울 등 다양한 곳에서 활동을 더욱 열심히 하니 자연히 지역의 평가가 좋아진 것을 몸소 체험하기도 했다. 이런 환경 때문에 다시 탈지역을 하고, 서울로 향하는 친구들의 사례도 제법 흔한 이야기다. 왜 우리는 함께 길을 걸어가는 사람들에 대한 소중함을 쉽게 망각하는지 아쉽다. 지역에서 경험을 쌓는다는 것은 그저 지식을 가진 것과 다른 힘을 가지고 있다. 그리고 그 배움이 더욱 쉽지 않고 힘든 길이다. 그러므로 우리는 지역에서 길을 만들어가고 있는 청년들을 쉽게 보지 말고, 응원해야 한다.

미래사회는 급변하고 있다. 4차 산업혁명으로 인해 인공지능과 자동화가 가속화될 것이고, 이는 대기업 중심 구조가 일자리를 창출하는 데 뚜렷한 한계를 갖는다는 것을 의미한다. 실제로 현재 많은 세계적 기업들이 시가총액에 비해 낮은 고용 인원을 보여주고 있고, 공채 대신 상시채용을 하고 있어 경력직 중심으로 채용시장이 변화하고 있다.

그런데도 우리는 끊임없는 학벌주의로 개성과 창의성을 죽이는 사람들을 키워내는 데만 열을 올린다. 그리고 지역은 그 과거의 성공 방식에 갇혀 있다. 그렇지만 잘 들여다보면 진정한 변화의 가능성은 지역에 있다. 빈틈없이 채워진 도시는 끊임없이 사람들을 빨아들이고, 경쟁시키며 그 사회에 사람들을 끼워 맞추는 방식을 요구한다.

지역의 가능성

그러나 지역은 채워가지 못한 수많은 여백을 가지고 있다. 그리고 그 여백 속에 우리가 채워가야 할 것들이 한없이 많다. 나는 제주에서 많은 기회를 얻었고 성장했다. 그저 책과 글을 좋아하던 나에게 제주는 기회를 줬다. 사람들 앞에 나서서 말하는 것이 떨렸던 나도 내 생각을 펼칠 수 있었다. 그렇게 나는 내가 사회에 필요한 사람이라는 것을 알게 됐다. 기존의 성공 방식에서 실패해 지역에 남아버린 그저 그런 사람일 수도 있지만 지역 속에서 내가 필요한 곳이 많음을 알게 됐다. 처음엔 그저 내 삶의 길을 모색하기 위한 기웃거림이었지만, 그 속에서 나는 자연스럽게 성장할 수 있었다. 소외된 이야기를 찾았고, 그것을 바꾸려는 사람들을 만났다. 제주가 만들어온 아름다운 자연을 지키기 위해 노력하는 사람들, 4·3을 비롯한 제주의 아픈 역사가 잊히지 않도록 애쓰는 사람들, 마을의 이야기를 새롭게 재탄생시키는 사람들을 보며, 이게 우리가 만드는 미래사회의 일임을 느낄 수 있었다. 지금까지의 일은 그저 조금 더 빨리, 그리고 더 크게 성장하는 일이었기에 사람이 아닌 로봇으로 대체될 수 있었지만, 이제는 사람만이 할 수 있는 것들 속에 새로운 일이 만들어질 것이다.

그리고 그 성장의 경험을 함께 나누고 싶었다. 나와 같은 방황을 하는 사람들이 좀 더 지역과 만나 변화할 수 있기를 바라며, 지금 이 길을 걸어가고 있다. 함께 걸어가겠다는 동료들을 만나 협동조합을 만들었고, 그들과 제주를 새롭게 만나고 있다. 지역의 소외된 다양한 이야기들을 청년들의 시선으로 바꾸는 일을 벌이고 있다.

그 경험은 제주에만 한정되지 않았다. 전국 각지에서 자기 지역을 변화시키려는 사람들을 만났고, 그들과 함께 단체를 만들어 지역격차 등 청년들이 겪는 다양한 문제를 해결하기 위한 단체를 만들었다. 그리고 지역에서 그러한 고민을 하는 청년들을 만나러 나는 또다시 전국을 유랑하게 됐다. 전국 각지에서 고군분투하는 동료들과 함께 우리는 변화를 만들고자 한다. 그리고 그 변화에 있어서 가장 중요한 것이 바로 교육이다.

지역에서부터 지금까지의 룰이 아닌 다른 방법으로 살아가는 세상의 룰을 찾아야 한다. 그러기 위해서는 교육 현장이 바뀌어야 한다. 나는 제주에 살며 학교가 지역사회와 연결되면서 교육 현장이 변화하는 모습들을 보았다. 2011년, 2년만 시간을 달라며 "그래도 학생 수가 늘지 않으면 자진 폐교하겠다"던 한 마을 이장의 절절한 호소는 농촌 지역에서 학교의 존재 이유를 되새기게 했다. 당시 이장이 배수의 진을 쳤던 해당 학교는 마침내 폐교 위기에서 벗어났다. 바로 무지개 학교로 불리는 더럭초등학교다. 마을과 함께 학교의 변화가 불어오는 사례는 계속되고 있다. 한때 폐교 위기에 처했으나 생태학교로 탈바꿈하면서 명성이 자자해진 제주 함덕초등학교 선흘분교가 본교 승격을 눈앞에 두고 있다. 2014년에는 학생 수가 20명에 불과했지만 지금은 110명으로 늘어나면서 '본교'로 승격될 예정이다. 또한 도심 공동화로 학생 수가 급감한 초등학교의 원조격인 제주북초는 '김영수 도서관'으로 대표되는 도시재생사업과 맞물려 부활의 기지개를 펴고 있다. '한 아이를 키우기 위해선 온 마을이 필요하다'는 말을 증명하는 사례들일 것이다.

앞으로의 교육은 지역사회 자원이 함께 모여야 한다. 그러기 위해선 학교 현장이 교사뿐만 아니라 다양한 주체들이 오고 갈 수 있어야 할 것이다. 공동교육과정이나 교육 클러스터를 구축할 때도 이는 단순히 교육청이나 학교, 교사 간의 클러스터가 아니라 지역사회의 다양한 주체들이 함께해야 한다. 대학, 평생교육 등 지역의 여러 교육기관이 함께 협업해야 한다.

이제 지역사회는 변화해야 한다. 아니 지역의 청년들을 인정해야 한다. 변화하는 사회는 스스로 삶을 설계하고 만들어가는 주체적인 청년들이 꼭 필요한 사회다. 그러므로 청년들이 다양한 경험을 가질 수 있는 교육 환경을 만들어줘야 하고, 무언가 시도하는 것을 주저하지 않도록 하는 문화를 만들어야 한다. 변화하는 세상을 가장 빠르게 체감하는 것은 당연히 미래세대다. 세상의 변화를 가장 빠르게 즐기고, 그 속에 어우러지는 것이 미래세대다. 이들의 감을 투정이라 누르지 말아야 한다. 이들이 가장 빠르게 시장을 뛰어다니고 있으며, 우리 사회도 이들에 맞춰 상품들을 개발하고 있다. 소비를 주도하는 것은 미래세대고, 그 소비에 맞춰 시장도 변화하고 있다.

교육은 우리의 미래를 만들어가는 가장 중요한 장이다. 그리고 그것은 단순히 학교에서만 이뤄지는 것이 아니다. 배움의 장은 삶 속에서 이뤄지며, 그 삶은 지역에 있다. 아직 많은 미래세대는 지역에 살고 있으며, 지역에서 그 배움을 시작한다. 그렇기에 교육의 현장은 배움과 삶이 선순환하는 지역 속에서 만들어져야 한다. 조금씩 서로의 품을 내어주며 현재, 그리고 미래를 준비하는 우리들의 공유지가 될 수 있도록 함께 걸어가길 기원한다.

투자를 시작했다, 그리고 퇴사했다

강석용(돌디)

어린 시절 나는 모자랄 것이 없는 집안에서 태어나 행복하고 걱정 없이 살았다. 교우관계도 원만했고, 주변 어르신들을 보면 꼭 90도 인사를 하는 그런 예의 바른 아이로 컸다. 아버지는 중소기업 규모의 꽤 큰 사업을 하고 계셨는데 IMF 이전의 많은 기업이 그랬듯 우리 아버지의 회사도 잘 되었던 것 같다. 그 증거로 아버지는 퇴근하고 항상 과자를 양손 가득 사서 오셨다. 또 생일마다 꽤 좋은 장난감을 선물 받았고, 매 주말에는 피자헛 같은 음식점에서 외식을 하곤 했다. 난 항상 밝았고 걱정이 없었다.

그러다 초등학교 6학년 즈음부터 집안 분위기가 바뀌기 시작했다. 어머니와 아버지가 다투시는 일이 많았고, 아버지는 걱정이 가득한 것이 보였다. 집안에서는 항상 눈치를 봐야 할 정도로 분위기가 좋지 않았다. 당시 아버지가 나한테 하신 말씀이 기억난다. "등하교 시에 누가 너 누구 아들이냐고 물어보면 내 이름을 절대 대지 말아라."

돈의 무서움

그렇다. 아버지의 회사는 파산한 거다. 밤에는 어떻게 알고선지 낯선 아저씨가 집 문을 두들겨 대며 "XXX(아버지 성함) 당장 나와라!" 하며 동네에 창피를 주기도 하였다. 그때마다 아버지는 그 낯선 아저씨와 함께 몇 시간씩 나갔다 들어온 후 잘 해결되었다고 하셨다. 아버지와 그런 안 좋은 과거에 대해서 자세히 이야기를 나누기 어려워서 여쭤보진 못했지만 지금 생각하기에 아마 밀린 임금을 못 받으신 직원들이 찾아왔던 것 같다. 그런 일이 생기면서 학교를 정상적으로 다니기 어려운 상황이 되었다. 일단 회사 일은 아버지가 한국에서 처리하기로 하고, 나와 어머니, 그리고 여동생은 미국 매사추세츠주의 몰든이라는 소도시에 사는 고모 집으로 피신(?)을 하게 되었다. 거의 8, 9개월 미국에서 지냈는데, 모든 집안일을 어머니가 하고 힘들어했던 기억이 난다. 사실 우리가 얹혀사는 입장이어서 어쩔 수 없었겠지만 고모랑 어머니 사이에 트러블이 가끔 있었고, 항상 어머니의 패배로 끝났던 기억, 그리고 시집살이하듯이 힘들게 집안일을 하는 어머니 모습을 보면서 내가 괜히 서러웠던 기억이 난다.

당시에는 인종차별이 무척 심했는데 미국에서 학교에 다니던 나는 비하 발언을 다 알아듣지는 못했지만 대놓고 무시를 한다던가, 체육 수업에서 같은 팀을 안 하려고 한다든가 하는 데서 그런 게 느껴졌다. 학교 전체에 한국인이 한 명도 없어서 정말 외로웠던 기억이 난다. 그래도 4개월쯤 지나니까 중국 화교 출신 미국인 친구 하나가 HOT 팬이어서 나에게 다가와주었고 친해지게 되었다. 또 모로코 친구 하나, 러시아 친구 하나 이렇게 서로 외로운 친구들끼리 사귀게 되었다. 언어는 잘 안 통하지만, 서로의 집에도 놀러 가고 그 나라 전통음식도 먹었던 기억이 난다. 이게 미국 생활에서 가장 그리운 기억이다. 그 외에는 당시 모든 게 서러웠다. 집에서는 제2의 시집살이를 하는 어머니를 보는 게 서러웠고, 학교에서는 완벽한 외지인인 게, 영어가 능숙하지 않았기 때문에 말이 통하는 친구가 하나도 없다는 게 서러웠다. 난 어디에서도 외지인이었다. 이 모든 서러움이 다 아버지 회사가 부도나서라는 게, 그 직원들한테 돈을 못 줘서라는 게, 결국 모든 게 돈 때문이라는 게 내가 이후 어른이 되었을 때 재태크를 남들보다 더 일찍 시작하게 된 계기가 된 것 같다.

그러다가 8~9개월 만에 일찍 한국에 돌아오게 되었다. 난 너무 신이 났었다. 이제 다시 옛날처럼 행복하고 걱정 없이 지낼 수 있게 되었구나. 12시간 좁은 비행기 자리에서 잠도 안 자고 서러웠던 기억이 난다. 근데 한국에서의 사정은 완전히 바뀌어 있었다. 공항에서 입국할 때 아버지가 마중을 나왔는데, 처음에 아버지를 못 알아봤다. 덩치는 절반으로 주셨고 머리는 완전 백발이 되셨다. 얼마나 고생을 하셨을까. 그동안 벌어놓은 돈으로 회사 일은 어떻게든 해결은 하신 모양이다. 신용불량자가 되어 있다고 말씀하셨다. 그리고 우리가 향한 곳은 원래 우리가 살던 서울이 아니라 태안이라는 시골 동네였다. 여기서 지낼 때 집도 좁고

낡고 바퀴벌레가 많아서 고생한 기억이 난다. 당시 내 꿈이 바퀴벌레 없는 집에 살게 해달라는 거였으니까. 지금까지도 그게 남아있어서 이사할 때마다 여기 바퀴벌레 안 나오냐고 부동산 중개인과 이전 사시던 분한테 꼭 물어본다. 그래도 아버지가 다시 열심히 일하고 모은 돈으로 대전으로 이사를 했다. 집은 여전히 가난했다. 특히 돈 이야기를 꺼내는 것 자체를 죄악으로 여기는 분위기가 집안 전체에 있었다.

앞으로 어떻게 살아야 할까

가난하게 살기 싫어서 열심히 공부했다. 어떻게 운이 좋게도 과학고를 가게 되었고, 해외로 유학을 꿈꿨지만, 아버지가 반대했다. 당시 집안 형편이 너무 어려웠기 때문에 해외 대학의 비싼 학비와 생활비는 사실 불가능했기 때문이다. 집이 가난해서 학비와 생활비를 대줄 수 없다고 하셔서 장학금을 많이 주는 학교를 택했다. 또 아버지처럼 사업은 절대 하지 말아야지 하면서 대기업이 보장되는 학과를 선택하게 되었다. 그렇게 합격한 여러 학교 중에서 성균관대학교 반도체 시스템공학과를 선택하게 되었다. 생긴 지 얼마 안 된 학과였지만 입시 경쟁이 치열했다. 졸업하면 삼성전자 반도체사업부에 무조건 입사를 할 수 있었고, 학비를 내기는커녕 학비만큼의 용돈을 받고 다닐 수 있었기 때문이다. 집에서 생활비를 받지 않아도 학교에서 받는 장학금과 과외로 버는 돈으로 월세며, 통신비를 쓰고, 친구들과 가끔 삼겹살에 소주도 먹으면서 놀 수 있었다. 물론 공부 욕심 많은 친구들과 경쟁하느라 공부가 힘들긴 했지만, 장래가 암담하거나 하지는 않았다. 중학교 시절의 꿈이었던 영화

감독에 대한 미련을 버리지 못하고 연극 동아리에도 가입했다. 선배님들의 권유로 연기를 하게 되었고 주연 배우까지 해보았다. 이 경험이 나중에 회사에 입사했을 때 발표를 하는 데 도움이 되었던 것 같다.

그렇게 졸업을 하고 대기업인 삼성전자에 연구개발직으로 입사했다. 신입사원 연수를 마치고 나서 부서를 배치받고 한동안은 내가 꼭 이 회사의 사장이 되어서 가난한 집안을 일으켜보겠다는 생각을 했다. 하지만 그 생각은 두 가지 측면에서 바뀌게 되었다. 나는 대기업에 들어가면, 그리고 열심히 일만 하면 서울에 집 한 채 장만하고 여유로운 노년기를 보낼 수 있을 거라 생각했다. 하지만 첫 월급이 내 통장에 찍힌 걸 본 순간 생각이 달라지기 시작했다. 선배들의 월급도 나와 크게 차이가 나지 않는다는 걸 안 순간에는 생각이 완전히 바뀌었다. 아무리 아껴 쓰고, 저축해도 은퇴할 때 서울 외곽에 집 한 채를 겨우 살 수 있는 정도였다. 아무리 여러 번 계산을 해봐도 미래는 뻔했다(당시에는 그래도 서울에 집 한 채를 전세를 끼고 살 수는 있을 정도였다. 지금의 젊은 친구들은 서울은커녕 지방 직장 근처에 집 한 채 사기 힘들다는 점에서 이보다 상실감이 더 클 것이다.). 두 번째로 회사를 1년, 2년 다니면서 내가 임원이 되기는 하늘의 별 따기라는 것을 알게 되었다. 유능한 경쟁자는 많고 모두 열심히 하고 똑똑하기 때문에 자기 시간 없이 죽도록 일만 해도 줄 한번 잘못 서거나 운이 안 따르면 임원이 될 수 없을 것이었다. 또 해외 유수 대학에서 박사 학위를 받고 온 분들이 임원이 되는 경우가 많았다. 내가 아무리 열심히 일해도 임원이 되기란 거의 불가능에 가까워 보였다. 고속 성장 시기의 부모님 세대 때는 회사가 커지면서 승진의 기회도 많았지만, 지금은 그만큼 회사가 크기는 어려워 보였고 언제든 회사가 어려워지면 조기 퇴사해야 할 수 있다는 걸 알게 되었다. 정년퇴직조차도 어려운 현실이었다. 좌절했다. 아, 난 어떻게든 부자로 살 수는 없는 거구나. 금수저를 물고 태어나지 않으면 안 되는 거구나. 그리고 이건 계속 대물림이 되겠구나. 내 아들도 이렇게 살 것이고, 그의 아들도 이렇게 살 것이고, 그것도 우리나라 경제가 성장해줘야 그런 거고, 우리나라 경기마저 안 좋아진다면….

투자를 하지 않으면 안 되는 세상

그때 회사 선배들이 주식투자라는 걸 알려줬다. 투자에는 전혀 관심이 없었던 나에게 주식투자는 신세계 같았다. 근데 문제는 누구도 이 주식 가격이라는 게 어떤 원리로 형성되는지, 회사의 가치는 어떻게 판단하는 건지 기초적인 투자 지식을 알려주지 않았다는 것이다. 당시 금융 문맹과도 같았던 나는 투자를 도박처럼 생각하고 했었다. 회사에 대해서 제대로 알지도 못하면서 샀다 팔기를 반복했다. 마치 홀짝 게임을 하듯이….

다행히 나는 운이 좋아서 큰 손실을 보지는 않았지만 잠깐 주식으로 돈을 벌었던 주변 선배들이 결혼 자금까지 잃는 것을 보면서 이건 아니라는 생각이 들었다. 그래서 돈과 관련된 공부를 하기 시작했다. 금리란 뭔지, 주식이란 게 어떤 건지, 주식 말고 다른 투자처는 없는지 등등. 고등학교부터 이과를 나온 나로서는 정말 새로운 세상이었다. 그리고 어떻게 보면 가장 중요한 이런 지식을 왜 난 아무 데서도 배우지 못했을까 의문이 들었다. 지금 같은 자본주의 시장에서 금융에 대한 이해는 선택이 아닌 필수가 되었다. 교육제도가 이 부분에 대해서 따라오지 못하고 있다고 생각한다.

이후 금융과 투자에 관해서 공부해나가면서 채권 투자도 하고, 내가 그나마 잘 아는 반도체 관련 주식들에도 투자했다. 조금씩 수익이 났고 그만큼 조금씩 돈이라는 것에 대해서 알아나가게 되었다. 피터 린치의 《월가의 영웅들》, 워런 버핏의 투자 방법에 대한 책 등등 투자 관련 책들을 틈틈이 읽으면서 공부했다. 물론 은행에 적금만 드는 것보다는 수익률이 높았지만, 이 정도 속도로는 경제적인 자유를 이루는 데 한계가 있어 보였다. 지금 생각해보면 초보자였기 때문에 지식을 접하기만 했지 잘 적용하지 못했던 것 같다. 그러던 중 로버트 기요사키의《부자 아빠 가난한 아빠》란 책을 접하게 되었고, 로버트 기요사키가 거의 무일푼에서 부동산 투자로 큰돈을 버는 과정에 대한 내용을 접했다. 큰 충격을 받았다. 아, 레버리지를 이용해야 하는구나. 다행히도 당시에 부동산 투자에 관심을 가지고 성과도 어느 정도 낸 친구가 있었다. 그 친구한테 거의 매일같이 연락해서 궁금한 걸 물어보고 부동산 투자에 관련된 책들도 매일 퇴근 후 서점에 가서 읽기 시작했다. 가까운 친구 중에 미리 경험해본 친구가 있다는 건 큰 도움이 되었다. 그리고 내가 잘 아는 반도체 관련된 주식에 투자했듯이 당시 내가 잘 아는 지역의 부동산 매물을 퇴근 이후에 매일같이 보러 다녔다(당시 나는 회사에서 어느 정도 인정을 받아 서울대학교 컴퓨터공학과 석사과정을 회사 지원으로 다니는 중이었고 그래서 서울대 근처의 오피스텔에서 자취하고 있었다.). 만약 투자가 잘못되면 그냥 내가 살면 되지, 하는 생각으로 무조건 집 한 채는 마련하자는 생각이었다. 근데 내가 그동안 모으고 투자로 불려놓은 돈으로는 서울 해당 지역에서 내가 만족할 만한 집을 살 수가 없었다. 매수가 가능한 집은 항상 뭔가 부족한 점이 있었다. 하지만 희망을 버리지 않고 매일같이 부동산 매물을 찾아다녔고 부동산 공인중개사분들께 연락처도 계속 뿌리고 다녔다.

어느 날 한 공인중개사에게서 연락이 왔다. 급매물이 나왔다고 해서 조건을 들어보니 내가 투자할 수 있는 금액에서 내가 바라는 평수와 조건을 갖춘 물건이었다. 그날 저녁 퇴근하고 바로 부동산에 갔다. 그동안 몇 개월 동안 계속 돌아다니고 공부를 해왔기 때문에 괜찮은 조건이라는 걸 듣자마자 알 수 있었고 집 안 상태를 체크한 후 그날 바로 계약을 했다(사실 너무 떨렸다. 이렇게 큰 금액을 한 번에 써본 적이 없었기 때문에…). 몇 개월 동안 부동산 공부를 하고 동네를 돌아다닌 결과였다. 이런 공부가 안 되어 있었으면 그날 계약을 못했을 것이고 이런 좋은 물건은 다른 사람한테 넘어갔을 것이다. 이후에도 부동산 투자를 하고 차익 실현을 했다. 물론 부동산 경기가 워낙 좋은 시기였다 보니 돈을 벌 수 있었다. 근데 부동산 가격이 점점 오르고 정부의 규제는 점점 강화되었다. 부동산 세금정책은 너무 복잡해지고 여러 명의를 사용하지 않는 한 부동산으로 돈을 벌기가 점점 어려워졌다. 물론 그 와중에도 묘안을 내면서 지방 곳곳을 다니며 돈을 버는 부동산 투자자들도 있었지만, 나는 내가 전혀 알지 못하는 지역의 부동산에 투자하기 싫었다. 몇 번 주말에 짬을 내서 상대적으로 가격이 안 오른 지방들에 부동산 공부를 하러 가보기도 했지만 잘 알지 못하는 지역이라 확신이 서지도 않았고 수익률도 매력적이지 않아 보였다. 앞으로 어떤 투자를 해야 할까 고민하던 중 다시 옛날에 읽었던 피터 린치의 《월가의 영웅들》 등등을 읽게 되었다.

이제는 모든 게 다르게 보였다. 부동산 물건을 찾는 정도의 노력을 들이면 좋은 회사를 찾을 수 있는 것이었다. 꼭 부동산을 사지 않더라도 리츠와 같은 ETF 상품을 이용하면 부동산 투자를 하는 회사에 투자를 할 수 있었다(간접 부동산 투자와 같다.). 사회 초년생 때 읽었을 때는 이해가 안 되던 것들이 이해되기 시작했다. 부동산 투자를 했던 방식으로 기업과 산업을 이해하는 데 시간을 쏟으면 주식에서도 큰 수익을 낼 수 있는 것이었다. 또 내가 매일 사용하는 제품들이 어떤 회사에서 만들어지는지를 보고 투자에 응용할 수 있다는 게 재미있었다. 특히 내가 잘 아는 분야인 반도체 그리고 테크 기업들에 투자하니 남들보다 회사의 재무 상태뿐 아니라 기술에 대한 이해도 깊게 할 수 있었고 그만큼 수익률도 높게 나왔다. 공부하고 몇 개의 회사를 노려보고 있다 보면 부동산 급매물이 나온 것처럼 싸게 살 기회가 가끔 온다.

대표적인 시기가 코로나 팬데믹으로 주가가 떨어졌을 때이다. 그때 코로나 팬데믹에 대한 공포심으로 많은 회사의 주가가 급격히 떨어졌고, 미리 공부해놓았던 나는 실제 기업 가치가 떨어지지 않았는데 단순히 공포심 때문에 떨어진 주식들을 사 모을 수 있었다. 부동산, 주식에 관해 공부하고 성과가 날 당시 주변 친구들을 만나서 이야기해보면 투자나 재테크에 대해서 다들 너무 몰랐다. 당시 월급만으로는 절대 부자가 될 수 없다는 믿음, 돈에 관한 공부를 해야 한다는 믿음, 언제까지나 노동수익만으로 살 수는 없다는 생각을 친구들에게 알려주고 좋은 책을 추천하고 정보를 나누기 시작했다. 친구들의 점점 생각이 바뀌어나가는 걸 보면서 기분이 좋았다. 그들도 나와 같은 교육과정을 거쳤기 때문에 금융에 너무 문외한으로 커왔던 것이다. 이런 생각을 나뿐 아니라 많은 사람과 나누고 싶었다. 그리고 이런 식으로 공부한 내용을 유튜브에 올렸다. 사실 유튜브는 그보다 좀 전부터 하고 있긴 했었다. 《부자 아빠 가난한 아빠》라는 책에서 노동수익이 아닌 다른 수익원을 만들어야 한다는 내용 때문에 내가 회사에 다니면서 무엇을 할 수 있을까 생각했고, 당시 유명 유튜버 대도서관이 쓴 《유튜브의 신》이라는 책을 보고 유튜브라는 걸 해봐야겠다고 생각하면서 채널을 개설했다. 처음에는 재테크 이야기가 아닌 따릉이 타는 법, 영어 공부하는 법과 같이 그냥 내가 관심 있는 주제들에 대해서 블로그에 쓰듯이 올렸었다. 조회 수도 100도 안 나올 정도로 아무도 안 보는 그런 채널이었다. 그러다가 이 유튜브 채널에 내가 느낀 돈에 대한 생각들, 그리고 투자했던 이야기, 어떻게 부동산과 주식을 조사하고 어떻게 공부를 했는지 친구들한테 이야기했던 내용들을 영상으로 만들어서 올리기 시작했다. 물론 전업 유튜버가 아니었기 때문에 비정기적으로 영상을 올렸다. 초창기에는 부동산에 좀 더 관심이 많았기 때문에 부동산 관련 내용 그리고 국민들을 금융 문맹으로 키워내는 현 교육제도에 대한 이야기를 주로 올렸다.

퇴사

공감하는 사람들이 많았나 보다. 처음에는 아무도 안 보던 영상들이 알고리즘의 추천으로 갑자기 조회 수와 구독자 수가 급상승을 했다. 서점이나 마트, 부동산에서 알아보는 사람까지 생겼고 친척이 영상을 봤다고 연락이 오기까지 했다. 일이 너무 커져버린 것이다. 목표 구독자수는 5,000명 정도였고 이 유튜브는 하나의 경험 정도로 생각하고 있었던 나한테 너무 갑작스러운 일이 벌어진 것이다. 두 달 정도 만에 구독자

수가 5만 명쯤 되었고 회사 인사팀에서 알게 되었다. 지금은 모르겠지만 당시에는 이렇게 회사 다니면서 유튜브를 하고 구독자가 5만, 10만을 넘어가는 사례가 없었기 때문에 회사도 정확한 정책이 없어 보였다. 인사팀의 담당자에게 겸직으로 볼 수 있고 인사징계를 받게 될 거라는 이야기를 들었다. 인사징계를 받고, 주변 사람들을 곤란하게 만드느니 퇴사하는 게 낫겠다고 생각했다. 어차피 회사에 남아봤자 계속 꼬리표가 따를 것이었고, 인사팀의 감시에 놓일 것이 뻔했다. 그리고 나도 연구개발 이외의 새로운 일을 해보고 싶다는 생각도 들었다. 그래서 퇴사를 했다. 그 이후 전업 투자자의 길을 걷게 되었다. 그리고 지금도 여전히 내가 공부하고 배운 것을 유튜브를 통해서 나누고 있다.

처음에는 힘든 점도 많았다. 당시 유튜브를 통해서 알려지고 나니 악플도 자연스럽게 따라왔다. 전혀 사실관계와 다른 악플과 악성 루머가 퍼지기도 했다. 당시에는 정신적으로도 많이 힘들었지만, 이제는 멘탈이 좀 강해진 것 같다. 이런 안 좋은 점도 있었지만, 그전에는 없던 새로운 기회도 많이 생겼고 성공한 사람들도 많이 만나볼 수 있는 경험도 할 수 있게 되었다. 이런저런 다양한 일을 하는 사람들도 만나보게 되었다. 그러면서 세상을 보는 시야가 넓어진 것 같다. 회사 안에 있었다면 경험해보지 못했을 경험을 많이 하게 되었다. 지금까지는 회사의 일을 한다는 느낌이었다면 이제는 진짜 내 일을 한다는 느낌이 든다. 더 정확하고 유익한 정보를 영상으로 나눠야겠다는 생각에 공부도 열심히 하게 되고, 나 자신도 많이 발전하게 된다. 그리고 나로 인해 영향을 받아 투자에 관심을 가지고 세상을 보는 시야가 넓어졌다는 분들을 보면 뿌듯하기도 하다.

기대

　근 몇 년 사이에 세상이 많이 바뀌었다. 2030세대들도 돈에 관심을 많이 가지게 되었다. 동학 개미니, 서학 개미니 하는 재미있는 표현들도 생기고 서로 투자에 대한 이야기도 많이 나눈다고 한다. 내가 처음 유튜브에 이런 영상들을 올릴 때는 그런 채널들이 별로 없었는데 이제는 투자에 대한 유익한 이야기를 나누는 채널들도 많이 생겼다. 금융문맹률도 분명 내려갔을 것이다. 또 내가 사회생활을 처음 시작했을 때보다 다들 돈에 대해서 더 도전적으로 되었다. 요즘 2030세대들은 대기업보다 스타트업을 선호한다고 한다. 미래가 뻔히 보이는 대기업의 간판보다 더 도전적인 스타트업을 택하는 것이다. 꼭 대학을 나오지 않더라도 괜찮다는 생각도 많이들 한다고 한다. 대학교에서 배울 수 있는 지식은 모두 유튜브를 통해서 더 재미있게 배울 수 있고, 구글링을 통해서 궁금한 것은 바로바로 찾아볼 수 있는 세상이기 때문이다. 꼭 대학교에 가지 않더라도 특정 분야에 대한 공부를 하기 부족하지 않다. 정말 전문적으로 공부를 해야겠다고 마음먹으면 그때 돼서 가도 되는 것이다. 결국 요즘 2030세대들은 가성비를 생각하는 것이다. 대학교 학비와 그 대학교의 졸업장의 가치를 비교할 정도로 요즘 친구들은 기민해졌다. 내가 유튜브를 시작한 초창기에 이야기했던 내 생각들이 점점 현실화되어가는 것 같다. 나는 개인적으로 이렇게 2030세대들이 돈에 대해서 관심을 가지는 현상이 우리나라를 위해서도 바람직한 현상이라고 본다. 더 많은 스타트업이 나와주고 더 많은 돈이 투자로 인해 좋은 기업들로 쏠려서 좋은 기업들이 더 좋은 제품을 만들어내는 세상. 그렇게 바뀌게 될 앞으로의 미래가 기대된다. 나 또한 그런 세상이 되는 데 영향을 주는 사람으로 남고 싶다.

청년? 여성? 됐고! 지구를 구하자!

이누리(태대)

요즘 여기저기서 뭐만 하면 "MZ는 그렇게 생각하냐"는 말이 들린다. 2021년의 유행, 'MZ세대'. 이러다가 곧 시들하겠지. 뭐만 하면 "요즘 MZ는 이렇냐"고 물어오는 얼굴들이 떠오른다. 그런 얼굴들이 반가웠던 건 딱 작년까지였다. 작년까지는 그런 호기심과 관심들이 노력으로 느껴졌고 반갑고 감사했다. 하지만 얼마 지나지 않아 그 얼굴들의 이면을 알게 되었다. MZ, 즉 청년을 대하는 40대 이상 기성세대의 큰 호기심과 한켠의 억울함이었다. 그들이 보기에 우리는 언제 어디서든 자기 할 말은 하는 존재였고 청년정책의 유행 덕분에 충분히 주목받고 있는 존재였다. 어리다고 무시받는 것은 알지만, 그를 보완할 수 있을 만큼 정치와 언론에서 호명되고 있는 존재였다. 물론 그들의 호기심과 관심에 많은 부분 선의가 배어 있던 것을 보았다. 그러나 청년활동을 하며 나이에 관계없이 '동등한 동료로서 함께 성장하고 협력했던 경험'을 했던 나는 "(일단 참고) 3년만 배워", "경력 15년 차가 1년 차를 설득해야 하나요?" 같은 식의 말은 견디기 어려웠다. 이런 말을 하면 시민사회판에서, 우리 사회에서 청년활동가 출신을 꺼리게 될까, 라는 생각을 한다. 솔직히 겁도 난다. 하지만 한편으론, 존재하는 직급이나 위계와 무관하게 함께 일하는 사람을 동료로, 같은 시민으로 바라보는 것은 무엇일까요, 질문하고 싶다. 나는 진심으로 함께 가고 싶었고, 지금도 그렇기 때문이다.

MZ세대와 입이 있는 존재 사이에서

나는 다시 청년판으로 돌아왔다. 인권엔 우선순위가 없지만 전략과 관심 가는 것들에는 우선이란 게 있으므로 내가 청년여성을 더 효과적으로 대변할 수 있는 판으로 돌아왔다. 동료이자 친구인 어떤 이는 성평등판에서 청년여성을 대변하겠다고 말했다. "누리, 여기도 꼰대들이 많아."

그렇다, 꼰대들이 참 많다. 우리를 때론 귀여워하고 때론 무시하며 '발언권을 주지 않는 꼰대'들이 많다. 배우고 성장하라면서 그렇게 익힌 것을 펼칠 온전한 판과 기회는 주지 않는다. 끝없이 검증하고 평가한 끝에 '언제쯤 말을 할 수 있냐'고 눈빛으로 몸짓으로, 때로는 말로 물으면 "(완성되는) 때가 되면"이라는 답이 돌아온다. 이렇게 반복되는 문답에 시간이 지나면서 우리는 입이 없는 존재로 돌처럼 굳어지는데, 그러던 중에 툭 "청년답게 톡톡 튀는 아이디어 좀 말해봐라"라는 요구가 들려온다. 단전부터 화가 올라오고 두통 때문에 머리가 깨진다. 직장 상사에게 눈으로 욕을 할 순 없기에 눈을 마주치지 않는다.

우리를 MZ로 구분하지 말았으면 한다. 알기 위해 구분하는 것 같지 않다. 우리는 구분되며 대상화된다. '도대체 MZ가 뭐길래?' 우리는 MZ보다도 그냥 우리다. 너무나 다양한 삶과 사고가 존재한다. 그리고 이런 다양성을 드러내는 방식으로 이 사회에서 '입이 있는 존재'가 되어 살고 싶다. 타인과 사회가 규정하는 우리 집단의 특성에 갇히는 게 아니라 자기 삶과 이 사회에 대해 고민하는 인간에 가까워지고 싶다. 자리에 불러다 앉혀놓고 인사시킬 때 외엔 입을 열어본 적이 없는 존재가 아니라 입이 있는 존재가 되고 싶다. 제발.

특정 집단만 겪는 문제나 그들만을 위한 해결책은 없다

뒷부분에서 나올, 내가 생각하는 문제들을 보면 이렇게 말하는 사람도 있을 것 같다.

"그래서 원하는 게 뭐야? 무슨 문제를 해결해달라는 거야? 나이나 경력으로 차별하는 거? 솔직히 그건 차별이 아니라 당연한 거 아닌가? 아니면 합리적 차별이라 부르는 건 어때. 성차별? 성범죄? 애 키우기 힘든 거? 너네만 힘들어? 너무 이기적인 거 같은데. 물론 중요하지~ 근데 좀 적당히 참고, 알아서 해결해봐. 그리고 이 와중에 난민이랑 기후위기는 왜 얘기해? 그게 니 문제야? 니가 말하는 그걸 다 해결하려면 우린 지구를 구해야겠네."

그래, 차라리 지구를 구해야 한다는 마음으로 대화하자. 그리고 '이것도 중요하고 저것도 중요하니 다 해야 된다'며 중구난방으로 떼쓰는 게 아니다. 청년이자 여성인 존재들의 삶을 위협하는 문제는 무엇인지, 우리가 고민하는 사회문제는 무엇인지 공유하고 싶다. 청년여성의 삶을 위협하는 문제는 당연히 해결되어야 한다. 그런데 그게 꼭 청년여성만 겪는 문제는 아닐 거다. 마찬가지로 청년여성이 고민하는 사회문제는 해결되어야 한다. 하지만 그게 꼭 청년여성만이 고민하는 문제일까? 우리는 같은 사회 공동체에서 살고 있고, 하나의 집단은 다른 집단들과 연결되어 있다. 우리 각자 안에 무수한 정체성이 서로 연결되어 있다.

나는 청년이자 여성이며 비장애인이자 이성애자다. 인서울 4년제 대학의 졸업장이 있고 경제적으로 어려움이 없는 집에서 성장했으며 평생 돌봐야 할 지병도 없다. 어떤 정체성에선 소수성이 있고 어떤 정체성에선 기득권을 가진다. 여러 세대가 모이는 곳에서 나는 긴장하지만 연애 이야기를 하는 장에서 나는 긴장하지 않는다. 길을 걷다 어떤 남성이 쫓아왔다 말하는 여성 댄서의 이야기에 함께 경직되지만 당장 먹을 것, 입을 것보다 문화생활에 투자할 수 있다. 이런 내가 청년여성으로서 겪는 우울과 불안을 해소하기 위해 공공의 상담지원 서비스를 요청했을 때, 같은 서비스를 장애인, 저학력 또는 비수도권 대학생과 노동자, 빈곤층, 불치병 환자, 이주노동자들도 필요로 할 수 있다. 우리가 겪는 문제들의 원인은 조금씩 다르지만 그 문제들을 해결할 수 있는 방법은 비슷하거나 같다. 그래서 우린 서로에 공감할 수 있고 다른 위치와 조건을 가졌음에도 응원과 지지를 보낼 수 있다.

모든 문제들은 연결되어 있고, 나는 그 문제들에 연결되어 고통 받는다. 청년여성이니까 성범죄는 무섭겠지만 환경운동가도 아닌데 왜 기후위기를 말하냐고 묻지 않았으면 한다. 반복해 말하겠지만, 나는 '내 문제'를 말하고 있다.

'내가' 요즘 하는 생각

부모님은 학생운동을 하다가 서로를 만났다. 엄마는 정치·사회면 뉴스에 대한 이해도가 높고 아빠는 정치부 기자를 오래 했다. 그리고 우리 가족은 각기 다른 정치 성향을 가졌다. 아빠는 보수, 엄마는 중도, 나는 진보, 남동생은 최근에 보수에 가까워졌다. 각자 지지하는 대선 후보가 다르지만, 우린 통화하면 "잘 싸워보자" 하고 이야기한다.

대선을 이야기하니 떠오르는 건 오늘(2021년 12월 21일) 있었던 일이다. 두고두고 기억할 것 같다. 녹색당의 서울시장 후보로서, 무소속 팀서울의 후보로서 서울시장 선거에 두 차례 출마했던 신지예 씨가 초록색 코트를 입고 국민의힘에 새시대준비위원회 부위원장으로 합류했다. 아침부터 친구와 동료들의 연락을 많이 받았다. 단체방들도 시끌시끌했다. 꽤 오래 해온 동료를 잃었다는 사람이 있었고 우리도 언제든 판단이 흐려질 수 있으니 서로를 지켜주자는 사람도 있었다. '멀쩡한 사람도 대선 때면 (정신이) 살짝 나간다'는 정치인 이해찬의 말을 공유하며 힘내라는 사람도 있었다. 나는 신지예 씨가 만들어온 역사가 촛불 꺼지듯 사그라들었다고 생각했다. 그가 쌓아온 역사, 작지만 뾰족했던 송곳이 분명 있었는데 없어졌다. '우리도 언제든 저렇게 될 수 있어'란 이성적인 판단보다 코끝이 찡한 감각이 당장은 먼저 느껴진다.

자원이 턱없이 부족한 환경에서 정치활동을 지속해왔던 90년생 2030의 젊은 활동가였다. 그에게 돈과 마음과 시간을 쓰며 연결되어 있던 사람들이 많았다고 생각한다. 거대한 정치판에선 미력한 존재였겠지만 성평등과 폭력의 근절을 말하는 어떤 시민사회 활동가들에겐 의지할 수 있는 기둥이기도 했을 것이다. 학자도 아니었고 경력이 20~30년 하는 중장년의 활동가도 아니었던 그가 내게 갖는 의미가 있었다.

청년세대는 경력이 부족하니 역량을 의심받기 쉽고 그에 따라 발언권을 갖기도 어렵다. 어렵사리 발언 기회를 가져도 타인의 인정 여부에 따라 부침이 심할 때가 많고, 의사결정권에서 쉽게 배제된다. 더군다나 세력으로 밀리는 제3지대에서 어린 여성이 정치활동을 이어간다는 건 정말 쉽지 않은 일이다. 그런 그를 존경까진 아니지만 잔잔하게 응원해왔고, 세간의 평가와 그 자신이 그의 존재감에 대해 미약하다 판단했을 수 있지만 나를 포함해 많은 사람들의 의지가 그와 함께했다. 그럼에도 그는 돌아오기 어려운 강을 건넜다. 마음이 조급했던 것일까, 자신을 호명해주는 곳이 필요했을까. 오늘 같은 결정이 어디에서 온 것인지 정확히 짚을 순 없지만, 분명한 건 우리에게 주어진 과제가 몇 개 더 늘었단 것이다. 페미니스트들은 강하지만 결국 거대한 사회구조에 쓰러질 거란 어떤 열패감에 지지 않는 것, 결국 우리는 작은 존재이자 집단으로 남을 거란 절망감에 지지 않는 것. 이런 생각을 하면 마음이 무겁고 슬프다. 하지만 어쩔 수 없는 일이다.

일면 사회가 돌아가는 모습이란 게 참 정확하다는 생각도 한다. 2015년, 2016년에 일어난 페미니즘 리부트 이후 페미니즘 이슈가 메인 기사로 나간 날이 그렇지 않은 날보다 많게 느껴졌던 시간이었음에도 우리 사회가 페미니즘에 부여하는 위치는 이전과 크게 달라지지 않은 것 같고, 그게 신지예 씨의 결정으로 명확히 드러난 것 같아 그렇다. 페미니스트들은 주어진 길을 뚜벅뚜벅 가고 있지만 사회와 언론은 페미니즘과 페미니스트를 지나가는 사회 이슈이자 정치판의 떠들썩한 장식품쯤으로 대한다. 영영페미니스트로서 정치에 처음 모습을 드러낸 지금의 청년여성들은 옳은 소리를 하지만 그걸 변화로 만들어낼 힘은 없는 집단으로 비춰진다. 나는 이 점이, 내가 청년여성이자 활동가로서 발언권을 갖게 될 때마다 새겨야 하는 현실이라 생각한다. 우리의 쪽수는 결코 적지 않지만, 취해 있어도 될 만큼 대단한 세력을 가진 것은 전혀 아니니 정신 차려야 한다고.

'내'가 생각하는 문제

여성과 성소수자가 겪는 성차별이란 건 참 교묘하다. 법적 성별 여성으로 살아온 나는 성차별을 우리 집에서부터 기억한다. 서로 정치 성향이 달라도 크게 싸우는 일이 없는 나름 사이좋은 집안에서도 성차별은 일상에 있었다. 밥을 먹을 때 맛있는 요리와 반찬은 늘 아빠와 남동생쪽에 있었다. 식탁 위의 배치만 본다면 엄마 본인은 없는 사람이었다. 학생운동을 했고 삶과 정치에 대해 자기 관점이 있는 엄마는 똑똑하고 현명한 사람이다. 집안일은 아빠의 몫이기도 하단 것을 표현할 줄 아는 사람이다. 그런 사람도 이럴 수 있구나 싶었다. 동생은 외박을 해도 얼렁뚱땅 넘어갈 수 있었지만 나는 매번 아주 크게 혼났다. 집이 아닌 곳에서 밤을 지내는 어린 여성은 쉽게 표적이 되는 세상이니까. 외박에 관해서만큼은 동생은 어디에 있든 자기가 알아서 잘하는 자식이었고 나는 밤잠 들지 못하게 하는 자식이었다. 내가 들어가지 않는 밤 시간 동안 부모님이 마음을 졸여야 했던 것에 미안하고, 이런 것에 내가 미안함을 느끼게 하는 이 사회가 짜증난다.

차별은 오랜 시간 그 자리에 있어 소복이 쌓인 먼지처럼 촘촘했고 쉽게 없어지지 않았다. 차별을 행하는 주체들은 내가 사랑하는 엄마, 아빠와 동생, 내가 잘 지내야 하는 친척, 한때 안 보면 죽을 것 같았던 애인들이었기 때문이다. 나를 차별하고 억압하는 사람들은 대체로 웃는 얼굴이었고, '이러나저러나 잘 지내는 게' 최선이고 좋은 일이라고 생각했다. 그 최선을 지키기 위해 나는 내 안위를 가장 먼저 버렸다. 이렇게 말하면, "네가 뭐 그렇게 대단한 안위를 버렸다고. 나름 괜찮은 환경이었던 것 같은데. 그리고 네가 대응할 수 있었는데 그러지 않았던 것 아니냐."라고 말하는 사람도 있을 거다.

그렇다, 나는 나름대로 안전한 환경에서 자랐다. 25살쯤인가 대학교를 졸업하고 취직도 하고 나니 당당할 수 있겠단 생각을 했는데, 내 몸에 대해 최소 10년은 품평했던 친척을 이번에는 정말 만나고 싶지 않다는 마음이 들었다. 당시에 그 마음을 그 친척 당사자 중 한 명에게 밝히고 명절에 가지 않았는데, 그런 짓을 해도 나는 욕을 먹거나 집에서 매 맞지 않았던 환경이었으니 꽤 안전하고 온건한 환경에서 자란 것이 맞다. 그러나 나는 내 몸을 긍정하는 데 약 30년을 썼고, 그 노력은 지금도 진행 중이다.

2차 성징 이후부터 어린 여성이 자주 듣는 칭찬은 "예뻐졌다, 이제 시집가도 되겠네"라는 말이다. 그리고 마찬가지로 자주 듣는 평가는 "살졌다"라는 말이다. 한국의 많은 여성들이 거의 모든 상황에서 다양한 변주로 그 말을 들어봤을 거다. "살쪘다"라는 말을. 사람은 외모 평가를 오랜 시간 들으면 밥을 맛있게 먹는 스스로가 못나게 느껴진다. 배고파 하는 자신이 한심하고 운동하지 않는 스스로가 게으르게 느껴진다. "자기관리 하는 사람이 좋아요"라는 말을 들으면 '나는 안 되겠네'라고 생각하게 된다. 운동은 활동적이고 건강한 나를 발견할 수 있는 통로인데, 그렇게 살을 빼기 위한 수단으로 전락한다. 2010년대에 뷰티 유튜버들의 메이크업 튜토리얼 콘텐츠가 굉장히 유행했다. 나는 그때 그런 것들을 열심히 보고 또 따라 했는데, 그걸 내가 원해서 했던 것인지 '너는 지금 충분하지 않아. 더 예뻐져야 돼'라는 사회의 요구에 순응하고자 바쁘게 따라갔던 것인지 아직도 분간할 수 없다. 많은 청년여성들이 자라오면서 나와 같았을 것이라 장담한다. 모든 여성을 손쉽게 피해자화하는 것 아니냐 물으면 너무나 그래도 되는 사회라고 답하겠다. 솔직히 이런 얘기는 이미 닳고 닳은 옛날 얘기라 언급하기도 민망하다.

올해 10월, 스토킹 방지법이 시행되고 며칠에 한 번 꼴로 나왔던 뉴스는 교제살인과 스토킹이었다. 서로 이어지는 앞뒤 맥락이 너무나 자연스러운 범죄들이다. 집과 직장이 바뀌고 전화번호가 바뀌어도 끈질기게 따라붙는 스토킹은 그중 50% 이상이 성폭력과 폭행으로 이어진다. 살인 중 30%가 스토킹과 관련 있다는 해외의 연구 결과도 있었다. 스토킹이 물리적 상해를 입히는 범죄의 전조 증상이라는 분명한 증거다. '좋아서 따라다니는' 거라며 로맨스로 포장되던 스토킹 범죄가 드디어 처벌 대상이 되었지만, 여전히 많은 여성들이 괴롭힘을 당하고 죽는다. 자신을 보호하기 위해 모든 노력을 했던 울산의 어떤 여성, 인천에서 애인의 공범과 함께 살해된 어떤 여성, 1년 동안 스토킹을 당하고 접근금지와 신변보호 조치가 있었지만 살해된 서울시 중구의 어떤 여성. 2016년 강남역 살인 사건 이후, 많은 여성들이 "우연히 살아남았다"고 말했던 건 2021년에도 여전히 유효하다. 스토킹처벌법이 시행되고 두 달 간 626건의 신고가 있었지만 그중 구속된 건 15명이었다. 스토킹 때문에 신변보호를 요청하고 스마트워치를 받아도 경찰에 전송된 범행 장소가 정확하지 않아서, 워치에서 경찰의 목소리가 들려서, 경찰의 대응이 느려서 여성들이 죽는다. 4차 산업이 이야기된 건 10년이 넘었고 서울 시내의 자율주행택시와 사람의 표정을 똑같이 따라 하는 로봇이 나온 시대에도 스마트워치 기능이 정밀하지 않고 대응 시스템이 정교하지 않아 사람이 죽는다. 기술은 발전했지만 사람을 살리는 시스템에 적용하지 않는 사회가 지금의 사회다. 이런 것에 문제 제기를 하면 자주 듣는 변명은 소중한 세금을 쓰기 때문에 공공정책은 신중해야 하고 느릴 수밖에 없다는 얘기다. 이해는 되지만 속이 터질 수밖에 없다. 그 변명 아래 많은 사람들의 목숨이 쌓이고 있기 때문이다. 빠르고 신기한 기술들은 계속 나오고 법은 조금씩 나아졌지만, 여전히 피해자가 먼저 조심해야 한다. 많은 사람들이 오랜 논의와 투쟁을 거쳐 제도를 마련했지만, 그렇게 생긴 몇 겹의 보호막이 제 기능을 잃는 건 여전히 손쉽다. 앞선 사람들이 노력해온 역사가 마음 아프고 지금의 여성들이 마주한 현실이 슬프다. 이런 사회에서 연애와 사랑은 좋은 거라며 이성애 연애를 추천하는 게 정말 선의로 읽힐 수 있을까?

육아와 임신, 출산에 대한 여러 이야기를 보고 듣는다. 여성의 경력단절과 성별 임금격차, 맘충 같이 오래됐으나 해결되지 않은 이야기들도 있고 청소년 부모, 미혼모부, 입양 가정, 지역 여성의 출산과 육아 같은 것처럼 근래에 가시화되고 있는 것처럼 느껴지는 이야기들도 있다. 얼마 전 포털 게시판에선 고등학생 때 갖게 된 아이지만 열심히 노력해 부족함 없이 아이를 키웠다는 사람의 이야기를 보게 되었다. 못 해준 것 없이 키워왔던 아이가 학교에서 부모가 많이 어리단 이유로 눈총 받는다는 게시글에 달린 Best댓글이 '솔직히 고등학생 때 사고 쳐서 낳은 애잖아요. 정상적인 가정에서 자란 애가 좋지. 저 같아도 꺼려요' 같은 내용들이었다. 고등학교 때 '사고를 쳤'다는 표현에서부터 청소년의 성과 섹스에 대해 무지함이 드러난다. 어린 부모가 낳은 아이는 어딘가 부족함이 있을 거란 확증 편향에 가까운 편견과 타인이 노력으로 이룬 가정을 자신이 정상과 비정상으로 나눌 수 있다는 오만함도 들어있다. 그런데 Best댓글들 모두가 이랬다. 상위댓글로 올라와 있는 것들 중 어느 하나도 게시자를 응원하거나 그의 편에서 공감해주는 댓글이 없었다. 이런 무차별적인 무지와 편견이 육아를 포기하지 않았던 부모에게 칼이 되어 꽂혔으면 어쩌지 생각했다. 이런 말들이 아무렇지 않게 게시되는 사회에서 아이를 낳고 키우는 것은 얼마나 많은 공격을 견뎌야 하는 일인지도 생각했다. 나는 유자녀 여성들에게 내가 할 수 있는 최소한의 연대를 지속하기 위해 노키즈존에 가지 않는다. 편리한 태도로 유자녀 여성과 아이를 거부하는 그 권력이 싫다. 정부는 인구절벽과 생산성 감소를 걱정하며 출산 장려 정책을 내놓지만, 성인들로 구성된 이성애 결혼 가정에서 태어난 아이가 아니면 비정상으로 만들어버리는 사회, 노키즈

존으로 아이를 손쉽게 거부하는 사회가 우리 사회다. 이런 사회에서 출산과 육아를 꿈꾸는 여성이 있다면 나는 최선을 다해 말리고 싶다.

누구나 '언제든' 소수자가 될 수 있다

앞서 말한 육아는 돌봄의 대표적인 예시다. 2020년부터 사회 전체가 코로나19와 전쟁을 하게 되면서, 사회복지사나 주부의 일로 치부되었던 돌봄은 공공정책의 키워드가 되었다. 코로나19 치료를 받는 환자에 대한 의료진의 돌봄, 코호트 격리로 드러난 복지시설의 돌봄 공백, 확진자 및 자가격리자에 대한 가족, 동거인 또는 이웃의 돌봄, 코로나19 예방을 위한 백신 접종과 자가격리를 위해 지원하는 조직의 돌봄 등 돌봄은 코로나19라는 질병과 연관되어 우리 사회 모든 곳에서 존재감을 드러냈다. 이렇게 돌봄이 드러나면서, 우리가 어렴풋하게나마 알게 된 사실은 우리 모두가 서로에게 연결되어 돌봄을 주고받는 존재들이란 사실이었다. 한 사람이 무너지면 그 옆 사람이 무너지고 그들이 속한 공동체가 무너질 수 있다는 걸 우리는 이번 기회에 알게 됐다. 감기처럼 쉽게 걸릴 수 있는 질병을 통해 우리 모두가 언제라도 확진자가 되어 격리될 수 있음을, 소수자가 될 수 있음을 알게 됐다.

언제라도 소수자가 될 수 있다면 그러기 전에 그 입장이 되어 사회안전망을 촘촘히 하는 것이 필요하다. 내가 그렇게 되기 전에 대응책을 만들어놓는 것이다. 지극히 이기적인 태도로 행하는 이타적인 실천이다. 지난 10월에 화성 외국인보호소에서 보호하고 있는 난민에 고문과 다름없는 행위를 해놓고 방치한 일이 있었다. 어떤 폭력적인 네티즌은 "너네 나라도 아닌데 밥 주고 재워주는 것만 해도 감사히 여기라"고 댓글을 달았지만, 그렇게 쓴 그이도 해외에서 또는 폐쇄적인 국내의 어느 지역에서 언제 그런 대우를 받게 될지 모르는 일이다. 그리고 이런 상황이 그리 특수한 조건에서만 벌어지는 것도 아니다. 소수자들은 언제나 자신의 일상을 살아오고 있었고, 그들의 삶이 일상인만큼 그들을 향한 차별과 배제도 일상이었기 때문이다. 그렇기 때문에 사회안전망이나 인권 보장을 위한 제도란 것이 특별한 상황에서만 작동하는 게 아니고, 꼭 특정한 사람들만을 위해 작동하는 것도 아니다. 장애인을 위해 설치했던 지하철 내 엘리베이터와 경사로가 노인과 일반 시민을 위한 편의시설로 곧잘 이용되는 것처럼 우리 사회 곳곳의 사회안전망 모두가 '이미 일상에서' '모두를 위해' 작동하고 있다. 꼭 갑작스런 사고를 당하거나 집안이 파산해 길거리에 나앉는 처지가 되지 않아도, 어리기 때문에, 경력이 짧기 때문에, 여성이기 때문에, 신체 또는 정신적인 문제가 있어서, 특출난 능력이 없어서, 나이가 들어서 등등의 이유로 언제든지 소수자가 될 수 있다. 사실, 이미 되어 있다. 잘 생각해보면 자신이 소수자임을 발견할 수 있는 사람들이 꽤 많을 거고, 위와 같은 사회안전망 안에 포함되어 공공정책의 도움을 받고 있는 사람들도 꽤 많을 것이다.

나도 국가로부터 보호받고 싶다

이렇게나 일상적인 소수성, 코로나19라는 일상적인 재난 속에서 우리는 공공정책의 소수성과 다양성 고려에 대해 더 이야기해야 한다. 정치에 관심 가져야 한다. 옆 나라 일본이 빠르면 2024년 후쿠시마 오염수를 바다에 방류하기 위한 본격적인 승인 절차를 며칠 전에 시작했다. 2020년 54일의 여름 장마로 전 국민이 목격했던 기후위기와 함께 오염수 해양방류는 우리의 먹고사니즘을 위협한다. 푸르른 환경을 지키자며 고고한 이야기를 하는 게 아니라, 한때 유행했던 "이번 생은 망했어요"라는 풍자 앞에서 정말로 웃을 수 없게 되는 미래가 올 거란 말이다.

환경에 무관심한 사람들도 문득 멈추게 만들 만큼 강렬했던 54일 간의 장마는 그간 가볍게 무시해왔던 지구온난화 이슈를 다시 수면 위로 올렸다. 지구온난화로 이미 지구의 온도는 1도 상승했고 여기서 1.5도가 더 상승하는데 작년 기준으로 7년 밖에 남지 않았다고 했다. 지구온난화로 인해 태풍과 홍수, 산불이 잦아지고 있는데 앞으로 더욱 자주 일어날 거라고 했다. 아이를 좋아하는 나는 이런 지구를 물려줄 수 없단 생각에 비출산을 결심했고, 이런 생각은 절대 유별나지 않다. 세계적인 환경 운동가 그레타 툰베리는 세계 정상들 앞에서 발언할 때 그들의 선의에 호소하는 것이 아니라 자신이 느끼는 공포를 전하는 방식으로 호소했다. 나도 뜨거운 지구에서 타 죽거나, 혹은 일상적 태풍과 홍수, 산불 속에서 고립되어 죽고 싶지 않기 때문에 기후위기 해결과 쓰레기 문제를 고민한다.

요즘, 연일 대선에서 청년을 호명한다. 20대가 이번 대선의 캐스팅 보터라며 분석하는 뉴스가 끊이지 않고 주요 정당의 후보들은 20대 여성, 남성과 소통하겠다며 우리를 만나기도 하고 커뮤니티 소통도 하며 인기 있는 후보에 대해 분석한 글도 돌려본다. 그런데 거기에 정말 청년이 있나? 그들이 말하는 청년 속에 내가 있는지, 그들이 말하는 청년의 고민 속에 내 고민이 있는지 생각한다. 어느 후보의 성폭력 범죄 공소시효

삭제 공약에는 내 고민이 있다. 디지털 성범죄 예방 및 대응 컨트롤타워 설치 공약에는 내 고민이 있다. 성폭력 무고죄 강화 공약에는 내 고민이 없고, 탈원전이 아닌 감원전 정책에 내 고민이 있는지는 생각해보게 된다. 나를 포함해 대다수의 청년여성들은 살고 싶어 하고 국가로부터 보호받고 싶어 한다. 성범죄로부터, 일상적 차별과 배제로부터, 기후위기로부터.

　매일 뉴스를 보면 답답하고 슬프다. 어처구니없고 화가 난다. 사회적 합의, 국민적 통합이란 말을 하는 사람들은 누군지, 그들이 쥐고 있는 권한의 크기와 그들이 보지 않고 듣지 않는 삶들의 얼굴을 생각한다. 내 문제를 말했을 때 '그건 청년여성의 문제로 다룰 만하지 않다'고 재단하는 반응들. 절차에 맞춰 다듬어야 하는 것을 이해하지만 더 이상 이해하고 싶지 않다. 바뀐 시대와 다르게 반응하는 사람들 그대로를 봤으면 좋겠다. 우리를 과거에 맞추려 하지 말고 우리와 함께 미래로 갈 파티원이 돼줬으면 좋겠다.

백수인 게
문제인가요?
혼자인 게 문제죠

정서원

온몸의 기운이 바닥 끝까지 가라앉는다. 오늘도 많은 말을 내뱉고 왔다. 여전히 감정이 많이 뒤섞인 말들이었다. 온 힘을 다해 이야기하고 왔지만, 내가 지금 보고 생각한 것들이 과연 맞는 것일까, 내가 보지 못한 장면들은 없을까. 미숙한 경험들로 어리석게 판단한 것들은 없을까… 집으로 향하는 길은 걱정과 두려움, 약간의 기대가 뒤섞인 걸음으로 채워진다.

믿는 대로 이루어지는 법이니까

'20대, 여성, 청년, 대학생, 지역'이라는 이유들로, 나의 이야기를 할 수 있는 기회들이 많아졌다. 어떤 때는 분노를 동기로, 어떤 때는 역할을 명분으로, 어떤 때는 돕고 싶다는 마음 하나로 그 자리에 함께하길 택한다. 말 한마디일 뿐이지만, 아주 작은 변화의 실마리라도 만들어낼 수 있길 기대하며 자리에 앉는다. '오늘 난 무엇을 믿고, 누구를 향해 이야기를 해야 할까.' 20여 년의 삶을 살며 경험한 세상에 대해 생각해본다. 내가 경험한 세상은 따뜻하고, 냉혹하고, 치밀하며, 모순적이었다. 하지만 언제나 그랬듯, 그냥, 오늘은 '따뜻함'에 기대어 이야기를 하기로 한다. 믿는 대로 이루어지는 법이니까.

"세상에서 변하지 않는 것은 뭐라고 생각해?"
"사람들의 선한 마음?"
"그럼 너에게서만큼은 변하지 않는 것은 뭐야?"
"음… 인류애?"
"결국엔 둘 다 '사랑'이구나"

며칠 전 통화 끝자락에 받은 묵직한 질문에 제법 명랑하게 답을 했었다. 질문을 했던 이는 세상살이에 조금은 많이 지쳐서, 삶의 동력이 되는 것들의 실마리를 찾고자 질문을 건네고 있었는데, 나는 그래도 세상은 따뜻함이 존재하는 곳이라는 걸 이야기하고 싶었던 것 같다. 사실 속으로는 복잡했는데 나도 그렇게 믿고 싶으니까, 조금은 당연한 듯이 이야기했다. 사람들의 선함을 마주하는 순간은 언제나 반갑고 소중해서 내가 행복할 순간들이 많아지면 좋겠으니까.

'지금은 그냥 그렇게 믿고 싶어. 그렇게 되면 좋잖아! 분명 그걸 해내려는 과정에는 힘든 순간들이 있을 텐데, 그건 미래의 정서원이 감당해 내겠지! 못 할 것도 아니잖아!'

다양한 삶의 가능성을 보기만이라도 한다면

올 여름, 전화 한 통을 받았다. 고용노동부에서 니트(NEET) 청년들의 사회 진입을 지원하는 사업을 올해 처음 시작하는데, 부산에서는 경제진흥원이 맡아 진행을 하게 되었다며 청년정책 활동과 '고치'에서의 경험을 바탕으로 고민을 같이 나눠주면 좋겠다는 연락이었다. '내가 이야기 할 수 있는 건 무엇이 있을까?' 잠깐의 고민을 하긴 했지만, 바로 다음날 만나기로 했다. 해결하고 싶은 문제가 있었으니까.

코로나가 장기화되며 알게 된 것이 있었다. 지금의 청년들에게는 일자리를 만들어내겠다는 구호가 아니라, 스스로 일거리를 보고 만들어낼 수 있도록 다양한 삶의 경로를 탐색할 수 있는 경험과의 연결이 필요하다는 것이었다.

정부와 사회는 또다시 코로나 시기, 경기침체, 4차 산업혁명을 꺼내며, 여전히 하루 빨리 일자리를 만들어야 문제를 해결할 수 있다고 이야기했고, 청년들은 또다시 일자리가 줄어든다는 불안함을 갖고, 취업 준비를 시작했다. 우리는 좋은 대학, 좋은 직장을 가지는 것이 성공한 삶이라고 배워왔고, 고등학교와 대학교에서는 남들보다 좋은 위치를 선점하기 위한 방식으로 경험하고 학습해왔다. 사회에 만들어진 몇 안 되는 자리에 무사히 안착하는 취업 외의 선택지는 없었다.

코로나가 터지고 주변을 돌아보니, '내가 원하는 건 아니지만, 그래도 안정적으로 먹고 살려면 공기업에 가야지…' 하며 꾸역꾸역 책을 펼치던 대학 선배·동기들이, 정말 고꾸라지기 시작했다. 공기업 바늘구멍이라도 찾아 들어가려 했지만 막혀버렸고, 그들에게 남은 건 '그럼에도 불구하고 공부를 계속할 것인가', '공무원 시험을 준비할 것인가', '아님 다 내려놓고 다른 진로를 모색할 것인가'에 대한 선택지뿐인데, 어떤 선택을 하던 시간과 비용에 대한 부담은 상수 값이었다. 경제학과를 전공한 사람들이 그려볼 수 있는 선택지는 과연 몇 개나 될까? '뭘 해야 할지 모르겠어서, 일단 알바나 하면서 자격증 준비하려고'라는 이야기로 일단 버티는 걸 택하는 친구들이 많았다.

대개 취업 준비는 주변 사람들을 통해 간접적으로나마 이야기를 듣고 그들이 경험한 일자리를 바탕으로 자리를 탐색하고 조건을 확인하며, 그 일자리로 가기위한 준비가 가능할 것 같다는 판단을 거친 후 시작되는데, 이 과정에서는 일자리에 가기 위한 경로, 조건이 중요할 뿐 취업 단계에서 실제 일은 중요하게 다뤄지지 않았다.

"너 거기 취업하면 무슨 일들을 하는데?"

"몰라, 대략적으로 적혀 있긴 한데, 가봐야 알지 않을까? 일단 들어가는 게 중요하지."

실제 취업을 준비하는 사람 중, 해당 일자리를 얻게 되면 어떤 일들을 하는지 제대로 알고 준비하는 사람은 없었고, 특히 첫 직장을 준비하는 경우에 더욱 그랬다. 사실 제대로 알려주는 기관, 기업이 없는데, 청년들이 알고 있을 리가 만무했다.

반대로, 지역에서 활동하며 만난 동료들은 여전히 묵묵히 본인들의 삶을 꾸려가고 있었다. 코로나가 준 어려움이 분명 존재하긴 했지만, 이들이 해야 한다고 생각하는 일, 하고 있는 일들은 명확했기에 대안을 모색하는 방법으로 풀어내면 될 뿐, 삶의 방향성 자체가 흔들리지는 않았다. 물론, 코로나로 타격을 크게 입은 직종의 사람들은 어떻게 해도 찾아지지 않는 해법에 막막해하기도 했다.

그렇게 주변의 친구, 동료들의 삶을 하나씩 들여다보면서, 코로나이후 청년들이 더욱 혼란을 겪을 수밖에 없었던 건 사회가 일자리에 들어가는 경로만을 강조해왔기 때문이라는 생각이 더욱 견고해졌다. 무엇을 해야 하는지 아는 사람은 무엇이든 할 수 있었지만, 무엇을 해야 할지 모른 채 자리만을 탐색한 사람은 그 자리가 없다면 할 수 있는 것이 없다.

바로 다음 날, 부산경제진흥원과의 회의. 자리에 앉자마자 해당 사업에 대한 이야기를 듣고 '지금의 청년들에게는 다양한 삶의 경로를 탐색할 수 있는 경험과 연결이 필요하다'는 이야기를 꺼냈다. '일거리'를 볼 수 있으려면, 다양한 삶과 사회를 '경험'하는 것이 필요한데, 그러기 위해서는 가능한 살아있는 현장을 많이 보여줘야 한다고 했다. 이들에게 여러 선택지가 존재했더라면, 경쟁에서 지거나 혹은 경쟁 사회에 들어가지 않음을 '사회의 낙오자'가 되는 길로 여기며 살진 않았을 것이라는 말도 함께 덧붙였다. 다양한 가능성을 알기만 하더라도 덜 불안할 텐데….

자문으로 시작한 대화는 어느새 협업의 물꼬가 되었고, 이야기를 마친 나는 '고치'로 향했다. '나는 왜 크게 불안하지 않을까? 취업 준비를 하지 않아서일까', '어릴 때부터 주변에 함께할 수 있는 사람들이 많았는데 지금 청년들에겐 보호받을 울타리가 없구나.' 길을 걸어가면서 방금 전 나눈 대화를 되짚어보는데, 실제적인 문제를 해결해줄 수는 없겠지만, 무엇을 해줄 수 있는지는 알 것 같았다. '고치'에 도착하여 식구들에게 이야기를 전했고, 취지가 좋다며 '우리 고치 멤버들도 사회 시스템으로 보면 사실 니트 아니냐는 농담 섞인 이야기와 함께 우리의 역할을 잘해보자고 했다.' 고치라는 이름으로 모여, 서로가 울타리가 되어줬던 것처럼.

그렇게 NEET, 무업시기를 보내고 있는 청년들과의 한 해가 시작되었다. 그들의 실제적인 문제를 해결하는 데에는 우리를 넘어선 또 다른 차원의 노력들이 필요하겠지만, 적어도 스스로와 삶 자체에 대한 불안함은 내려놓고 조금은 주체적으로 삶을 그려갈 수 있도록 '힘'을 같이 키워보기로 했다.

나답게, 우리답게, 충만하게

"함께할 또래 동료를 만들고 싶어요. 그런데 제가 고치에서 경험하며, 앞으로 만들어가고자 하는 세계는 안정적이라 여겨지는 취·창업의 경로와 달라서요…"

"공동체를 경험해보지 못한 청년들에게, 공동체를 경험하게 하려면 무엇이 필요할까요?"

"지금의 청년들에게는 무엇이 필요할까요?"

"무엇이 없어서 용기를 갖지 못하는 걸까요?"

2019년 여름, '나는 동료를 만들 수 있을까?'라는 질문을 화두로 살았다. 이 질문은 내겐 '내가 옳다고 믿는 방향을 향해 함께 걸어가도록, 사람들을 설득시켜낼 수 있을까?'라는 말과 같았는데, 도무지 풀리지 않는 고민과 두려움에 꽁꽁 끌어안고만 있었다. 그 모습을 본 고치 선생님은 한 선생님을 추천해주셨다. 세상에 대한 냉철한 시선을 가지신 분이지만, 사람에 대한 따뜻함을 지니신 분이라, 믿고 꺼내놓아도 될 거라고 하셨다. 며칠 뒤 선생님을 모시고, 점심식사를 함께 했다. 식사가 끝날 무렵, 나는 질문을 쏟아냈고 선생님께서는 이렇게 이야기해주셨다.

"지금 너희가 만들어가는 생활 자체가 너무 의미 있고, 재미있어. 집 반찬들 하나씩 들고 와 모여서 밥도 묵고, 세대가 다 섞여서 이래 같이 이야기도 하고! 생활 면면을 잘 들여다보고 기록해봐. 그 기록들을 보고 그 모습이 부럽다고 느끼면, 너희와 같은 삶을 살아가려는 사람들이 늘어날 거야. 삶 자체가 운동이야.

제일 좋은 방법은 보여주는 거야. 가치를 아는 사람들이 모여서 재미있는 일을 하고 잘 노는 걸 보여주는 것만으로 충분해. '쟤네는 쥐뿔도 없는데 왠지 모르게 충만한 느낌이 들어. 나는 쟤네보다 돈도 잘 벌고, 차도 몰고 다니는데 왜 허하지...' 그런 걸 느끼는 사람이 많아져야 해. 모든 일들이 나를 충만하게 만들지 않으면 아무 의미가 없어. 자본주의 사회에서 무용하다고 여기는 것들을 했을 때, 그것이 주는 충만함. 그 충만함이 균일한 세계에 균열을 낼 수가 있어. 사회에는 버그가 많이 생겨야 해. 바위에 물이 떨어지면, 사람들이 떨어지는 물을 보도록 말이지. 우리가, 스스로가, 내가 당당하고 즐거워야 해. 그런 우리 모습을 보면 사람들이 스스로 다가오게 될 거야. 안 글나?"

너무나 명료한 말씀이었다. "그렇네요! 우리가 우리답게 계속 잘 살아가기만 하면 되는 거네요." 2020년의 여름은, 2021년을 충만하게 해주는 실마리가 되었다. 그리고 나는 4학년을 앞두고 또다시 휴학을 택했다.

대학에서는 무엇을 배워야 할까

나에게 학교 안의 세상은 지루했고, 배우고 싶지 않은 것들로 가득했다. 고등교육기관으로서의 사명감은 버린 지 오래된 대학은 학생을, 교육을 수익 모델로 다루는 기업일 뿐이었다. 사실 중·고등학교도 크게 다르진 않았기에 놀라울 건 없었다. 학교는 그들만의 리그를 유지하기 위하는 것 외에, 학생들에게 애쓸 건 없는 집단임을 현장 곳곳에서 늘 이야기하고 있었고, 학생들은 학교 시스템에 너무나 바르게 순응하고 있었다. 학교에 학생을 위한다는 명분은 있으나, 학생이라는 구체적 존재에는 관심이 없었다. 문서로 남길 실적 외에는 건네는 말이 없었다. 이해되지 않는 장면의 연속이었다. 나는 1학년을 마치자마자 1년간 휴학을 했는데, 나의 섣부르고 오만한 판단이 아닐까 싶어 다시 배워보고자 학교로 돌아갔다. 그곳은 여전했다. 그나마 조금은 적응한 모습으로 2·3학년을 보냈지만, 익숙함에 길들여져 학교 안의 모습을, 그들의 문화를 어느 순간 당연한 이치로 받아들이고 있는 모습을 보고 또다시 휴학을 택했다. 내 안에 체념이 나를 잡아먹기 전에, 다시 학교 밖으로 나와, 나를 살리는 시간들을 보내고 내년에 다시 학교로 돌아가 학업을 마무리 짓기로 했다. 나는 경제적인 관점에서 보는 세상을 알고 싶었기 때문에 경제학을 택한 것이라, 다시 돌아올 1년도 전공에 대한 학문적 배움에만 집중하기로 했다. 교육기관에 대한 큰 기대는 품지 않기로 했다.

그럼에도 불구하고 품게 되는 질문은 '학교는 과연 무엇을 위해 존재하고 있을까'라는 것. 뉴스 기사는 연일 지방대 소멸을 이야기한다. 이미 10년 전부터 수없이 예고되어 왔는데, 대학은 그동안 무엇을 대비해왔을까. 코로나가 터지고 '10년 전 구축해놓은 서버로 온라인 수업을 시작하다보니, 문제가 많다. 조금만 기다려달라', '온라인 강의 외에 수업의 질을 높일 만한 다른 대안은 현재 없다'라고 하는 대학을 보며, 이들의 믿는 구석은 과연 무엇이었을까 하는 의문도 동시에 들었다. '대학이 가라앉는 건 곧 산업이 가라앉는 것과 같다'며, 지역을 살리기 위해 산학협력을 강조하는 움직임과, 곧이어 '청년을 위해 산학협력 도시를 만들겠다'는 부산의 모습을 보며, 그 이유를 알 것 같기도 했다.

'대학이 언제 학생, 청년에게 관심을 가졌다고….'라는 말이 툭 하고 튀어나오지만, 답이 있을 것 같진 않았다. 관심이 없는데, 문제를 제대로 보고 있을 리가 없지…. 수년째, 학생들이 요구하는 '교육의 질' 문제조차 해결하지 못하고 있는데, 무엇을 해결한단 말인가. 이미 산적한 문제가 너무나 커서 해결할 수 없는 지경에 이르렀다면, 바닥을 경험하고 다시 도약하는 것도 방법이 아닐까 하는 생각이 들었는데, 동시에 섬뜩함이 몰려왔다. 하지만, 교육기관이라면, 배움을 가르치는 곳이라면 그 정도 용감함은 갖고 있어야 하는 게 아닐. 솔선해서 '진짜' 배움을 얻고, 혁신을 선도하는 모습을 보고 싶다는 생각을 했다. 배움의 현장은 그대로인데, 인재로 키워줄 테니 사회에 나가 용감하게 혁신을 시도하라고 하는 그들은 너무나 무책임했다. 대학에서는 진짜 무엇을 배워야 할까. 우리 학교만 그랬던 걸까.

백수가 문제인가요, 혼자인 게 문제지

니트 청년들에게 필요한 건 무엇일까? 100여 명의 청년들을 만나야 하는데, 준비 기간은 3주 남짓. 고치 식구들과 함께 대화를 나누며 찾은 답은 '사는 힘'이었다. 무기력한 상태는 누구나 겪을 수 있는 상태이고, 그렇다면 무기력을 이겨내고 나올 수 있는 힘이 필요하다고 했다. 그것이 '사는 힘', 활력인 것 같다고 했다. 활력을 잘 전할 수 있는 프로그램을 고민해보자고 했다. 소셜다이닝, 자기 삶의 기획자가 되는 글쓰기, 사물에의 위로, 일상에서 철학을 길어올리기 등 총 9개의 프로그램을 진행해보기로 했다.

프로그램 기획안을 쓰려고 노트북 앞에 앉아, 빈 문서를 열었다. 입력 위치를 나타내는 커서가 제자리를 깜박이고 있다. 그리고 15분을 더 제자리를 깜박였다. 이후 글자들을 써내려가기 시작했지만, 써내려간 글자보다 입력 커서가 백스페이스와 함께 뒤로 돌아가는 일이 더 많았다. 오늘도 역시 예상보다 많은 시간이 소요되었다. 완성된 문서 속에는 그 어디에도 쉴 새 없이 깜박이던 커서의 흔적은 없다. 정처 없이 흘러간 시간을 보며, '오늘도 땡땡이를 많이 쳤구나' 하고 되뇌이는데, 혹시 수정할 부분은 없을까 다시 살펴보다 보니 이름 붙일 수 없는 수많은 깜박임은 글 사이사이를 메우고 있는 행간이 되어 있었다. '내가 생각들을 안 하진 않았구나.' 사실 글 쓸 때 마다 경험했던 일이었는데, 경쟁 사회에서 살아가는 게 익숙해져서 사유하는 시간조차 효율적으로 계산하는 게 습관이 되어버렸다.

글 한 편을 쓰는 데도, 아무것도 하지 않고 머물러 있을 시간이 필요한 데, 우리의 삶이라고 다를까. 나에게도 '아무것도 하지 않고 있는 시간'을 받아들이는 일이 익숙하진 않았던 것이다. 사실 드러나지 않아서 아무것도 하지 않고 있다고 여겨질 뿐, 우리는 늘 격렬하게 무언가를 하고 있다. 잠시 멈춰 서서 무엇을, 어떤 이야기를 하고 싶은지 나와 대화를 나누고, 감정이 충분히 무르익도록 시간을 내어주는 연습이 절대적으로 부족했다는 걸 느꼈다. 밥도 뜸을 들여야 제 맛을 내는 법인데 설익은 밥은 맛도 없도 매력도 없다는 걸 떠올리면서, 불안함을 내려놓아 보자고 이야기했다. 학교에서 성적을 내기 위해 기계적으로 익힌 습관을 내려놓을 때가 되었다고 말이다. 사회 진입이라는 이행기를 겪고 있는 청년들에게도, 사회에서 무용하다 여겨지는 시간이 삶의 힘을 기르는 시간이 될 수 있음을, 그래서 정지와 표류로 대표되는 백수의 시기가 '탐색과 향유'로 삶의 충만함을 경험하는 시간이 되면 좋겠다는 생각을 했다. 그렇게 '활력'을 추진 목표로, 6주간 한 기수에 100여 명의 청년들을 대상으로 사회 진입을 지원하는 다양한 프로그램으로 구성된 '부산 청년위닛캠퍼스'가 시작되었다. 청소년 때부터 만난 학교 밖의 여러 선생님들께 도움을 구하며 프로그램을 구성했다. 부산경제진흥원이 운영하는 프로그램 중 고치가 맡은 건 9개, 일부 프로그램에 불과했다. 아주 작은 부분이라 큰 변화를 만들어낼 수는 없겠으나, 적어도 우리 프로그램에서만큼은 강사의 삶을 통해 다양한 삶의 방식을 접하고, 이를 통한 활력을 전해보자고 했다. 그래서 '본인만의 가치기준을 갖고 시스템에 저항하며, 실제적 삶을 살아가고 있는 사람', '강의 내용보다 앞에 있는 청년들에게 관심을 쏟을 수 있는 사람'이라는 두 가지 기준을 세워 선생님들을 모셨다. 때로는 말보다 사람이 가진 기운이 사람에게 큰 변화를 전하기도 하니까. 내용보다는 만남이 중요하기에 같은 내용으로 여러 번 운영하더라도 10명 이내의 소규모 프로그램으로 구성했다. 그렇게 1기 수당 100명, 6주 간 총 28개의 프로그램을 전체 4기수 운영하는 대장정이 시작되었다.

프로그램 기획 이후 현장의 키는 선생님들께 넘겨졌고, 기획자인 내가 해야 한다고 생각했던 역할은 두 가지였다. '프로그램마다 참여하며 청년들을 만나고, 이들과 프로그램과정 중에 나눈 이야기를 잘 기억했다가 다음 프로그램을 진행하는 선생님께 미리 전해드리는 것', 그리고 '프로그램 시작 전 참여자들에게 선생님을 잘 소개하는 것'이다. 비록 2시간의 수업이라 하더라도, 함께할 서로가 귀하게 여겨지기만 한다면, 그 만남의 밀도는 굉장히 높아질 것이라고 생각했다. 실제로 선생님과 참여 청년들과의 거리는 좁혀졌고, 관심을 갖는 만큼 청년들은 마음을 열고 다가왔다. 반대로 나는 점점 지쳐갔다. 서로 다른 입장, 의지와 다른 환경, 관성적으로 흘러갈 수밖에 없는 기관의 한계, 날로 떨어지는 체력…. 미련하다는 생각도 했다. 가운데에서 서로를 연결한다는 것은 드러나지 않는 수많은 분주함이 있어야만 가능했고, 내가 꺼내놓고 이야기하지 않으면 사람들은 몰랐고, 경험해보지 않고서는 또 몰랐다. 문서에는 단 한 줄 정도로 기록이 될 것이고, 꼭 필요한 일이 아니라 여겨지기에 사업계획, 예산항목 어디에도 포함되지 않는 일이었다. 그런데 안 할 수는 없었다. 서로가 잘 만났으면 좋겠으니까. 말을 건네면 건넬수록, 조금씩 살아나는 게 보이기 시작하니까.

"사실 처음에 이름을 기억하고 불러주시는 게 너무 낯설었어요. 취업 준비를 했을 때 교육도 받고, 시험도 치고, 면접도 보지만 지원자, 참가자로만 불리는 게 익숙했거든요. 준비 기간이 길어지다 보니 내가 누군지도 모르겠고 혼란스러웠는데, 제 이름을 기억해주시고, 말을 건네주시는 게 되게 힘이 많이 되었어요."

어쩌면 이들에게 필요했던 건, 존재로 만나주는 사람들이 필요했던 걸지도 모르겠다. 영혼 없는 세상에서 영혼을 지키며 살기란 쉽지 않은 일이다. 1기수가 마무리되고, 2기수 청년들을 만나기 시작할 때쯤, 지금의 방식으로는 잠시 기댈 수 있는 관계망도 형성을 못한다는 문제 지점들을 다시 꺼내놓았다. 당장 전체 프로그램을 개편할 수는 없으니, 다른 차원의 시도를 해보기로 했다. 30명의 청년들과 서로의 습관과 일상을 채워나가는 100일간의 커뮤니티를 운영해보기로! 그렇게 또 새로운 일을 벌였고, 얼마 전 100일간의 여정을 마무리했다. 놀라운 건, 100일 이후에 더 활력이 생겨났다는 것. 자발적인 모임들이 이어지고 있다. "백수는 문제가 아니다. 혼자가 되도록 만든 게 문제지."

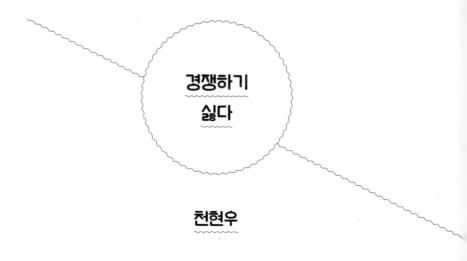

경쟁하기
싫다

천현우

대학교 가기 싫었다. 빨리 돈 벌고 싶었다. 더 공부하기도 싫었고, 등록금 낼 여유도 없었으며, 지긋지긋한 가난에 더 시달리고 싶지 않았다. 당시 실업계 고등학교 3학년이었던 내 꿈은 마산 수출자유지역의 한 에어컨 부품 공장 생산직 사원. 먼저 갔던 선배는 다달이 200만원을 벌 수 있다며 같이 일하자고 했다. 그때 내가 한 달 내내 고깃집에서 있는 욕 없는 욕 다 들어가면서 받은 월급은 42만 3천원. 다섯 배의 봉급 차이는 다른 어떠한 제안보다 매력적이었다. 월 200만원이면 월세가 밀려 집주인 눈치 볼 일도, 물과 전기가 없는 삶을 체험할 일도, 시시때때로 인터넷이나 핸드폰이 끊겨 인간관계가 쫑 나는 일도 없을 테니까.

악마의 대변인이 옳았다

엄마한테 돈을 벌겠다는 각오를 밝혔다. 자랑스러워할 줄 알았는데 아니더라. 대학만은 가야 한다고 했다. 그야말로 생떼였다. 우리 집은 도저히 학비를 감당할 깜냥이 없었다. 엄마뿐이랴. 다음 날 담임 선생님마저 교무실로 불러선 진학을 애기했다. 본심을 절반만 딱 잘라 말씀드렸다. 바로 일하고 싶다. 대학 갈 돈이 없다. 4년이란 기회비용을 포기하기 싫다. 근데 집안에선 대학 가라고 하니 어떡하나. 담임은 철없는 생각이라며 협상안을 제시했다. 전문대는 어떻냐는 제안이었다. 성실히 공부하면 국가 장학금 충분히 받을 수 있다. 창원기능대 가면 훨씬 좋은 대우 받으면서 취업한다. 고졸로 사회 나가면 평생 월급 200만원에서 못 벗어난다. 나중에 나이 들면 대학 들어가고 싶어도 들어갈 수가 없다. 말이 진로상담이지 사실상 전도였다. 수시원서 기간 얼마 안 남았으니 얼른 결정하라는 말을 뒤로 한 채 교무실에서 나왔다. 선생님의 입은 말하지 않았지만 눈이 떠들고 있었다. 대학 안 가는 건 부끄러운 행동이라고. 고졸이란 딱지는 수갑이며 죄수복이자 전자발찌나 다름없다고.

당시는 한창 수시철이었다. 날 선 인문계 교실 분위기완 달리 우리는 진학 여부를 농담거리처럼 쓰고 있었다. 일찍이 대학 안 가기로 마음 굳힌 친구들은 진학할까 말까 고민하는 학우들에게 "대학 졸업하면 뭐할 건데?"라며 계속 캐묻곤 했다. 진학파들은 취업파들의 논리를 깨지 못하고 쓰러져갔다. 부모님 때문이라는 변명은 "어른 돼서도 부모 시키는 대로 할래?", 좋은 직장 구하고 싶다는 소망은 "개나 소나 대학 다 가는데 졸업장 가지고 뭐할래?", 공부 더 하겠다는 이유는 "우리 머리로 무슨 공부?"로 논파당했다. 그 당당한 위세며 단순명료한 논리가 흡사 악마의 대변인이었다. 그때 조금만 시근머리가 있었더라면 취업파들의 목소리를 들었을 텐데. 그러지 못했다. 전문대로 가버렸고 고졸과 전혀 다를 바 없는 대우만 숱하게 경험했다. 산재는 고졸자에게만 오지 않았다. 대학 졸업반 현장실습에서 발목에 커다란 화상을 입었다. 세상은 전문대를 대학으로 쳐주지도 않았다. 4수 끝에 인서울한 친구는 전문대 나와서 취업은 되냐며 냉소했다. 주예지란 강사는 아예 내 직업을 공부 못하면 하게 되는 낙오자들의 노동마냥 묘사했다. 일터에서, 인터넷에서, 동창모임에서, 잊을 만하면 학벌은 내 주제를 상기시켰다. '전문대 따위 나오니까 그 모양이잖아. 남들이 노력하고 경쟁할 동안 넌 뭐했니?'

아주 오랫동안 그 비웃음에 반박하지 못했다. 맞는 말이라고만 생각했다. 고등학교 때 하기 싫은 공부 억지로 해가며 겨우 대학에 왔다. 근데 다시 취업 시장으로 가기 위해 토익, 토플에 자격증 공부. 졸업할 쯤엔 또 다시 공무원 고시며 싸트의 늪. 20대 중후반이 되도록 청춘이며 낭만을 누릴 새도 없이 달려왔다. 그들의 삶은 한 톨 쌀 같은 노력을 뭉쳐 빚어낸 주먹밥이었다. 남을 쓰러뜨리지 못하면 내가 죽는 경쟁. 아무리 열심히 해본들 결과를 보장받지 못하는 불합리 속에서, 눈 감고 헤엄치는 스스로를 채찍질하며 살아왔을 터. 그래서 중학교 동창 중 공무원 공부 중인 친구가 내 뒷담을 했다고 전해 들었을 땐 화나기보단 속이 쓰렸다. '저놈이 대체 무슨 노력을 했다고 국무총리실로 갔냐. 괜히 대학 나온다고 애쓴 사람은 뭐가 되나.' 사실관계를 차치하고서라도 친구의 박탈감을 십분 이해했다. 한국은 오랫동안 노력과 경쟁을 교묘하게 뒤섞어 청년들에게 유포해왔다. 그 결과, 타인을 짓밟아본 경험이 없는 이들은 '노력하지 않는 사람'으로 취급받았다. 경쟁의 열차에서 꼬리칸을 벗어나본 적 없는 내가 낙하산 소리 듣는 게 한국에선 당연한 일이었다.

노력하지 않은 자의 목소리

오랫동안 '경쟁≒노력'이라는 명제에 반기를 들지 못했다. 근데 책을 보면 볼수록, 세상을 알면 알수록, 저 공식은 그저 불공평의 정원에서 무럭무럭 자라난 나무임을 깨달았다. 그들이 말하는 경쟁, 즉 시험선발은 불공평하고, 비합리적인데다가 효율도 아주 나쁜 제도였다. 그러나 이미 시험선발로 자리를 차지한 자들은 이 사실을 애써 부인했다. 그 혹세무민의 끝을 느낀 사건이 바로 공공의대 사건이다. 그때 의료인 숫자를 늘리자는 이야기에 반박하는 의사들과 엘리트들의 모습에서 기시감을 느꼈다. '없는 사람들이 참아야 하는 이유'는 언제나 단순했다. 노력부족, 개인의 재능, 시장성 없음 등이었다. 반면 '있는 사람들이 양보해야 할 때'는 온갖 복잡한 논리가 난무했다. 그들의 말을 전부 알아듣지는 못했지만 명백한 사실 하나는 깨달았다. 바로 저들은 애초에 많은 사람들을 설득할 생각이 없다는 것. '내 말을 못 알아듣겠지? 그럼 닥치고 우리 말에 따르기나 해라.' 건전한 논쟁이 아니라 전문 지식으로 찍어누르려는 그 오만한 모습이 오랫동안 가슴에 남았다.

마침내 그 한이 폭발해 세상에 닿은 건 4월 지방 보궐선거. 당시 20대 남성들의 보수당 후보 몰표 결과를 두고, 청년에 대한 온갖 가설이 난무했다. 그 가설 속에서 평범한 20대로 가정한 표준 모델은 전부 서울 사는 4년제 대학생. 소유 자산으로 치면 상위 20-30%에 해당하는 이들이었다. 결코 다수가 될 수 없는 이들이 다수가 된 모습. 그 이질감과 괴리 감을 글로 녹였다. 반응은 폭발적이었고 단숨에 언론사 지면을 얻고 지상파 방송까지 출연했다. 하지만 세상의 흐름은 내 출세와는 정반대로 갔다. 불공평의 정원에서 자라난 나무 꼭대기의 열매를 쟁취한 남자, 이준석이 당대표가 된 것이었다. 정치인으로서 이준석 씨가 어떤 분인지는 잘 모른다. 그는 늘 권력 바깥에 있었기에 제대로 된 역량을 보일 기회가 없었다. 다만 분노하며 지켜본 모습은 있다. 그가 학벌과 스펙에 의한 차별을 노력이란 포장지에 감싸, 공정이란 이름으로 유통하는 것. 그동안 정치권은 학벌과 스펙에 의한 차별대우가 만연한 한국의 현실을 알면서도 침묵했다. 정치인 개개인이 어떻게 생각하든 그 차별을 인정한 순간 손해를 입는 건 명백하기 때문이었다. 근데 이준석 대표는 이 선을 무너뜨리려 시도했다.

그가 주장한 '이준석식 능력주의'를 받아들인 이들의 세계관은 언뜻 게임과 비슷하다. 사람의 능력을 성적과 그가 속한 대학교로 판별할 수 있다는 생각. 수만휘 카페와 오르비에 상주하는 고등학생들이나 할 법한 시험만능주의였다. 능력주의의 아주 작은 파편이 떨어져나와 둔갑한 변종인 셈이었다. 이 세계관에 큰 영향을 받는 20대 초중반은 일상처럼 명문대와 비명문대의 신분 격차를 경험한다. 명문대 프리미엄은 단지 취업시장에서만 존재하지 않는다. 대학 좋다는 이유만으로 주위 사람들의 시선과 대우가 달라진다. 명문대는 아무 말을 해도 신뢰를 얻고 능력을 과대평가 받는 반면, 비명문대는 지잡대란 멸칭을 떠안고 온갖 편견과 냉소의 대상이 된다. 이준석식 능력주의는 이 양극단을 줄이지 못한 한국의 현실에서 시작한다. 간격을 좁히지 못하니 엉뚱한 곳으로 논란이 옮겨간다. 바로 공정론이다.

여기서의 공정은 명문대와 대기업의 좁은 문을 두고 다투는 경쟁을 긍정하면서 출발한다. 공정론의 핵심은 '경쟁이란 곧 필연이니 차라리 모두들에게 똑같은 룰을 적용시키자!'다. 여기서 사용된 공정이란 단어에 따르면, 균형을 맞추고자 하는 모든 시도가 불공정 행위가 된다. 농어촌전형, 여성할당제, 장애인채용, 국가장학금. 지역전형, 비정규직 정규직화. 약자들을 위한 최소한의 배려마저 모두 반칙과 특혜로 몰아붙인다. 그들의 얼마 안 되는 할당 몫까지 몽땅 경쟁의 장으로 가져오라며 윽박지른다.

다행히 인국공과 조국 사태 이후 또 한번 점화되었던 능력주의와 공정론은, 늘 그렇듯 학벌 스펙 노력 공정의 사분면에서 벗어나지 못한 채 지지부진해졌다. 돌이켜보면 당연한 일. 논란의 양상은 늘 좋은 대학이나 좋은 기업에 들어갔느냐 마느냐 여부만 따질 뿐 들어간 이후의 성과나 영향력에 대해선 말하지 않기 때문이다. '유능한 사람이 더 좋은 성과를 만든다'가 능력주의의 핵심이다. 하지만 이준석식 능력주의가 말하는 유능한 사람의 모델은 그냥 시험 잘 친 사람이다. 능력주의가 아닌 위에서 언급한 시험만능주의란 뜻이다. 이준석 대표의 방식이 합리성을 얻으려면 시험 선발 방식이 유능한 이를 가리는 데 효율적임을 증명해야 한다. 즉, 시험 잘 쳐서 뽑힌 사람이 시험 없이 뽑힌 사람보다 더 좋은 성과를 내서 유능함을 입증한 지표가 여럿 있어야 한다.

이준석식 능력주의 옹호자들이 지표로 사용한 시험선발은 객관적인 효율을 증명하지 못했다. 하지만 정작 그들이 추종하는 시험선발이 공정과 거리가 멂을 증명한 자료는 너무나 많다. 길게 논쟁하다 보면 능력주의가 실제론 안 공정하다는 사실을 옹호론자들도 마지못해 인정한다. '이 이상 합리적인 방법이 없다. 다른 방법이 없으니 차악이라도 택해야 하는 거 아니냐.' 이렇게 교묘하게 말을 비틀 뿐. 노동자 입장에선 이준석식 능력주의는 실무 능력과는 전혀 관련이 없다고 단언할 수 있다. 단지 좋은 학교, 좋은 직장을 얻기 위한 지대 선점에 쓰이는 수단일 뿐이다. 옳으냐 그르냐가 아닌 차악을 말하는 시점에서 이준석식 능력주의는 정당성이 없다고 본다.

다만 이러한 공정론이 왜 지지를 얻었는지는 돌아볼 필요가 있다. 그동안 대한민국의 표준 취업 경로는 대기업, 공기업, 공무원이 대표하는 15%의 성 안으로 입성하는 걸 전제로 만들어져왔다. 즉, 애초에 대다수가 들어가지 못할 직업세계가 기본값이라는 뜻. 이 15%의 직장의 공통점은 연공급제를 통한 임금 상승과 고용 보장을 동시에 누린다. 경력을 쌓아 더 좋은 곳으로 이직까지 할 수 있다. 반대로 85%의 성 밖은 아주 가혹하다. 월급은 최저임금에서 맴돌며 비정규직으로 온갖 일터를 전전한다. 경력 대신 나이만 쌓여간다. 이럴진대 성 안에 들어가기 위한 시험선발의 공정에 안 민감할 수가 없다. '이대남'으로 명명당한 청년들에게서 특히 눈에 띄는 무한경쟁, 승자독식, 패자도태 성향은, 좋아서 선택한 게 아니라 자구책에 가깝다. 고시 공부의 본질은 눈 감고 수영하는 일. 얼마나 노력해야 하는지 알 수 없고 결과가 어떻게 나올지도 모른다. 하여 경쟁을 거부하는 자신의 나약함을 채찍질하고, 승자가 될 모습을 상상하며, 도태당한 미래를 두려워하는 과정에서, 확증 편향은 계속 강해질 수밖에 없다.

85% 직업세계, 그 광야의 풍경

85% 직업세계의 잔혹함은 차별과 미래 없음으로 요약할 수 있다. 특히 그 직업세계가 85% 중에서도 최하층에 위치한 하청 제조업의 사정은 그야말로 비참하다. 최근 두 달 정도 현대 로템 하청업체에서 근무한 적 있다. 이곳은 제조업치고 정말 드물게 장기 근속하는 2030 남성 비율이 매우 높다. 몇 가지 특징 때문인데, 우선 기술교육원에서 신입을 계속 수급하고, 정규직 전환 비율이 꽤 높은 편이며, 공장치고 드물게 교통 중심지에 있어 접근 또한 용이한데다, 사실상 일일 근로시간이 8시간으로 고정되어 있어 워라밸을 보장해주기 때문이다. 이렇게 나열하면 꽤 매력 있는 직장처럼 보일 수 있다. 실제로 '지방 공장' 중에선 가장 좋은 직장 중 하나라 보아도 무방하다. 하지만 이곳도 까보면 하청과 원청 사이 어마어마한 임금격차가 존재한다. 당장 하청직원 대다수가 입사 후 최저시급을 받고, 1년 뒤 상여금 200%를 포함해 2500~2600만 원의 연봉을 수령. 반면 정규직은 초봉 4300~4400만 원 선에서 시작한다. 시작선부터 1.8배라는 어마어마한 격차. 여기서 근속년수 쌓이면 격차가 더 심각하게 벌어진다. 사내 하청은 최저시급 이상으로 시급이 거의 안 오르기 때문이다. 덕분에 하청 직원들은 정규직을 달기 위해 이 꽉 깨물고 '미생' 생활을 버틴다. 문제는 하청에서 오래 일한들 '완생'의 꿈을 이룰 이는 많지 않다. 직무에 따라 전환 비율이 천차만별이니까. 만약 한 사업부가 안 되면 그 년도엔 정규직을 아예 안 뽑는다. 하청직원 입장에선 일 년 농사가 모조리 날아가는 셈이다. 노동은 고되고 임금은 최저에서 머무는 판에, 정규직이란 낚싯줄은 기막히게 거리 조

절 하니 항상 스트레스가 쌓여 있다.

　다른 대기업 사내 하청 상태는 어떨까? 위 업체는 다른 회사에 비하면 정말 합리적인 수준이다. 효성 중공업은 도급과 분사 과정에서 멀쩡한 정규직도 하청이 되곤 했다. 내가 일했던 2011년엔 하청업체가 대놓고 최저임금법을 어기질 않나, 3도 화상을 산재처리 안 해주는 것도 모자라 다음 날 출근까지 시켰다. SnT 중공업 역시 현장 정규직을 채용 안 한 지가 15년이 넘었다. 그나마 있는 하청 일자리마저 정규직 인소싱으로 사라져버렸다. 한국 GM 경우는 아예 최장 9개월씩만 일을 시키고 다른 사업장으로 보내버린다. 퇴직금을 안 주려고 꼼수 부리는 셈이다. 그런데 만약 위의 회사에서 나온다? 그런데 나이가 30대 중반을 향해가고 있다? '대기업 사내 하청'의 문은 그대로 닫혀버린다. 청년 시기가 지난 노동자는 어디로 가야 할까? 이름뿐인 '강소기업' 내지는 '중견기업'으로 눈을 돌려보자. 금방 '견실하고 독립적인 중소기업'이 환상에만 존재하는 곳임을 알게 된다. 그나마 규모가 있는 중소기업들의 행태는 그야말로 가관이다. '창원 3대 악덕기업'에 반드시 들어가는 중견기업이 있는데, 이곳은 잡플래닛 평점이 각각 1.5, 1.6, 2.0이다. 이 점수가 감이 안 올 경우를 대비해 부연설명을 하자면 배달의 민족으로 피자를 시켰는데 비비고 냉동피자가 배달되어야 나올 수 있는 점수다. 이 '3대 악덕 기업' 중 두 곳에 면접을 보러 간 적이 있다. 계약서 쓰기 전부터 가관이었다. 기량 테스트를 둘 다 잘 통과했음에도 최저시급을 제시하고, 주 52시간 제한은 아예 없는 취급을 했다. 심지어 '기량이 오르면 시급을 올려준다'라고 거짓말도 서슴지 않는다. 물론 엄밀히 말하면 거짓말은 아닐 게다. 일해본 친구들의 후기에 따르면 오백 원에서 최대 천원 정도 올려준다고 하니까.

　바닥엔 더한 바닥이 있는 법. 여기 언급한 회사들은 그래도 망하지는 않는다. 최소한의 인프라도 있고, 장기 근속자가 좀 있어서 일이 막힐 일도 없다. 여기마저 나오면 이제 교차로 같은 데서 나오는 '공장 알바' 수준의 직장으로 떨어진다. 알음알음 모아보면 공장 짬밥 10년 차인 나도 3일 정도 일하다 도저히 아니다 싶어 도망친 회사가 있다. 시스템이라는 게 아예 없었다. 그래도 종업원 서른 명쯤 되는 회사인데 사장님은 현장에서 일한답시고 근로 계약서를 쓸 생각 자체가 없었다. 첫날 온 직원을 9시까지 잔업을 시키질 않나. 작업복은 먼저 온 사람이 하루 일하다가 '추노'해서 남은 옷을 주고, 화장실은 물이 안 내려가고 불이 안 들어와서 재난 영화에 나오는 벙커 같은 꼴이었다. 그나마 다음 회사에서 2년간 버텼지만, 이 직장마저 코로나 때문에 물량이 줄어드니까 금방 권고사직이 날아왔다. 회사 꼴이 간당간당했던 지라 안 받아들일 수가 없었다. 이렇듯 제조업 최하층은 인프라와 안정마저 사라진 무간지옥이다.

　저학력 저소득 저안정의 삼중고. 육체노동과 잔업에 시달리는 제조업 청년은 올라갈 사다리가 없다. 지금 삶에서 나아지려면 기술이던 기능이던 발전시켜야 하는데, 고급 기량을 필요로 하는 회사는 신입을 안 뽑는다. 지방에서 받는 직업교육 퀄리티는 형편없는 수준이다. 그나마 목숨 걸만한 자격증조차 이젠 약발이 다하고 있다. 한때 실업계의 동아줄로 꼽혔던 전기 기사 자격증조차 너무 흔해졌다. 용접 역시 기능 분야 최고 자격증인 기능장을 따도 수당 5만원 정도 더 받는 선에 그치곤 한다. 노력을 해도 보상이 따르지 않으니 허탈감에 빠진다. 삶의 형태 역시 강제로 최소주의로 가게 된다. N포 세대라는 말이 한때 유행했었는데, 어느 순간 왜 쏙 들어갔나 되짚어보면, 어느 정도는 '당연한 게 되어버려서' 아닌가 싶다.

목소리 없는 다수에게 마이크를

나는 이제부터라도 정치하는 사람들이 비겁하게 청년들을 그만 속였으면 한다. 문제는 시험 룰로 옥신각신하는 한 줌짜리 공정 따위가 아니다. 불공평이 너무 오랫동안 쌓여 잘못된 구조 자체를 망각하는 게 진짜 문제다. 절반조차 살아남지 못하는 가혹한 불평등 구조. 이 구조를 정당하고 유포한 이들은 과연 누굴까. 몇 달 전 한강 의대생 사망 사건을 보며 확신했다. 대중들의 기이할 수준의 엘리트 선망은 언론이 부추긴 감정이었다. 물론 사람이 죽은 일이다. 안타까운 일 맞다. 하지만 이게 그렇게나 공론화의 가치가 있는 일이었나? 차라리 사회 구조적인 문제랑 얽힌 청년 문제들. 수많은 현장 실습생 사망 사건들이 훨씬 공론화할 가치가 있지 않나? 언론이 이 모양이니 지방대생도 복학왕의 이미지에서 좀처럼 벗어나질 못한다. MT 가서 이상한 폭탄주 돌리고, 선배들이 후배들 단톡방 초대해서 군기 잡고, 학점 관리 안 하고 놀러만 다니는 인간군상으로 각인되고 말았다.

어느샌가부터 청년 사이에선 일해서 버는 돈만으론 평범한 생활을 누리지 못함이 상식이 되었다. 노동의 가치는 땅바닥에 처박혔다. 최근 6개월 동안, 부족한 능력에 전혀 안 맞게 갖은 유명세를 타면서 뜻하지 않게 소셜 믹싱을 경험했다. 일개 용접공 신분으론 평생 못 볼 유명인, 국회의원, 고위급 관료, 명문대학 교수, 기타 각 분야 고액 연봉자. 이런 사람들도 부동산 이야기 나오면 절반 이상이 낯빛부터 바뀌었다. 부랴부랴 영끌해서 집을 산 것이었다. 실제로 한 분은 이익도 크게 보셨다. 그런데 별로 기뻐하질 않았다. 이유를 여쭈어보니 허탈해서라고 했다. 힘들여 번 돈보다 가만 앉아 얻는 소득이 더 많다. 직업에 대한, 노동에 대한 회의감이 든다. 근데 이런 말을 세상은 그저 배부른 소리라고만 치부한다. 너무나 공감이 갔다. 대다수 사람들은 노동을 하면서 살아간다. 그 안에서 자기 가치와 정체성, 자부심을 찾는 사람도 많다. 현장에서 일하다 보면 종종 '빠꼬미'들을 만난다. 초짜들 네다섯이 붙어도 그 한 명만 못한다. 이들은 실력이 곧 돈이란 일념으로 자기 실력을 계속 갈고 닦았다. 전국 각 분야 명장, 명함도 직위도 없지만 그 판에서 이름 대면 다 아는 기술자, 업계에서 돈을 제일 많이 받지만 일감이 맨날 밀려 있는 프리랜서. 이들이 반평생 쌓아올린 기술, 기능, 암묵지, 형식지를 지금의 불평등 구조가 비웃는다. 열심히 하면 뭐하겠는가? 서울에 집 한 채 사놓은 것보다 무가치한데.

한국 사회가 불평등을 인지하는 첫 걸음으로 먼저 노동의 가치부터 재고해보았으면 한다. 현재 대한민국은 노동을 시장 관점에서만 해석하는 시각에 너무 익숙해져 있다. 노동 존중이 없다. '시장 가치가 적은 일이니까 대우를 그만큼밖에 못 받는 건 합당해'라는 식이다. 우리는 하루하루를 노동에 빚지고 산다. 간단한 상상 한번 해보자. 배관공이 하루만 없어져도 화장실에서 못 볼 꼴 다 볼 것이다. 불금 다음 날 일하는 청소 노동자가 없다면 거리는 널찍한 쓰레기장이 될 터이다. 그리고 만약, 전국 간호사들이 단 하루만 일을 안 하면…… 이건 상상만 해도 끔찍하다. 사회 근간을 지탱하는 노동자들은 시장 가치가 아니라 일의 중요성

만큼 대우와 존중을 받아야 한다. 이를 해결하기 위해선 위에서 말한 대표성 불평등도 개선해야 한다. 대기업, 공기업, 공무원이 아닌 노동자들은 산재 사망 때나 소환된다. 구성원 비율로 보면 이들이 훨씬 다수인데도 소수자 문제마냥 다루어지고 있다. 수많은 필수 노동자들에게 마이크를 쥐여 주고 질릴 만큼 문제 제기를 하게 만들어줘야 한다. 이분들이야말로 힘들다고 말할 자격을 넘치도록 가진 분들 아니겠는가. 일터에 들어가기도 전부터 경쟁해야 하는 현실은 이제 지긋지긋하다. 싫어 죽겠다. 제발 좀 그만하고 평균부터 끌어올리자.

집필진 수다회 #2

저항하는 삶을 응원합니다!

박석준

《청년을 위한 나라는 없다》 집필진 수다회에 참석하신 여러분, 환영합니다. 저는 오늘 좌담을 진행할 박석준입니다. 이 책에서는 프롤로그를 썼고요. 자꾸 여러분에게 일(?)을 시켰던 사람입니다. (웃음) 짧은 시간 동안 원고를 작성하시느라 고생 많으셨습니다. 코로나19로 인해 직접 만나진 못하지만, 이렇게 온라인을 통해서라도 얼굴을 뵙게 되어 반갑네요. 오늘 처음 뵙는 분들도 계실 테니 간단히 자기소개를 하면서 좌담을 시작해볼까요?

강보배

한때는 제주를 떠나고 싶었지만, 이제는 제주를 정말 사랑해서 제주에서 어떻게 잘 살아볼까 고민하고 있는 청년이다. 제주라는 곳이 어느 순간부터 많은 사람들에게 로망이 되었는데, '그들은 제주의 무엇을 보고 오는 걸까? 나는 모르고 있는 무언가가 이곳 제주에 있는 것 아닌가.' 이런 생각을 하며, 지역을 새롭게 바라보고 있는 중이다.

강석용

나도 언젠가는 제주도에 가서 살고 싶다. 지금은 서울에서 유튜브 채널을 '돌디'를 운영하고 있지만. 내 채널은 주로 재테크를 다루고 있다. 이전에는 S전자에서 반도체 설계를 하던 연구원이었다. 재테크와는 전혀 관련이 없었던 사람이었는데, 첫 월급을 받고 나서 금융에 대한 나의 무지를 깨달았다. 내 소득에서 세금을 떼어 가는데, 어떤 기준으로 세금이 책정되는지도 몰랐다. 주변 친구들도 나와 크게 다르지 않았고, 그래서 금융 지식들을 많은 사람들에게 쉽게 전달하는 영상을 유튜브에 올리기 시작했다. 지금은 퇴사를 하고, 전업 유튜버이다.

정서원

두 분의 글을 포함해서 열두 명의 에세이를 읽으며, '세상에 이토록 치열하게 고민할 것이 많구나' 또 한 번 깨달았다. 나는 중학교 2학년 때, 지역의 교육공동체에서 처음 활동을 시작했다. 그때 만났던 언니 오빠들이 부산을 떠나야 제대로 살 수 있지 않을까 고민하는 걸 보면서, '왜 부산을 떠나려 할까'라는 궁금증이 생겼고 그것이 계기가 되어 지금까지 지역에서 청년활동을 하고 있다.

김두환

나는 사회학자이고 대학에서 학생들을 가르치고 있다. 그러다 보니 교육에 대한 글을 많이 써왔다. 요즘 MZ세대가 다른 세대와 어떻게 다른지 강의를 해달라는 요청이나 글을 요구받는 일이 많아 생각을 해봤는데. 오늘의 청년들은 나를 포함한 기성세대보다 자유에 대한 민감도가 높은 것 같다. 라떼(나 때)는 조직에 충성하면서 개인에 대한 문제를 해결하며 인생을 살아왔던 것 같은데, 청년 세대는 그렇지 않다. 이 세대가 유별난 것이 아니라, 우리 사회가 자유를 희구할 수 있을 만큼 변화를 겪어왔고 이미 그런 세상이 되어 버린 것이다. 누군가는 청년 세대가 너무 물질적인 가치를 추구한다고 이야기하는데, 나는 오히려 이들이 물질적인 것들로부터 자유로워지고 싶어 한다고 생각한다. 자기 삶을 살고 싶은 욕구가 강한 것. 여기 계신 분들의 글을 보며 더욱 그렇게 생각하게 되었다.

박석준

앞선 좌담에서 우리 책이 너무 무겁고 어둡게 느껴진단 이야기가 나왔다. 청년을 위한 나라는 없다고 하고, 종말을 이야기하니까. 사실 이 책의 의도는 청년 세대의 삶을 비관적으로 조명하는 것이 아니라, 우리가 맞닿은 현실에 대해 각자의 시선에서 이야기해보고 논의를 촉발하는 것에 있다. 자칫 무겁고 어두울 수 있지만, 그렇다고 진지함을 덜어낼 순 없는 문제이다. 진지하지만 너무 어렵게 느껴지지 않도록 더 많은 사람들에게 말을 거는 것이 중요한 것 같다. 좌담이 그런 역할을 하길 기대해본다.

오늘의 청년들이 겪고 있는 '문제'

박석준

자기소개를 하면서 자연스레 필진들의 관심사가 드러난 것 같다. 물론 글을 통해서도 여기 계신 분들이 어떤 문제에 대해 평소 고민하고 계시는지 유추 가능하지만, 직접 물어보고 싶다. 오늘의 청년들이 겪고 있는 가장 큰 문제가 무엇이라 생각하는가?

강보배

지역 격차. 지역에서 살아가는 청년으로서 지역 격차 이야기를 안 할 수 없다. 지역도 서울처럼 인프라를 갖춰달라거나, 서울에서 누리는 것을 똑같이 누릴 수 있게 만들어달라는 요구가 아니다. 인프라 투자가 지역에 꼭 도움 되는 것만은 아니라는 것을 이제 지역도 알고 있다. 정부에서 제주에 제2공항을 지어준다고 하는데, 주민들이 이를 반대한다. 많은 사람들이 서울에 없는 무언가를 찾아 제주에 오는데, 그것을 무너뜨리면서까지 인프라 투자가 이뤄지길 바라지 않는다. 제주가 서울과 같아지면 사람들이 왜 제주에 오겠나? 우리가 바라는 것은 '자신의 삶을 찾아갈 수 있도록 하는 기회'이다. 뜬구름 잡는 이야기 같아 보일 수 있는데, 지역을 떠나는 가장 큰 이유는 답답함이다. 과거의 틀에 자꾸 나를 가두려고 한다. 내가 좋아하는 것, 잘하는 것을 시도해보고 함께 고민을 풀어갈 곳이 없다. 여전히 기존의 성공 방식을 따라가라고 할 뿐이다. 거기서 청년들의 불만이 터져 나오는 것 같다. 지역의 고유성 속에서도 나 자신만의 길을 찾아갈 수 있도록 유무형의 투자가 이뤄졌으면 좋겠다. 하드웨어적인 것뿐만 아니라 소프트웨어적인 것까지.

강석용

가시화된 목표가 사라지고 있다. 부모님 세대만 하더라도 가시화된 목표가 있었다. 조금만 노력하면 취업할 수 있었고, 열심히만 하면 승진을 기대할 수 있었다. 월급을 모아 저축을 하면 집을 장만할 수 있다는 희망도 있었다. 물론 고생을 하셨겠지만, 기성세대에겐 노력하면 이룰 수 있는 것들이 눈앞에 존재했다. 때문에 부모 세대는 자신들의 성공 공식을 자녀 세대인 우리에게 교육하고, 우리는 그것을 학습하며 살아왔다. 그런데, 더 이상 그러한 방식이 통하지 않게 되었다. 월급을 아무리 아껴 써도 집 한 채 살 수 없다. 눈앞엔 불확실한 것들뿐이다. 꿈꿀 수 없는 것이다. 그런 현실에 청년 세대들은 배신감을 느끼는 것 같다.

정서원

돌이켜보면 삶을 살아가는 데 필요한 진짜를 배우지 못했던 것 같다. 어릴 때, 장래희망이 뭐냐고 물으면 으레 직업으로 답을 했었다. 아마 많은 사람들이 그랬을 거다. 진로와 직업은 다른 것인데 그땐 그걸 몰랐다. 나한테 처음 "뭐 하고 싶어?"라고 물었던 곳은 학교가 아니라 공부방이었다. 수학, 영어 과외를 받기 위해 간 곳에서 '나는 무엇을 하고 싶은지' 스스로 묻게 되었고, 학교 밖의 진짜를 배우기 시작했던 것 같다. 물론 그곳에서도 다양한 직업군의 사람들을 만났다. 하지만 그곳에선 직업을 배웠다기보다, 한 사람의 일 속에 보이지 않는 많은 것이 있음을 알게 되었다. 동네에 작은 카페를 운영하는 사장님이 있었는데, 그분은 매일 입간판에 손님들을 위한 글귀를 적어두셨다. 그 글귀를 보며 위로를 받는 사람들도 있었고, 그 글귀를 이야깃거리 삼아 사람들이 관계하기도 했다. 사장님은 단순히 커피를 파는 일만 하는 사람이 아니었던 것이다. 글귀를 사유하는 능력, 사람들과 소통하는 능력, 공간을 가꾸는 능력 등 사장님이 하는 일 속에는 이러한 모든 것들이 바탕이 되어 커피 그 이상의 것을 팔고 계셨다. 이런 것을 배우기에 학교는 너무 협소하지 않은가? 단순히 교사와 학생이라는 위계 속에서 교과목을 가르치고 어떤 대학, 어떤 전공을 선택할지 등의 단편적인 삶만을 보여주는 것이 문제이다.

김두환

여러분이 온몸으로 문제를 느끼고 있기 때문에, 그것이 우리 사회가 해결해야 할 숙제인 것이 맞다. 오늘의 청년들은 감각적으로 문제를 인식하고 과거의 방식이 답이 아님을 알고 있는데, 기성세대가 그걸 따라가질 못한다. 지역 격차 문제에 대한 기존의 해결 방식은 부족한 곳에 돈을 주어 똑같이 만드는 것이다. 이 지역에서 사람들이 그동안 어떻게 살았고, 그 삶이 어떤 의미가 있고, 그 의미를 찾아서 지원해주는 방식을 고민해야 하는 것인데 그렇지 않고 평준화하려는 식이다. 지적한 것처럼 제주도에 가서 살고 싶다는 건 서울에 없는 것이 제주에 있기 때문일 텐데. 우리 세대는 다르게 사는 것을 배운 적이 없다. 물론 가르쳐본 적도 없다. 그러다 보니 세상을 협소한 시각으로 보게 만드는 교육을 했다. 무조건 공부해라. 다른 무언가를 상상해볼 틈조차 주지 않았던 것이다. 너무 하나의 길만을 가도록 했다. 그러니 도처에서 경쟁하는 것이 당연하다. 박석준 위원장이 평소 말하듯 경쟁이 나쁜 것은 아닌데, 그게 지나치면 문제가 되는 것이 맞다. 과도한 경쟁은 에너지를 고갈시킨다. 그러니 포기하는 것들이 늘어나는 것이다. 자기 삶을 들여다볼 시간조차 약탈하고, 채근하고, 보챘던 기성세대의 책임이 크다.

박석준

서로 다른 문제를 이야기하는 것 같지만, 하나로 연결되어 있다는 생각이 든다. 그런 단선적인 교육 환경 속에서 석용 님이 '왜 나는 금융 세계에 대해 하나도 모르고 어른이 되었지?'라는 의문을 가졌던 건 필연적일 수밖에 없어 보인다. 그럼에도 불구하고 금융에 대한 청년들의 관심이 날로 늘어가고 있는데, 재테크를 주제로 유튜브 채널을 운영하고 있는 석용 님은 청년 세대의 투자 열풍을 어떻게 보고 있는가?

강석용

청년들이 돈에 대한 투자만을 이야기하고 있다고 생각하지 않는다. 내 채널에서도 투자만을 다루는 것은 아니다. 지난 수요일에 방송 출연을 했는데, 거기서 내게 이런 질문을 했다. "안정적인 직장인의 삶으로 돌아가고 싶지 않나?" 사실 회사에 다닐 때보다 지금의 수입이 적다. 그럼에도 난 지금의 삶이 더 만족스럽다. 회사의 성장을 위한 것이 아니라 나 자신의 성장을 위한 시간을 보내는 것에 대한 만족감이 크기 때문이다. 나에 대한 투자도 투자라고 생각한다. 잠시 이야기가 샜는데, 아까의 이야기로 돌아오면, 기성세대의 성공 방식은 회사의 팽창기에 적용 가능한 시나리오다. 회사가 현상 유지 또는 수축기에 들어섰을 때, 승진할 수 있는 자리는 더 이상 늘어나지 않는다. 오히려 줄어들 가능성이 높다. 여기에 많은 작업들이 자동화되어가고 있다. 회사에서 2년 정도 회로 설계를 컴퓨터로 자동화하는 업무를 맡았다. 언젠가는 회로를 설계하는 사람도 컴퓨터가 대체하겠구나 싶었다. 정년 보장도 담보할 수 없는 것이다. 그럼 부모님처럼 저축이라도 열심히 해볼까? 그런데 지금은 제로금리 시대 아닌가? 내가 다니던 직장이 대기업이었음에도 저축으로 집을 사는 건 불가능에 가까운 것임을 깨달았다. 청년들도 나처럼 느끼고 있는 것 같다. 기존의 방식대로는 기성세대들처럼 살 수 없다. 의식주 중에 주거에 대한 불안이 커지면서 부동산 시장에 많은 사람들이 뛰어들었다고 생각한다. 그런데 앞으로 우린 100세까지 산다고 하지 않나? 그렇다면 나중에는 먹는 것, 입는 것도 제대로 할 수 있을지 알 수 없다. 일자리는 계속해서 줄어들고, 모두가 사업을 통해 큰 수익을 거둘 수 있는 것도 아니기 때문이다. 즉, 노동소득과 사업소득으로는 내 삶을 보장할 수 없으니 자본소득에 청년들이 올인(All-in)하는 것이다. 지금의 투자 열풍은 이러한 맥락으로 해석할 수 있다고 생각한다.

강보배

공감한다. 한편으로 청년들이 기회가 없다고 하는 것은 기성세대와 일자리를 놓고 싸우는 것을 의미하는 것이 아니라, 가치관과의 싸움에서 막히고 있다는 것을 말하는 것 같다. 우리 세대의 가치관이 조직에서, 넓게는 사회에서 받아들여지지 않으니 퇴사, 이직, 프리랜서 되기 등으로 표출되는 것이다. 자유로워지고 싶어서 하는 것이 주식이라는 이야기도 있지 않은가.

박석준

그런 의미에서 니트 청년에 대한 이야기도 안 할 수 없을 것 같다. 사실 니트가 대상인 것인지 상태인 것인지 의미가 모호한 것 같다. 때문에 조심스러움이 있다. 어떤 측면에서는 나 또한 니트일 수 있다. 통계상으로 나는 취업 상태도 아니고, 그렇다고 교육을 받고 있지도 않으니 니트로 분류될 공산이 크다. 그렇다면, 누구나 니트 상태에 놓일 수 있는 것 아닌가?

정서원

석준 님 의견에 동의한다. 글에도 적었지만, 무업 청년들을 만나는 일을 했다. 프로그램 대상이 니트 청년이라 되어 있어서 그런 용어를 쓰긴 하는데, 나 또한 조심스럽다. 과연 니트라 명명되는 청년들은 스스로를 그렇게 받아들일까? 아무쪼록 무업 시기에 놓인 청년들을 만나면서 나는 문제의 심각성을 더욱 절실히 받아들였던 것 같다. 이것은 결코 개인의 힘만으로 해결 가능한 문제가 아니다. 그들의 삶을 바라보면, 평소에 불안도가 굉장히 높음을 알 수 있다. 본인이 노력해온 것이 많을수록, 학력에 대한 성취가 높을수록 더욱 그렇다. 이들이 이루어야 할 어떤 지점은 명확한데, 그것에 도달하는 것은 바늘구멍보다 작지 않은가? 실패를 했을 때 모든 것을 잃었다고 생각하는 경향이 큰 것 같다. 자기 자신이 부정당하는 느낌. 개인이 아무리 노력하려 한들 이런 상황이 바뀌지 않으면 악순환이 반복될 뿐이다. 청년들이 안고 있는 불안도를 낮춰줘야 한다. 다양한 삶의 가능성을 모색할 수 있도록 관계망을 회복시켜주고, 사회적 안전망도 촘촘히 만들어야 한다.

'저항'이라고 말할 수 있을까

박석준

이야기를 나누다 보니까, 한쪽에서는 영혼까지 끌어모아 투자를 하고 있고, 또 다른 한쪽에는 관계마저 포기하고 은둔하는 이들이 있다. 이걸 어떻게 해석해야 좋을까?

강보배

둘 다 저항의 방법인 것 같다. 노동소득으로 자유로워질 수 없다는 사실을 깨닫고 자본소득에 투자하는 것이나, 모든 것을 거부한 채 홀로인 삶을 선택하는 것 모두 기존의 룰을 깨는 저항이라 볼 수 있다. 다만, 둘 다 불안한 상황 또는 상태라는 점이 우려된다. 빚을 내어 투자하는 것이나, 극단적으로 관계를 단절하는 것 모두 위험성이 매우 높다. 그 안에서 적정성을 찾아가는 것이 필요해 보인다. 적은 금액이지만 투자의 경험을 늘려가는 방식이라든가, 감정적으로 힘든 순간이 찾아오면 자체 휴식을 갖는 방식 모두 이 세대가 생존하기 위한 새로운 선택들이 될 수 있지 않은가 생각한다.

강석용

저항의 방식이란 점에 동의한다. 그런데 무엇에 저항하고 있는 것일까? 나는 그것이 양극화라고 생각한다. 불과 몇 년 사이 우리 사회의 양극화 지수가 크게 상승했다. 피부로도 느껴지지 않나? 자고 일어나면 서울의 아파트값이 올라 있고, 주식으로 큰돈 벌었다는 사람들의 이야기가 심심찮게 들려온다. 벼락거지라는 말이 딱 맞다. 그런데 이게 많은 청년들에게 일종의 트라우마가 된 것 같다. 나는 막차를 못 탔구나! 앞으로 방법이 없구나! 그러니 모든 것을 포기하고 줄이는 방식으로 저항하는 것 아닐까? 한편으로 투자에 있어서도 양극화가 나타난다. 전 세계의 자본이 미국 빅테크 기업으로 몰리고 있다. 반면 코스닥은 주춤거리는 양상이다. 거대한 자본의 힘이 걷잡을 수 없는 욕망의 민낯을 보여주고 있다.

정서원

저항이 맞다. 여기서 저항한다는 것의 의미는 우리의 삶 자체가 건강

할 수 없는 지경에 이르렀다는 선언이라고 생각한다. 모두가 지친 것이다. 경쟁은 우리를 기다려주지 않는다. 누구나 무기력한 상태에 놓일 수 있는데, 그걸 회복할 틈도 주지 않고 문제라고 몰아붙인다. 니트가 이슈가 된 것도 기존의 경제적 관점에서 바라봤을 때, 노동시장에 투여되지 않는 청년이 문제이고, 이것이 사회적으로 손실을 발생하니까 해결해야 한다는 사고방식 아닌가? 뭘 자꾸 규정짓고 호명하려 든다. 투자에 관심을 가지는 청년들에 대해서도 "요즘 젊은이들은 놀고먹으려 한다"며 비판하는 목소리를 들었다. 그런데 여기 계신 분들이 지적했듯 노동소득이 더 이상 의미 없다는 것을 깨달은 청년들에게는 투자도 노동으로 여겨지는 것이 당연한 일 아닐까? 기성세대가 보던 노동이라는 가치에 대비하여 노력하는 것이 적다고 이야기하는데, 세상이 달라졌다. 우리 세대는 변화한 사회에 맞춰 치열하게 살고 있는 것이다. 바뀌어야 하는 것은 과거에 머물러 있는 이 사회의 제도이고 구조이다.

강석용

요즘 읽고 있는 책이 있다. 《회계는 필요 없다》란 투자 분야의 유명한 책인데, 내용은 이렇다. 기존의 소위 성공한 투자자들은 재무제표를 통해서 기업 가치를 판단하고 투자를 결정해왔다. 그런데 그 기준에 따르면 엔비디아(NVIDIA), 테슬라(TESLA)와 같은 소위 요즘 잘나가는 기업들이 투자하기에 부적합한 종목이 된다. 한마디로 재무제표와 같은 회계정보가 지금의 투자 환경에서는 유용성이 떨어진다는 것을 지적하고 있는 것이다. 세상은 빠른 속도로 변화했는데, 우리는 여전히 제조업 바탕의 산업 시대를 기준으로 만들어진 표를 보고서 우리의 상상력을 재단하려고 있지 않나? 그러니 설명이 안 되는 것들이 생겨나는 것 같다. 서원님 이야기를 듣다 보니 생각이 났다.

강보배

'회계는 필요 없다'란 이야기가 기존의 낡은 체제로부터 벗어나야 한다는 것을 이야기하는 것 같다. 그런데 우린 과거의 룰이나 가치관을 배워오지 않았나? 우리 교육은 과거 중심적인 성격을 가지고 있다. 미래 지향적으로 변화해야 할 필요성이 있다.

김두환

여러분의 입을 통해 현장의 생생한 이야기를 들으니, '내 판단이 틀리지 않았구나'란 안도감과 함께 답답한 마음이 든다. 서원 씨의 판단이 적확하다. 기성세대가 해야 할 일은 젊은 세대의 가치관을 추격하고 그에 맞게 제도를 바꾸는 것이다. 보배 씨가 지적한 교육제도를 포함해서. 그런데 이들이 변화를 잘 모른다. 나 또한 몰랐다. 우리 때는 고등학교를 졸업한 사람이 50%가 채 되지 않았다. 대학을 졸업해 나온 사람의 비율도 대략 20%를 넘지 못했다. 그때는 좋은 일자리가 고등교육을 마친 사람들에게 돌아갔다. 그런데 지금 청년들은 열 명 중 여덟 명이 대학을 나왔고, 100%에 가까운 친구들이 고등학교 학력 수준을 갖췄다. 이 모든 이들에게 양질의 일자리가 돌아가는 것은 불가능에 가깝다. 그 어떤 고도화된 사회도 80%라는 다수에게 상향평준화된 일자리를 제공할 순 없다. 거기에 인공지능이 일자리를 줄여가고 있지 않나? 노동시장에서의 이중의 고통이 청년 세대를 짓누르고 있다. 이것을 나는 학습을 통해 깨달았는데, 청년들은 온몸으로 부딪혀 알고 있구나!

강보배

말씀처럼 단일한 생애 경로는 과포화 상태이다. 이건 경쟁이라 말하기도 어려운 상황이다. 이제는 다양한 삶의 경로를 만들어주어야 한다. 세상의 변화에 발맞춰 다각도로 삶을 모색할 수 있도록 해야 하는 것이다. 시장의 차원에서도 그것이 블루오션이다. 그러기 위해서는 교육이 먼저 바뀌어야 한다. 요즘 교육계에서 대안으로 제시되고 있는 것이 '지역사회와 연계한 교육'이다. 맞는 것 같다. 사실 지역에 살고 있다고 해도, 공동체와 연결되지 않으면 지역을 온전히 누리고 살 수 없다. 재밌는 예를 하나 들면 제주에서 인터넷으로 감귤을 구매하면 가장 비싼 감귤을 먹을 수 있다고 한다. 서울로 보내진 감귤을 다시 제주로 택배 보내기 때문이란다. 지역사회와 연결되어 있을 때, 비로소 지역이 내게로 온다. 내가 발 딛고 있는 지역과 호흡할 수 있는 교육이 이뤄질 수 있길 바란다.

박석준

자연스레 교육과 관련한 이야기로 넘어온 것 같다. 다른 두 분도 글에서 우리 교육에 대한 아쉬움, 변화의 필요성 등을 언급하거나 문제의식을 공유해주셨는데, 구체적인 생각을 듣고 싶다.

강석용

이 부분에 있어서만큼은 확고한 내 생각이 있다. 금융 교육이 반드시 필요하다. 좌담 시작부터 말했지만, 나는 대학을 졸업하고 회사를 가고 나서도 한동안 제대로 된 금융 상식을 알고 있지 못했다. 그런 것이 있는 줄도 모르고 살았다는 말이 더 맞겠다. 왜? 학교에서 안 가르쳐 주었으니까. 투자를 어떻게 하는지 몰랐단 이야기가 아니다. 기업의 가치는 어떻게 매기고, 부동산의 가치는 어떻게 따지는 건지, 세금은 어떻게 책정이 되고, 성실납세를 하면서도 합법적 절세를 하는 방법은 무엇인지. 배워본 적이 있나? 많은 사람들이 공감할 것이라 생각한다. 한 가지 더 꼽자면 조금 더 창의적이고 능동적으로 살아갈 수 있는 힘을 길러주었으면 한다. 아무리 인공지능이 발달한다고 하더라도, 인간을 대체할 수 없는 것이 바로 창의성의 영역이라 생각한다. 그런데 우리 교육은 창의성과는 거리가 멀지 않은가? 오지선다형 시험문제 풀이로는 미래를 준비할 수 없다.

정서원

석준 님이 본인도 니트라고 하는 이야기에 공감이 되었다. 나는 현재 무소득자이며, 앞으로 취업할 생각이나 계획이 없다. 영끌 투자도 나와는 관계없겠단 생각이고. 이러한 나를 보여주는 것도 내가 살아가는 방식이라 믿는다. 그런데 나는 놀고 있지 않다. 앞으로도 마냥 놀진 않을 것이다. 석준 님도 그렇지 않은가? 바쁜 니트족인가? (웃음) 옛날에는 직업이란 걸 크게 나누지 않았는데, 산업사회로 넘어오면서 역할에 따라 일자리를 구분하기 시작한 것 같다. 농사짓는 사람은 철학자이자 술 빚는 사람이고, 과학자이자 노래하는 시인이었다. 그 것이 구조화되고, 기계화되면서 역할을 나누었을 뿐이지 우리 삶이 본질적으로 그렇게 쪼개져 있지 않았다. 그 사실은 지금도 변함이 없 는데, 우리는 우리 삶의 중요한 것들을 충분히 배우고 가치를 나누며 살아가고 있지 못한 것 같다. 오로지 하나의 삶을 강요받다 보니, 조 금이라도 어긋난 사람들을 보면 이상하다고 하는 것이다. 시험에서 통과하는 삶, 노동시장에서 성공하는 삶 말고도 다양한 경로의 삶을 보여주는 것이 교육이 되어야 하지 않을까?

박석준

서원 님, 응원합니다! 그렇게 이야기해주시니, 저도 꽤나 괜찮은 삶 을 살아온 것 같아 마음 한 켠이 훈훈해지네요. 사실 저는 제 소개를 할 때 가장 난감한데, 제가 하는 일을 딱 한 단어로 규정할 직업이란 것이 없어요. 십여 년의 활동을 해왔는데 저희 부모님은 아직도 제가 무슨 일을 하는지 모르세요. (웃음) 그런데, 그런 나의 활동을 인정해 주고 이해해주는 사람들이 있어서 지치지 않고 오늘까지 이 자리를 지킨 것 같습니다. 이런 삶도 나쁘지 않아요. 서원 님의 선택을 지지 하고 환영합니다. 그리고 함께해준 모든 분들 감사합니다. 우리 모두 의 삶을 응원하면서 오늘 좌담을 마무리할까 합니다.

김두환

마무리가 아름답네요, 그러고 보니, 이 중에 유일하게 회사를 다니고 있는 사람입니다. 확실히 트렌드에서 밀리는 느낌이네요. (웃음) 오늘 여러분들과 함께 나눈 이야기를 바탕으로 제 나름대로 글을 잘 정리해보도록 하겠습니다. 저 또한 여러분을 응원합니다.

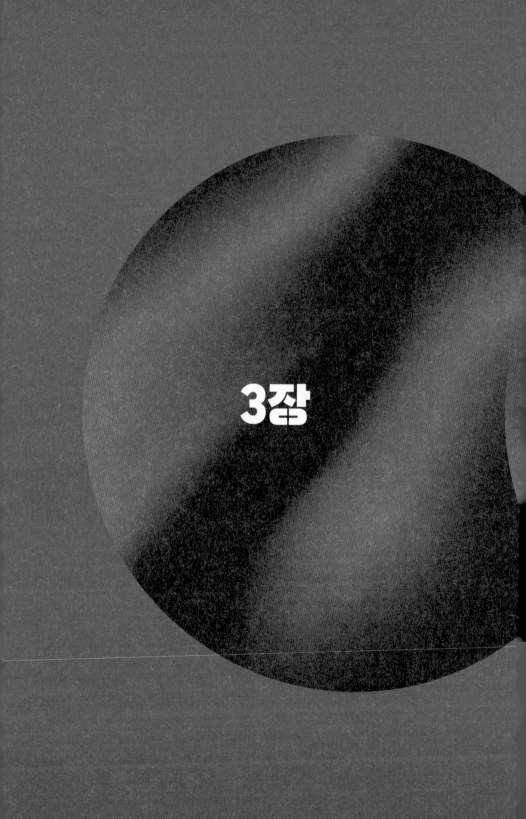

3장

초대장을
받았습니다

통계로 보는
청년의 삶

김두환

인구와 청년의 정치적 힘

우리는 흔히 인구위기를 저출생, 노령화, 수도권 집중으로만 이해한다. 하지만 과연 그럴까? 아래 〈그림 1〉[1]을 보자. 1960년 한국에서 인구는 0세의 비중이 가장 컸다. 평균연령은 23.1세. 2020년에는 0세의 비중이 제일 작다. 평균연령은 42.8세. 60년 동안 일어난 변화다. 2040년에는 18세 비중이 제일 작지만 0세와의 차이는 무시할 수 있는 수준이다. 중요한 것은 0세에서 19세까지 인구비중이니까. 평균연령은 51.4세.

평균연령이 높다는 것은 인구구조에서 노령인구 비중이 커진다는 뜻

---

1   자료: https://sgis.kostat.go.kr/jsp/pyramid/pyramid3.jsp

그림 1. 인구구조 변화와 청년 유권자 비중 축소 (2040년은 중위 추계)

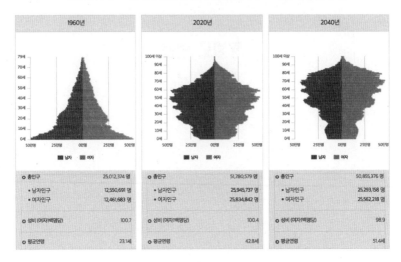

이다. 60년(1960–2020) 동안 19.7년 올라갔는데 앞으로 20년(2020–2040) 동안 9.6년이 높아진다. 노령인구 비중 증가에 가속이 붙는다. 그 결과는 2020년의 20대 청년들이 40대가 되어도 평균연령대에 도달하지 못한다는 뜻이다. 인구의 크기는 정치에서 매우 중요하다. 왜냐하면 인구규모는 유권자 규모이기 때문이다. 1960년대에 태어난 세대가 누리는 정치적 힘의 비결 중 하나가 바로 인구규모다. 20년 후, 2040년의 70대가 그들이다. 70대가 되어도 이들이 누릴 정치적 힘의 크기가 만만치 않다.

아래 〈그림 2〉[2]는 2020년 19–34세 인구수를 5년 단위로 보여주고 〈그림 3〉[3]은 향후 동일한 연령집단의 인구 감소에 대한 전망을 보여준다. 〉19–34세 청년층은 20년 후인 2040년 현재보다 430만 명이 줄어들 것

---

2   김형주 · 연보라 · 배정희(2020), 「청년 사회 · 경제실태 및 정책방안 연구Ⅴ」, 한국청소년정책연구원 연구보고 20–R06, 110쪽.

3   같은 책, 119쪽.

그림 2. 청년층 인구수 (단위: 만 명)

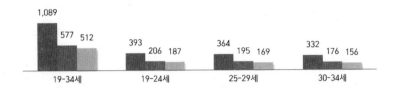

■전체 ■남 ■여

그림 3. 청년층 인구전망 (단위: 만 명)

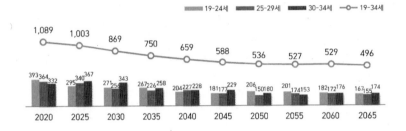

으로 전망되고 있다. 2008년생 자녀를 둔 나도 이러한 추세에 가슴이 답답해진다. 우리 아이는 과연 나와 같은 정치적 효능감이 가능한 세상을 살 수 있을지 걱정이 앞서기 때문이다. 유권자로서 나는 선거에서 내가 선택한 정치인이 대통령으로, 국회로, 지방정부의 수장으로 지역의회 의원으로 그리고 교육감으로 당선되어 내 생각과 삶에 희망을 주는 정책을 실행해주는 것을 경험했다.

노동시장에서 작동하지 않는 학력성취: 이중의 고통

한국 사회는 변화의 돌풍에 휩싸여 있다. 그 변화의 돌풍이 일으키는 위기감을 구성하는 주요한 세 가지는 인구위기, 4차 산업혁명의 인공지능자동화가 몰고 온 일자리 불안, 이상기후를 포함한 환경재난이다. 이 모두가 청년의 삶에 커다란 위험이다. 그중에서 청년의 현재와 미래의 삶에 정해진 상수는 유권자 규모로 대표되는 청년세대의 정치적 힘일 것이다. 물론 세대로 한국 사회의 구성원의 성격을 나누는 방식은 문제가 있다. 왜냐하면 그것은 세대 내부의 다양성에 주목하지 않기 때문이다. 그래서 청년세대의 내부를 살펴볼 필요가 있다.

우선 학력성취와 성별 차이를 보자. 〈그림 4〉[4]는 2020년 OECD 회원 국가들 사이의 고등교육 이수자 비중을 청년층 대 장년층, 그리고 성별로 나누어 보여준다. 우측 끝이 한국이다. 한국은 청년층(25-34세) 대비 장년층(55-64세) 고등교육 이수자 비중의 차이가 OECD 회원국 중에서

그림 4. OECD 회원국의 고등교육 이수자 인구: 세대별 성별 비중 비교(OECD)

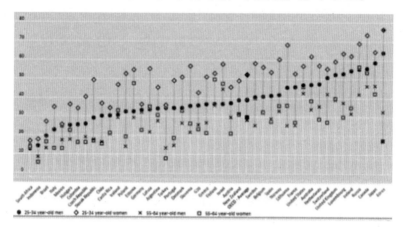

4   OECD(2022), Population with tertiary education (indicator), doi: 10.1787/0b8f90e9-en (Accessed on 18 January 2022)

가장 크다. 통상은 연령집단만을 비교하지만 〈그림 4〉는 성별 비교를 포함한다. 한국뿐만 아니라 다른 국가들도 청년층 여성의 고등교육 이수율이 남성에 비해 높다. 한국의 청년(25-34세) 여성 76.4%, 남성 64.0%가 고등교육 이수자이다. 8.4% 포인트의 차이다. 장년층(55- 64세)은 남성 32.8%, 여성 17.5%가 고등교육 이수자다. 한국에서 여성의 고등교육 이수율이 남성에 비해 높아진 것은 그렇게 오래된 일이 아니다. 2020년을 기준으로 34세에 이른 청년층의 제일 선배들이 대학에 입학할 즈음이었다. 이 또한 현재의 청년들이 살아가는 사회적 삶의 풍경에 영향을 주고 있을 것이다. 왜냐하면 오랜 세월 여성은 한국 사회에서 차별의 대상이었다. 내가 대학을 졸업할 즈음에 기업의 신입사원 모집요강은 지원요건에 군필자라는 단서가 붙어 있는 경우가 허다했다. 이것이 여성을 향한 차별이 아니라면 무엇이 차별이겠나? 부끄러운 이야기지만 당시의 나도 이 문제에 대한 심각한 고민을 했던 기억이 없다. 아마도

그림 5. 고등학교와 고등교육의 취학률 (1980-2020) (자료: e-나라지표)

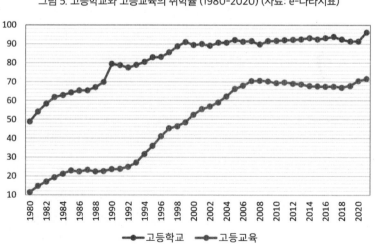

차별의 대상이 아니었기 때문이었을 것이다.

한국에서 교육의 팽창과 관련한 이야기는 흔히 진학률의 변화를 중심으로 말해진다. 하지만 진학률은 아래 단계 교육의 이수를 전제로 하기 때문에 같은 해에 태어난 동년배 중에서 얼마나 특정 단계의 학력성취를 이루었는지 파악할 수 없는 문제가 있다. 고등교육은 특히 더 그렇다. 그래서 필자는 〈그림 5〉에 지난 40년간 동년배 학령인구의 고등학교 및 고등교육 이수율을 나타내는 취학률을 제시한다. 전문대학을 포함한 고등교육 취학률은 1980년 11.4%에 불과했다. 30%를 넘긴 건 90년대 중반이나 되어서다. 1980년 고등학교 취학률은 동년배 전체의 반에도 못 미치는 48.8%였다. 2020년 기준 만 34세인 청년은 1986년생으로 대학에 입학한 해는 대개 2005년이다. 그리고 그 3~4년 후배들이 고등교육 취학률에서 정점에 이른다. 앞으로 3~4년 후까지 한국 청년층(25-34세)의 고등교육 이수율이 상승할 것으로 보이는 이유다.

그런데 이들은 참으로 어렵다. 고등교육을 받았다는 사실이 과거와 비교해 노동시장에서 좋은 일자리를 얻을 수 있는 유효한 신호가 아니기 때문이다. 한 국가의 고등교육 취학률이 70%를 넘어선다는 것은 전체 사회 차원에서 그 교육비용을 감당할 수 있기 때문이다. 더구나 우리 고등교육은 다른 선진국에 비해 그 교육비용에서 사적 부담률이 높다는 것을 고려하면 한국인들의 교육열이 중요한 기여를 했다고 할 수 있다. 더구나 1980년 한국의 인구는 약 3,812만 명이었지만 2020년 한국의 인구는 약 5,178만 명에 달해 약 1,365만 명이 증가했는데 20대 초반에 노동시장에 참여하지 않고 학교에 다니는 인구비중이 과반을 훨씬 넘는 것은 한국 사회가 전체적으로 이들의 교육비용을 감당하며 국민경제를 지속할 수 있는 경제력을 가진 곳이 되었다는 뜻이다.

문제는 이들이 교육을 마치고 성취한 학력에 맞는 좋은 일자리는 더 늘지 않았거나 심지어 줄고 있다는 사실이다. 첫째는 과거에 비해 양적으로 급격하게 팽창한 고등교육 이수자의 수만큼 좋은 일자리가 늘지 않다 보니 좋은 일자리를 향한 경쟁이 격화된 것이고 둘째는 인공지능 자동화로 그러한 일자리가 빠르게 줄고 있는 추세라는 것이다.

〈그림 6〉[5]은 우리 제조업이 GDP에서 차지하고 있는 비중이 증가해온 추세를 보여준다. 그런데 〈그림 7〉[6]을 보면 2000년대 중반에 이르러 제조업의 취업자 수가 하락하는 양상이 보인다. 우리는 이제 독일, 일본과 어깨를 겨루는 첨단 하드웨어 제조업국가다. 그렇게 성장해온 역사에서 질 좋은 일자리는 제조업이 많이 창출해왔다. 그것은 우리의 세계적 명성을 가진 제조업 기업들의 규모가 커지면서 관리사무직의 수요가 많아지면서였다. 그런데 인공지능자동화의 영향이 제일 큰 곳이 바로 이들 제조업이다.

그래서 아래처럼 최근 한국에서 대졸자의 임금 프리미엄이 지속해서 하락하고 있는 것이다. 여전히 일부 이공계열 대졸자의 임금은 매우 높다. 대개 어려운 전공 분야는 인문사회계열 졸업자이다. 그러한 경향은 대졸자가 누리는 임금 프리미엄의 평균에 나타난다. 〈그림 8〉은 외환위기 직후인 98년부터 2019년까지 그 추세를 보여준다. 이 기간 동안 일반대학 졸업자의 임금 프리미엄이 제일 컸던 때는 2007년(고졸자 대비 177%)으로 이른바 서브프라임 모기지 사태로 시작한 2008년 세계경제

---

5 국회예산정책처(2020), 『지속성장을 위한 산업구조변화 대응전략』, 4쪽.

6 한국고용정보원(2020), 『기술혁신이 고용구조 변화에 미치는 효과』, 70쪽.

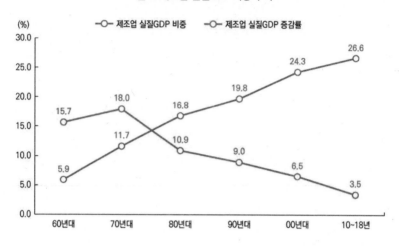

그림 6. 제조업 실질GDP 비중 추이

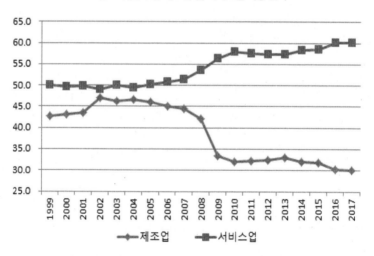

그림 7. 취업자 중 제조업 및 서비스업 비중 변화

대침체(Great Recession)가 발생하기 직전 해이다. 2008년 세계경제 위기로 급락했던 4년제 대학 졸업자의 임금프리미엄은 고졸자 평균의 167%까

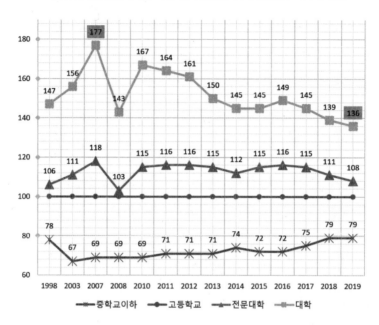

그림 8. 학력별 임금격차 추이 (고졸=100, 25-64세 성인인구: e나라지표)

지 회복했으나 이후 지속적으로 하락하여 2019년에는 136% 수준이다.
필자가 알고 있는 한 1971년 이후 최저수준이다.

1975년부터 1987년까지 일반대학 졸업 이상 학력자의 임금 프리미엄
은 고졸자 대비 200%를 상회했다.[7] 그런 대졸자 노동시장의 특혜를 경
험하거나 옆에서 지켜본 한국의 가족들은 대학 진학에 대한 열망이 극
대화되었던 것이다. 당연히 당시를 경험한 청년들이라면 내 자식은 대
학을 졸업해야 한다는 열망을 가질 수밖에 없었을 것이다. 그러니 그럴

7   Chang, Kyung–Sup, 「South Korea Under Compressed Modernity: Familial Political Economy in
Transition」, Routledge, 2010, p. 47 참조.

여유가 없는 중하층 이하 부모들도 자식을 위한 고등교육 투자에 적극 참여하면서 전문대를 포함한 고등교육 취학률이 70%를 넘나든 것이 2007년경부터이니 대개 현재의 청년들이 그들이란 뜻이다.

하지만 이러한 열망은 배신당할 수밖에 없는 것이었다. 공급이 많아지면서 임금이 낮아지게 되었기 때문이다. 역설적이지만 그래서 기업이 사적 개인들과 가족들이 행한 교육투자에 대한 증가의 혜택을 가장 많이 누리는 결과를 만든다. 싼 임금으로 대졸자를 고용할 수 있게 되었으니 말이다. 하지만 현재의 청년층은 그러한 공급 증가에 의한 어려움에 더해 인공지능자동화의 진척으로 그나마 있던 좋은 일자리가 사라지는 이중의 고통에 놓여있는 상태다. 즉, 국민 전반의 교육 수준이 올라갔다고 노동시장의 보상이 상향평준화될 수 없는 사회경제적 변화는 쉬지 않고 일하는 무선충전 로봇기술의 수준까지 진행되고 있다.

희망의 끈은 없나?

최근 청년들이 노동을 통해 소득을 올리는 것보다 투기에 가까운 투자에 높은 관심을 가졌다는 조사가 많다. 〈그림 9〉도 그중 하나다.[8] 이 조사에서 청년은 청년기본법에 따라 19-34세다. 이 결과를 다양하게 해석할 수 있지만 우선 이 연구에 참여한 사회학자 임동균 교수의 말을 들어보자.[9] 임 교수는 우선 최근 청년층을 공정의 세대로 보는 시각에 반대한다. 그는 그림에 드러난 청년층을 상실의 세대로 파악한다. 그러면

---

8   그래픽 출처 〈https://news.kbs.co.kr/news/view.do?ncd=5218373〉. 본 조사는 2020년 5월 KBS가 실시한 〈세대인식 집중조사〉이다.

9   임동균(2021), 「청년세대의 인식과 성향」, 열린정책 통권 제10호.

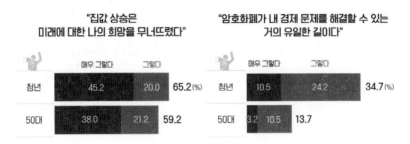

그림 9. 청년층의 집값 상승에 대한 인식 및 암호화폐에 대한 태도

서 조사 결과가 보여주는 것이 청년의 불안과 좌절이라고 말한다. 그래서 임 교수는 이러한 조사 결과를 가지고 청년층을 물질주의적이라고 칭하지 말고 청년층 내부의 다양성을 보라고 요구한다. 그렇게 하려면 우리는 청년층을 볼 때 세대적 정체성을 따지는 것이 아니라 청년층이 마주한 문제에 집중해야 할 것이다. 그렇게 해야만 폭증하고 있는 청년층 세대담론이 존재하지도 않는 차이 또는 특성을 가지고 단정적 세대론을 주장하는 것을 피할 수 있기 때문이다.

〈그림 9〉과 같은 조사 결과를 놓고 청년층이 50대 장년층보다 더 물질주의적 가치를 가진 것으로 쉽게 단정하는 것이 바로 청년층이 마주한 문제에 대한 이해의 부족이다. 그 때문에 청년층을 옭죄고 있는 사회구조적 상황은 제쳐두고 그 불만(예컨대 집값 상승에 대한 응답)을 과장되게 해석하여 마치 세대 자체의 특성인 양 들씌워 세대 간 정치적 갈등으로 만드는 담론이 지금 우리 사회에서 벌어지고 있다. 문제는 이러한 담론에 정작 청년은 없다는 것이다. 정작 청년은 없이 사회적, 정치적 갈등을 조장하여 자신들의 정치적, 사회적 이해관계에 세대론을 이용하는 기성세대는 이들을 약탈하고 있는 것이다.

이러한 약탈적 세대론은 우리 사회의 소수 지배 엘리트의 논리인 위계적 차별과 그에 따른 보상을 정당화하는 데 이용되고 대중의 실제 상황을 왜곡하여 수용하게 만드는 심각한 문제가 있다. 격화된 경쟁은 과연 청년의 문제인가? 자동화로 사라지는 질 좋은 일자리를 차지하지 못한 청년의 좌절은 공정한 결과인가? 이러한 이중의 첨예화한 경쟁에서 밀려난 누군가를 노력하지 않았다거나 능력이 부족하다고 할 수 있나? 그럴 수 없음에도 그들이 처한 불평등을 개인의 탓으로 돌리는 논리가 사회적으로 횡행하고 있는 것이다.

　앞에서 필자는 고등교육에 대한 대규모 참여가 가져온 사회학적 역설, 즉 경쟁의 격화로 혜택을 본 것은 교육투자를 한 사적 개인이나 가족이 아니고 기업이었음을 언급했다. 그런데 이것이 과연 우리에게 독이기만 한 것일까? 약으로서 효능은 없을까? 그럴 리가 없다. 분명 약의 효능이 있다. 필자가 보기에 현재의 청년층이 가진 높은 문화적 역량이 그것이다.

　코로나를 겪는 와중에 우리는 한국계 미국인 정이삭 감독의 영화 〈미나리〉에 출연한 한국의 노장 배우 윤여정이 2020년 봉준호 감독의 '기생충'에 이어 아카데미상을 받는 기염을 토해내는 것을 목격했다. 한번은 사건이지만 이어지는 유사한 사건이 일어나면 그것은 어떤 현상이된다. BTS를 비롯한 K-pop 그룹의 성공과 〈오징어 게임〉, 〈지옥〉 등의 한국 드라마가 이어져 성공을 이루는 것 또한 사건이 아니라 어떤 현상을 만들어내고 있다. 그 강력한 증거는 미국, 영국, 독일, 프랑스 등 이른바 대표적 서구 선진국들의 유력 신문들이 한국 문화 특집을 대서특필하고 있는 것이다. 미국의 할리우드 감성 내지는 스타일이 아니라 한

국적 감성, 한국적 스타일의 대중문화 콘텐츠가 세계적 규모의 담론을 만들어내기 시작한 것이다.

이 와중에 김구 선생의 《백범일지》 중 '나의 소원'에서 '내가 원하는 우리나라'가 '짤'로 만들어져 소셜미디어를 통해 급속하게 퍼지기도 했다. 1947년 해방 직후 백범선생이 원한 우리나라는 '아름다운 나라'다. 그것은 '높은 문화의 힘'으로 가능한 나라다. 김구 선생께 문화의 힘은 우리 자신을 행복하게 하는 것을 넘어 남에게도 행복을 주는 것이기 때문이다. 물질적 부 또는 군사적 힘과 다른 것이다. 게다가 1947년, 아직 대한민국 정부가 만들어지기도 전에 김구 선생은 '개인'의 자유를 극도로 주장할 것을 말한다. 하지만 그가 말하는 것은 이기적 욕심을 채우는 자유가 아니다.

그는 꽃을 꺾을 자유가 아니라 심을 자유를 말한다. 놀랍게도 김구 선생께서는 최고의 문화로 인류의 모범이 되는 나라의 길은 자유의 나라를 건설하고 그것을 교육하는 데 달려있다고 보았다.

내가 있는 연구실 건물과 마주하고 있는 초등학교 교문에 "멋진 나를 만드는 즐거운 배움터"라고 쓰여 있는 현수막이 걸려 있다. 충효를 배우고 국가의 번영을 위한 산업 역군이 되기 위해서 학교를 다닌 산업화 시대는 저문 지 오래다. 멋진 나를 만들러 학교에 가는 미래세대의 시대인 것이다. 안타까운 것은 기성세대가 물꼬를 확 열어제치지 않는 것이다.

현대의 개인은 '사적 자율성'의 영역을 바탕으로 하는 '사회적' 삶을 원한다. 이 사적 자율성과 사회의 지지와 성원이 미래세대가 원하는 것이다. 미래세대는 그렇게 살아가는 법을 배우는 자유의 기량을 닦아 멋진 나를 만드는 존재라는 점에서 도시국가 폴리스의 공적 활동에 참여할 자유를 누린 고대 그리스 사회의 시민과는 질적으로 구분된다.[10] 서구의 르네상스가 내세운 인본주의의 개인은 서양 고대사회에서 공적영역에 참여할 자유를 누린 시민을 이상으로 내세운 것이었다. 하지만 서양의 근대 사회가 발명한 개인과 그 자유는 사적 개인의 사생활(privacy)을 제도로서 보장한다는 면에서 서양 고대의 시민적 자유와 분명하게 구별된다. 그래서 우리의 멋진 미래세대는 공적 영역과 사적 영역의 통합을 원하지 않는다. 느슨한 연대에는 적극적이다. 멋진 나를 추구하고 공동체는 그것을 지지하는 역할을 해주길 바란다.

과학기술의 진화로 자동화 생산을 전면화하고 있는 자본주의 덕에 우리는 더 이상 소득 경쟁만을 목적으로 하는 소외된 노동에서 풀려날 수 있는 시대의 문턱에 도달했다. 우리도 그 문턱을 넘어서고 있다. 벌써 40년 전에 프랑스의 지성 앙드레 고르가 한 말이다.[11] 그의 책이 프랑스어로 출간된 해는 1980년이다. 그 문턱에서 고르는 이렇게 말한다.

"자율성의 영역이 확장되는 일은 자유시간의 경우보다 훨씬 더, 친근감을 주는 도구들의 성격과 긴밀한 연관을 맺는다. 그렇기 때문에 개인들이 미학적 가치나 이용가치를 얻을 수 있는 모든 것을 만들거나 생산할 수 있도록, 그런 도구들을 자유롭게 이용할 수 있어야 할 것이다. 아파

---

10   물론 현재의 청년세대가 제도교육에서 그렇게 학습하고 성장했는지 질문을 받으면 아니라고 답할 것이다. 그럼에도 불구하고 현재의 청년세대 또는 조금 더 앞선 선배 세대, 즉 40대의 일부까지에서 그러한 긍정적 에너지가 사회적 현상의 수준에서 분출하는 첫 세대임은 분명하다. '나'의 목소리와 개성을 중시하며 자신만의 고유한 삶을 추구하는 경향이 사회적으로 이슈가 되는 차원에서 볼 때 그러하다. 수많은 우리 언론이 특집으로 기획하고 보도하는 소위 MZ세대론이 그 증거가 아니면 무엇이겠나. 참고로 필자는 이러한 세대론에 긍정적이지는 않다. 근대사회 이래로 서구에서도 한국에서도 개성을 중시하는 개인들은 끊임없이 있어왔다. 하물며 19세기 영국에서 존 스튜어트 밀(Mill)도 몰개성화를 우려하여 《자유론(On Liberty)》 썼다.

11   고르(A. Gorz), 《프롤레타리아여 안녕》, 이현웅 역, 생각의 나무(2011), 118쪽.

트, 구, 시, 읍, 면에, 개인들이 상상력을 좇아 무언가를 수리하고 자율적으로 제작할 수 있는 아틀리에를 만들 필요가 있다. 도서관, 음악실, 영상실도 마찬가지다. 라디오와 텔레비전은 "즉석에서 만든 프로그램"을 내보낼 수 있어야 하고, 짧은 여행과 커뮤니케이션 활동과 자율 물물거래를 할 수 있는 공간도 있어야 한다."

어떤가? 우리 청년문화는 이미 고르가 말하는 자율성의 영역을 상당 부분 실현하고 있지 않나? 최근 서울의 한 기초자치구 문화재단과 중부 지방의 기초자치 시·군에서 일어나고 있는 다양한 문화예술 공간의 확장을 관찰할 기회를 가졌다. 고르가 말하는 자율성의 영역이 매우 빠르게 성장하고 있었다. 그것은 노동시간의 감소가 단지 휴식을 위한 자유 시간의 증가만이 아니라 예술적 자기고용의 가능성으로 전환되어 가는 중이라는 웅변이었다. 그것은 우리의 사회적 삶이 소외된 노동이 아니라 자기창조의 시간으로 채워지며 미학적 열중을 기반으로 하는 예술적 자기고용의 가능성을 높이는 방향으로 열리고 있다는 증거였다. 이러한 동향은 오래 되지는 않았지만 몇 해 전부터 행정안전부, 교육부, 중소벤처기업부, 문화체육관광부 등 중앙정부 부처의 지원사업과 광역 및 기초지방정부, 교육청 등이 이러한 사업들에 뛰어들고 있는 점에서도 뚜렷하다.

사회학자 김홍중은 해방 이후 지난 세기 내내 우리 사회를 지배했던 가치를 '생존주의'라고 진단한다. 생존을 중심에 둔 그것은 "다른 어떤 과제들보다 더 중요하고, 시급하며, 우선적으로 해결되어야 한다는 점에 대하여 특정 사회적 단위(개인, 가족, 조직, 집단, 민족, 국가)가 공유하고 있는 집합심리(mentality)와 그런 심리구조를 구성하고 생산하는 사회제도와 통치성(governmentality)의 앙상블"[12]이었던 것이다. 그러다 보니 생존이라는 중심적 가치에 적합하지 않은 마음과 의지를 가진 사람들은 우리 사회체계 안에서 주목받을 수 없었고 배제되었다. 그렇게 우리는 너무나 물질적 성장을 희구했고 온갖 노력과 희생을 딛고 물질적 성공을 이루었다. 하지만 그렇게 성공을 이루었음에도 아주 최근까지도 우리는 물질적 생존주의 가치의 한계에 갇혀 새로운 지식문화사회로의 질적 전환을 해내지 못하는 상황에 있었다. 지금 청년들이 미래를 걱정하고 불안의 정도가 심해지는 데에는 그러한 한계에 갇힌 미래담론을 가지고 대중을 위협하는 일부 상업적 지식인들이 쏟아내는 과장된 정보들이 넘쳐나는 것의 책임도 있다.[13]

그런데 다행스럽게도 탈물질적 가치를 추구하는 새로운 동향이 우리 사회에 점점 커지고 있다. 흥미로운 것은 그 바람이 지역에서 시작되었고 지역 문화를 기초로 출발했다는 것이다. 과거에도 중심부의 인재가 지역으로 간 적이 있다. 대개 그것은 낙후한 지역을 돕는 계몽적 목적이 주였다. 하지만 최근의 새로운 동향인 이른바 로컬크리에이터 또는 지역 창업가들은 새로운 경제적 기회를 찾고 만들어간다. 특히 우리가 주목할 것은 이들이 대개 젊은 청년들이고 발굴하는 경제적 기회가 지역의 문화와 긴밀한 연관을 가진다는 점이다. 당연히 그들도 소득에 관심이 가진다. 하지만 이들이 다른 것은 '하고 싶은 일'을 '살고 싶은 곳'을 찾아가 자기다움을 추구하는 방식으로 삶의 방식을 바꾸어가고 있다는

---

12   김홍중(2017), 「생존주의, 사회적 가치, 그리고 죽음의 문제」, 사회사상과 문화, 246–247쪽.

13   MZ세대 청년문화의 본질에 경제적 안정 있다는 것은 명확하지만 그게 다가 아니라는 것을 역설하는 모종린의 주장을 〈https://brunch.co.kr/@riglobalization/344〉에서 참조.

점이다.[14]

한때 우리 사회에 선풍을 이끈 유홍준 교수의 《나의 문화유산 답사기》의 초판 서문은 "우리나라는 전국토가 박물관"이라는 문장으로 시작한다. 그리고 그는 서문에 셋째 쪽에 예술을 감상하는 묘책이 아는 만큼 느끼고 느낀 만큼 보인다고 쓰면서 이러한 노력을 가능하게 하는 것은 조선시대 한 문인의 말을 인용하여 "사랑하면 알게 되고 알면 보이나니, 그때 보이는 것은 전과 같지 않을 것"이라고 했다.

하지만 필자는 그 시대와 달라진 것이 있다고 본다. 유홍준 선생의 책은 가치 문화유산 답사의 바람을 일으키면서 아름다운 문화유산 주변의 상업화의 부작용을 낳기도 했지만 그것은 문화의 생산에 참여하는 것은 아니고 박물관이라는 말이 암시하듯이 그것은 관람이었다. 하지만 지금 불고 있는 바람은 참여의 바람이고 그것은 문화에 대한 감상을 넘어서는 창조와 생산의 바람이다. 글을 쓰고 있는 2021년 2학기에 내 강의를 수강한 20대 초반의 학생이 쓴 문장이 그렇다. 청년이 처한 비관적인 사회경제적 상황을 중심으로 청년세대론이 넘쳐나지만 '그 속에서 청년은 해석의 대상이 되는 객체로서 다뤄지고 있다'면서 이 학생은 '이는 청년들에 대한 기성세대의 약탈을 허용하는 것'이라고 일갈한다. 많은 정치인들이 '청년들을 위해 이들이 살기 좋은 나라를 만들겠다'고 하지만 정작 정책 결정 과정에 참여해 청년의 목소리가 반영될 기회가 부족하니 청년들을 비롯한 시민들이 정치 과정에 참여할 수 있는 통치구조의 개편을 주문한다.

---

14 이런 동향에 대한 자세한 정보는 http://belocal.kr/을 참조. 책으로는 수없이 많지만 모종린, 《머물고 싶은 동네가 뜬다》, 알키(2021)를 참고.

한국의 정치, 사회, 경제 및 문화 영역의 지도자들이 이와 같은 청년 세대가 보여주는 긍정적 에너지와 그 문화적 역량을 맘껏 펼칠 수 있는 길을 찾는 데 힘을 모을 수 있는지 여부가 한국의 미래를 결정할 것이다. 인구구성에서 청년층의 감소를 청년세대의 정치적 미래에 연결하여 보는 것과는 좀 다른 일이다. 왜냐하면 청년층 규모의 축소는 이미 정해진 일이라 어찌할 도리가 없지만 위 단락에 나타난 학생의 주장처럼 참여의 기회를 확대하는 다른 길은 가능한 일이기 때문이다.

　사실 지금 취업의 곤란이 가중되는 청년들은 인문사회계 졸업자들이다. 하지만 최근에 불고 있는 한국 문화에 대한 관심은 매우 전방위적이라는 사실을 주목하는 것이 중요하다. 지역에서 이루어지는 짧은 여행과 마을 호텔과 같은 사업은 지역의 문화자원과 고유한 생활역사와 깊게 연관되어 있을 수밖에 없다. 그렇다면 지금 우리가 할 준비는 전통공예와 토산품 산업을 첨단 기술을 활용하여 현대화하는 것을 필요로 할 것이다. 지금도 다양하게 이루어지고 있는 이러한 사업들을 기초지방정부차원에서 좀 더 적극적으로 추진하는 노력이 필요할 것이다. 더불어 지역의 누적된 삶의 역사를 이야기로 풀어 담아내는 스토리텔링과의 결합 같은 일들은 인문사회계열 전공자들의 역량을 요구하는 일이다. 더구나 그 일은 지역에서 나고 자란 청년들에게 더 어울리는 일일 수밖에 없다. 유홍준 선생이 말한 대로 알아야 느끼고 느껴야 보이기 때문이다. 한국 문화에 대한 관심이 세계적 현상이 되면서 현재 겪고 있는 코로나19가 진정되고 해외여행이 본격화되었을 때 한국이 첫 번째 행선지가 될 것이라는 예측이 강하게 제기되고 있기도 하다. 이러할 때 한국은 첨단 하드웨어 산업을 중심으로 이룩한 선진국 지위를 문화적 힘으로 뒷받침하지 않으면 그 지속 가능성이 위태로울 수 있다. 그렇기 때문에 청년층의 참여 기회를 확대하면서 우리 정치와 문화의 논의와 생산 과정을 참여민주주의의 길로 이끄는 것은 중요하다. 이 글의 출발에서 지적한 청년층의 인구 감소는 대개 경제활동인구의 감소로 논해진다. 그것은 경제적 생산의 문제고 크게 보아 이 문제는 시장의 논리로 풀어가야 한다는 것에는 커다란 합의가 있다. 여기서 시장의 논리에 따라 보면 자동화 기술이 인간 노동의 채용보다 가격이 낮아지면 자동화기술을 도입하는 것은 막을 수 없다. 이 경우 문제는 경제 성장이 지속되고 상품에 대한 수요가 양과 질에서 지속되어도 생산에 인간 노동의 수요는 발생하지 않게 되는 것이다. 상황이 이렇게 전개되면 노동시장에서 이루어지는 소득의 1차 분배가 대중적 소비의 기초가 되는 경제체제는 지속되기 어렵다. 그럴 때 현재의 시장을 통한 분배는 도전받게 될 것이고 특히 자산 축적이 없는 청년층은 어려움에 처할 것이다. 우리 사회에서 2022년 대통령 선거를 앞두고 벌어지는 기본소득 논쟁은 바로 이러한 현실의 반영이다. 한마디로 소득의 분배가 경제의 문제가 아니라 정치의 문제가 되어가고 있는 중이다. 그래서 청년층의 참여가 매우 중요하다. 축적된 자산을 가진 개인은 기성세대에 많기 때문이다. 소득의 원천이 시장이 아니라면 무엇이 되어야 하는지 폭넓은 토론에 참여하는 것이 중요하다. 그리고 그 토론의 출발은 사회적 기여의 문제를 협소한 시장 활동에 가둔 시대가 저물어가고 있다는 사실이어야 한다.

청년을 듣다, 청년을 이야기하다

등에서 소나무가 자란다

오래 전 대학원 다닐 때 조선 후기 한문소설을 읽다가 온몸에 소름이 돋으며 전율에 휩싸였던 적이 있다. 조선조 후기 한 가난한 선비가 겨울 한밤중에 호롱불을 켜놓고 논어를 읽고 있다. 이미 매관매직으로 과거시험을 통해 관직에 나간다는 것은 불가능한 일이니 사서삼경을 읽는 일은 생활에 실질적 도움이 되는 행위가 아니다. 그렇다고 사서삼경을 읽는 일이 위신을 세울 수 있는 것도 아니다. 족보를 사서 양반이 대다수가 된 세상에서 당장 먹을 것도 없는 집에 앉아 선비랍시고 사서삼경만 파고 있으면 비웃음을 살 뿐이다. 이 선비는 사서삼경을 읽는 일이 아무 소용이 없다는 걸 알면서도 자기가 무너지지 않는 방법이 그것밖에 없기 때문에 논어를 읽고 있다. 밖에서는 희미하게 아내가 숨죽여 우는 소리가 들린다. 아내는 삯바느질과 품을 팔아 집안의 생계를 꾸려왔다. 끼니도 간간이 거를 수밖에 없는 살림살이에 켜진 호롱불은 아마도 아내가 긴 머리카락을 잘라 기름을 사온 것이리라. 밤은 깊어가고 선비는 온갖 무력감과 좌절감과 허무감을 차고 무거운 바위처럼 가슴에 쌓으며 낭랑하게 소리 내어 논어를 읽는다. 아내의 울음소리도 그치고 밖은 조용하다. 아내는 친정에 먹을 걸 얻으러 갔거나 어쩌면 생활고를 견디지 못해 친정으로 아주 가버린 건지도 모른다. 밤은 깊어가고 기름이 다 되어가는 호롱불이 가물거리고 선비는 여전히 곧은 자세로 앉아 논어를 읽는다. 창호지 문에 비친 선비의 그림자가 가물거리는 호롱불 따라 흔들린다.

그런데 그림자가 이상하다. 그림자의 등에 나뭇가지 같은 게 삐죽 돋아 있다. 그림자의 등에 난 나뭇가지는 선비의 낭랑한 논어 읽는 소리를 먹고 자라듯 점점 커져간다. 논어 읽는 소리는 낭랑하지만 기실 피를 토하고 있는 것인지도 모른다. 나뭇가지는 아마도 그 피를 먹고 커지는 것이리라. 선비가 가려운지 등을 긁는다. 등을 긁는 손에 나뭇가지가 집힌다. 선비의 손이 나뭇가지를 훑는다. 가늘고 삐죽삐죽한 것들이 손에 잡힌다. 무얼까 싶어 선비는 손을 눈앞으로 가져온다. 소나무 잎이다. 논어 읽는 소리가 뚝 그친다. 선비는 경악하며 떨리는 손으로 다시 등을 더듬는다. 더 굵어진 소나무가 손에 잡힌다. 크크크큭, 선비의 숨죽인 울음과 울음 뒤의 오래고 차가운 침묵이 피처럼 창호지 문에 튀어 번져간다.

카프카의 '변신'을 연상케 하는 이 한문소설은 근대의 맹아가 싹트던 대전환기, 변화하는 현실로부터 괴리된 낡은 시스템 속에서 탈출구 없는 삶을 살아야 했던 조선조 선비들의 절망감을 예리하게 드러내고 있다. 이 한문소설을 읽고부터 '등에서 소나무가 자란다'는 나에게 언어도

단의 실존적 절망감을 표현하는 관용구가 되었다.

얼마 전에는 청년 고독사에 관한 신문기사를 읽다가 혼자서 나도 모르게 '등에서 소나무가 자랐구나' 하고 긴 한숨을 내쉬며 중얼거렸다. 요즈음에는 청년들과 관련하여 이 관용구를 많이 떠올리게 된다. 좌우를 불문하고 오가며 표출되는 청년들의 분노를 대할 때마다 면도날에 그어져 벌어진 가슴살의 단면을 보는 것 같아 쓰리다. 언어도단의 실존적 절망감은 너무 절박하기 때문에 논리를 넘어서 있고, 때문에 일단은 방향성을 모른다.

정선의 진경산수(眞景山水)

몰락한 선비들의 등에서 소나무가 자라는 동안 이 언어도단의 실존적 절망감에 논리를 주어 조선조의 낡은 시스템에 돌파구를 내려했던 사람들이 있다. 정약용, 박지원 등 실학파라고 불리는 학자들과 새로운 화풍을 보였던 정선, 김홍도 등의 화가 등이 그들이다.

내가 근무하는 사무실은 광화문에 있다. 옥상에 담배 피러 올라가면 늘 인왕산을 볼 수 있다. 인왕산을 볼 때마다 나는 정선의 〈인왕제색도〉를 떠올린다. 대학원 다닐 때 교수님이 어느 날 한지로 만든 낡고 두툼한 책자와 많은 사진을 들고 나타났다. 정선의 진경산수(眞景山水)가 왜 예술사에서의 혁명인지를 설명하기 위해서였다.

"이건 조선의 사대부나 선비들이 산수화를 그릴 때 보고 그리던 그림본 책입니다." 이렇게 말하며 교수님은 한지로 만든 낡고 두툼한 책을 한 장 한 장 넘겼다. 그림본 책에는 여러 가지 산의 모양, 바위 모양, 나무 모양, 소나무, 대나무, 난초, 국화 등의 모양이 그려져 있었다. "자, 이 그림본의 산 모양, 바위 모양과 이 사진을 비교해 보세요. 이 사진은 중국 ○○지역의 산을 찍은 사진입니다. 그림본의 산 모양, 바위 모양이 사진의 중국 산 모양, 바위 모양과 똑같죠? 조선의 사대부나 선비들이 보고 그림을 그렸던 그림본 책의 풍경은 이처럼 한국의 풍경이 아니라 중국의 풍경이었습니다. 자, 이번에는 이 산수화 사진과 그림본의 산 모양 바위 모양과 비교해봅시다. 이 사진 속의 산수화는 흔히 볼 수 있는 조선시대 사대부 선비들의 산수화입니다."

교수님은 사진 속의 산수화와 그림본의 여러 산의 모양을 비교해 보여주었다. "이 산수화의 산은 그림본의 여기, 여기, 여기에 있는 산 모양 바위 모양을 합해놓은 거죠? 조선시대의 사대부 선비들은 눈앞에 있는 우리의 산과 강 들을 그림으로 그린 게 아니라 이처럼 그림본 책에 있는 중국의 산 모양 바위 모양을 적당히 조합하여 산수화를 그렸습니다. 그리고 그렇게 중국의 산수를 본으로 해서 모방한 산수화만 그림이고 우리의 풍경을 그린 산수화는 그림이 아니라고 생각했죠. 결국 중국의 풍경을 흉내 낸 그림만 그림이고 우리 풍경을 그린 그림은 그림이 아니라고 생각한 셈입니다. 자 그럼 이번에는 정선의 진경산수를 봅시다." 교수님은 정선의 〈인왕제색도〉를 비롯한 여러 그림을 찍은 사진과 실제 인왕산 등의 풍경을 찍은 사진을 비교해 보여주었다. "〈인왕제색도〉는 실제 인왕산 사진과 거의 똑같죠? 이 정자가 있는 풍경은 지금 옥수동 근처 강변의 풍경인데 그림과 실제 풍경이 똑같습니다. 이처럼 정선이 처음으로 중국의 산수가 그려져 있는 그림본 책을 치우고 실제 눈앞에 있는 우리의 풍경을 산수화로 그리기 시작했습니다. 그래서 진짜 경치를 그린 '진경산수(眞景山水)'라고 하는 거죠. 이런 그림이 처음 나왔을 때 조선의 사대부 선비들은 그건 상것들의 천박한 잡기에 불과한 거지 그림이 아니라고 했습니다. 그렇지만 정선이 활동했던 영조 시대는 양반계급이 많이 몰락하고 정선의 진경산수 같은 그림을 좋아하는 새로운 부류의 사람들이 생겨나 실사구시의 실학과 같은 새로운 흐름들이 왕성하게 일어나던 때였습니다. 그렇기 때문에 정선의 진경산수가 살아남아 하나의 흐름을 형성할 수 있었습니다. 그 새로운 부류의 사람들이란 농사기술을 발전시켜 부자가 된 부농이나 장사를 통해 돈을 많이 번 상인 등이었습니다. 이렇게 우리 현실에 바탕해 실사구시를 하는 예술적 학문적 흐름들은 정조 때까지 번성하다가 그 이후 조금씩 쇄락합니다. 왕의 처가가 나라를 좌우하는 세도정치 등으로 개혁적 흐름이 쇠퇴하고 보수적 흐름이 커졌기 때문이죠. 영정조 시대에 일어났던 새로운 시대를 향한 개혁의 쇠퇴와 시대에 역행하는 보수적 흐름의 득세가 결국 근대의 새로운 흐름을 능동적으로 받아들이지 못하게 하여 우리나라를 일제 식민지로 전락하게 한 것이라 해도 과언이 아닙니다."

왜 청년들의 등에서 소나무가 자랄까?

지금은 조선조 후기처럼 한국 사회가 쇠락하는 시기가 아니다. 오히려 한국은 일인당 국민소득이 일본 캐나다를 추월하면서 선진국으로 진입하고 있어 역사적으로 유례를 찾아보기 어려운 융성기를 맞이하고 있다고 볼 수도 있다. 그런데 왜 청년들은 언어도단의 실존적 절망감에 빠져있는 것일까?

벌써 십년도 더 된 일이다. 오래 교육운동을 같이 했고 나름대로는 매우 개방적인 생각을 가지고 있다고 자부하던 후배가 어느 날 아들에 대한 고민을 이야기했다. 아들이 제법 공부를 열심히 잘하는 고3인데 한참 대입 준비에 몰입해야 하는 여름방학에 갑자기 공부에서 손을 놓았다는 거였다. 왜 그러냐고 물어보아도 대답도 없고 하도 답답해서 어느 날 술집에 데리고 가 소주 한잔을 따라주며 물었다. "너도 이제 어른이다. 어른 대 어른으로 한번 터놓고 얘기해 보자. 왜 갑자기 공부에서 손을 놓은 거냐?" 그러자 아들이 비로소 마음 속 이야기를 했다. "아버지는 TV가 없었는데 TV가 생기고, 냉장고가 없었는데 냉장고가 생기고, 자동차가 없다가 자동차가 생기고 계속 나아지고 상승하는 시대를 살았습니다. 정해진 길을 따라 노력하면 노력하는 만큼 나아질 수 있었죠. 하지만 우리가 살아갈 시대는 경제적으로는 잘하면 지금 수준을 유지할 수 있고 지금보다 못해질 가능성이 큰 시대입니다. 노력하면 성공할 수 있는 정해진 길 같은 것도 뚜렷이 없어요. 경제적으로는 제가 엄청 성공했다고 해야 아버지만큼 살 수 있을 거고, 아마 대개는 아버지보다 못할 겁니다. 그런데 아버지는 왜 계속해서 아버지가 살았던 시대의 경험과 기준을 나에게 강요하십니까? 그게 숨이 막힐 것 같았습니다. 당장 어느 대학에 가는 것보다 지금부터라도 제가 어떻게 살아야 하는지 생각해보는 게 중요한 것 같아 한번 진지하게 생각해보려고요."

후배는 아들의 말에 충격을 받았는지 술을 많이 마시며 푸념을 했다. "나는 나름대로 개방적으로 열린 생각을 가지고 아들을 대했다고 생각했는데 아들에겐 나도 다른 산업화 세대 아버지들과 별로 다르지 않게 느껴졌던 모양이유."

"그게 김 선생 개인에 대한 불만이라기보다는 자신을 가두고 있는 '아버지'로 상징되는 낡은 시스템에 대해 불만을 토로한 거 아닐까?" 그러면서 나는 조선조 후기 한문소설에 등장하는 선비 이야기를 했다. "지금 젊은이들도 그 등에서 소나무가 자란 선비처럼 느끼고 있는 건지도 모르지. 세상은 터무니없을 정도로 빠르게 변화하고 있는데 자기는 낡은 시스템에 갇혀 미래 삶에 대한 온갖 짐은 짐대로 짊어진 채 쓸모가 있을지 없을지 모르는 지식 암기에 목을 매달고 있다고 말이야. 그렇게 느낀다면 참 숨이 막힐 만도 하지." 그리고 우리는 젊은이들을 가두고 있는 낡은 시스템이 무언지, 도래하고 있는 미래 변화가 무엇인지에 대해 오래 이야기했다.

젊은이들을 가두고 있는 낡은 시스템은 무엇일까?

박정희 시대 이래 한국의 산업화는 미국 일본 모델 따라가기의 추격형 산업화였다. 이 추격형 산업화에서 학교교육은 매우 강력한 산업화의 수단 중 하나였다. 산업화 시대 교육의 모토를 한 마디로 요약하면 '서구의 새로운 지식을 빨리빨리 받아들여 될 수 있으면 짧은 시간에, 될 수 있으면 많은 사람에게 주입 암기케 함으로써 하루 빨리 서구 선진국을 쫓아가야 한다'는 것이었다. 자원도 자본도 없는 상태에서 산업화의 유력한 수단이 학교교육을 통한 양질의 노동력을 양성하는 것일 수밖에 없었다. 맹렬한 추격형 산업화 과정에서 서구의 지식과 이론, 모델은 신성불가침의 절대적 의미를 갖는다. 그 이론과 모델이 적용되는 우리의 현실과 우리의 고유한 가치는 돌아볼 여유가 없어 고려의 대상이 되지 못한다. 이러한 서구의 모델과 이론 지식으로 무장한 엘리트들이 산업화 시대를 주도했다. 이 엘리트들의 의식은 그 모델의 대상이 중국에서 미국, 일본 등으로 바뀌었을 뿐 중국의 산수를 모델로 한 그림본을 조합하여 그린 산수화만이 그림이고 우리의 산과 강과 들을 보고 그린 그림은 아예 그림이 아니라고 생각한 조선시대 사대부 선비들의 의식과 비슷한 것이다.

이러한 서구 추격형 산업화 시스템 속에서 학교는 서구의 새로운 지식이 수입되는 통로에 얼마나 가까우냐에 따라 서열화된다. 서구지식 수입 통로에 가장 가까운 서울대가 첫 번째고 서울의 대학들이 그 다음이고 지방대는 그 뒤고 고등학교가 그 다음 하는 식으로 말이다. 그리고 얼마나 높은 서열의 학교를 나왔느냐가 얼마나 높은 위계의 직업을 가질 수 있는가를 상당 정도 결정한다. 따라서 학생들은 더 높은 서열의 학교로 진학하기 위한 치열한 경쟁을 벌일 수밖에 없다. 이러한 산업화 시대 교육시스템은 지금도 별 변화 없이 작동하고 있다. 그래도 대입에서 거리가 먼 초등학교나 중학교 저학년까지는 점수에 따른 서열 경쟁에서 벗어나는 변화들이 있지만 대입에 가까운 고등학교나 중학교 고학년은 여전히 구태의연한 산업화 시대 서열 경쟁교육에 머물러 있고, 대학의 서열체계와 그를 바탕으로 한 학벌 사회는 별 변화 없이 유지되고 있다.

그런데 현실은 그러한 산업화 시대 서열 경쟁교육이 무용해지는 방향으로 빠르게 변하고 있다. 단적으로 하늘에 별 따기만큼 들어가기 어려운 이른바 스카이대를 나와도 취업률이 50% 남짓이라는 사실이 이를 웅변으로 보여준다. 어떠한 변화가 일어나고 있는 걸까? 그 변화가 어떤 것인지 명확히 모르더라도 젊은 세대는 경험적으로 자신들이 빠른 속도로 변화하는 현실과 낡은 산업사회 국가사회 시스템 사이에 끼어 노력은 노력대로 함에도 불구하고 아무것도 보장되지 않는 불안한 미래에 직면하고 있음을 절감하고 있다. 한국의 젊은 세대 대부분은 산업화 시대의 낡은 서열 경쟁교육체제와 취업경쟁 속에서 번 아웃이 될 정도로 시달린다. 그럼에도 뚜렷이 보장되는 미래는 없다. 이러한 상태에서 그 모든 책임이 개인의 노력이 부족한 탓으로 돌려진다면 분노할 수밖에 없을 것이다. 젊은 세대는 어렴풋이 '노력을 안 한 게 아니라 현실과 괴리된 낡은 시스템의 방식으로 노력했기 때문에 보장되는 미래가 없는 게 아닐까?' 하는 의문을 갖기 시작했다. 이러한 상태에서 그래도 길이 그것밖에 없으니 그 낡은 시스템의 방식으로 더 노력을 했어야지, 배곯아 가며 노력했던 우리 때 비하면 온갖 것 다 해주는데 왜 더 노력을 안 하는 거냐고 한다면 참 숨이 막힐 수밖에 없을 것이다. 그러한 상태가 계속된다면 젊은 세대는 나날이 바늘구멍이 되어가는 문으로 들어가는 걸 포기할 수밖에 없을 것이다. 직장을 갖는 걸 포기하고 결혼을 포기하고 출산을 포기하고 결국 한국 사회의 미래를 포기할 것이다.

청년들이 부딪치고 있는 어려움이 이렇게 심각해지니까 근래로 오면서 정부 부처로 청년부를 두느니 청년위원회를 만드느니 하는 이야기들이 나온다. 청년들의 어려운 현실에 대한 관심이 커진 것은 환영할 만한 일이나, 한편으로는 청년들이 부딪치는 어려움을 청년이라는 특정 연령대의 특수한 문제로 한정하는 게 맞나 하는 생각도 든다.

오늘날 청년들이 부딪치고 있는 어려움은 청년 연령대에 한정하여 청년 연령대이기 때문에 나타나는 것이 아니다. 조선조 후기 등에서 소나무가 자란 선비처럼 현실은 빠르게 변화하는데 낡은 시스템에 갇혀 탈출구를 찾을 수 없기 때문에 나타나는 어려움이다. 그렇다면 청년들이 겪는 어려움은 정도의 차이가 있을 뿐이지 낡은 시스템에 기득권을 갖지 못한 모든 연령대 사람들에 나타나는 어려움이다. 그 보편적 어려움이 사회 진출기에 있는 연령대의 특성상 청년들에게서 첨예화되는 것일 뿐이다.

사회적 대전환기에 기득권을 갖지 못한 사람들이 어려움을 겪고, 그 어려움이 연령대의 사회적 특성상 청년들에게 첨예화되어 나타나는 현상은 이전에도 있어왔다. 그래서 젊은 세대를 지칭하는 '앵그리 영' 같은 유행어가 나타나기도 했었다. 하지만 전환기에 나타나는 청년들의 저항은 일시적인 것으로 지나갔지 지금처럼 청년들이 겪는 어려움이 온 사회가 해결해야 할 특수 분야 문제로 인식되고 그걸 담당하는 청년부 같은 부처를 두자는 논의까지 나갔던 적은 없었다. 왜 그럴까?

우선 생각할 수 있는 것은 지금 일어나고 있는 현실 변화의 폭과 심도가 이전보다 훨씬 크고 깊기 때문이라는 것이다. 하지만 무엇보다도 우리가 주목해야 할 것은 젊은 세대가 대변하는 낡은 시스템 개혁에 대한 요구가 시간을 두고 자연스럽게 해소될 수 없을 만큼 지금의 낡은 기득권 벽이 높고 두텁기 때문이라는 점일 것이다. 과거의 사회적 전환기에 '앵그리 영' 같은 유행어로 상징되었던 젊은 세대의 불만과 요구가 일시적인 것으로 지나갈 수 있었던 것은 낡은 시스템의 기득권 벽이 그렇게 높지 않아 그러한 불만과 요구가 시간을 두고 자연스럽게 해소될 수 있기 때문이었다. 하지만 지금은 넘어서야 할 낡은 시스템의 기득권 벽이 세계적으로 전개된 자본의 네트워크와 그에 바탕 한 국제관계, 서구 기준으로는 2~3세기 한국 기준으로 하면 한 세기에 걸쳐 자리 잡은 근대 산업국가 시스템 등으로 대단히 높다. 그렇게 막강한 힘을 갖는 낡은 시스템의 기득권이라면 낡은 시스템에 대한 개혁 요구를 청년 문제로 특화하고 한정하여 체제 내화 하려 할 수도 있다. 그렇기 때문에 청년 문제의 특화는 경계해야 할 측면도 없지 않다. '낡은 시스템의 개혁 요구를 대변하는 자로서의 청년'이라는 원칙을 충실히 견지하지 않으면 낡은 시스템 기득권에 활용당할 수도 있는 것이다.

이러한 관점에서 본다면 '청년부'나 '청년위원회'는 '세대 공감 미래부'나 '세대 공감 미래위원회'로 하여 청년들이 미래체제에 대해 자신의 개혁적 이해관계를 국정 전반에 반영할 수 있는 구조가 되는 게 타당하지 않나 하는 생각도 든다. 또한 실사구시의 관점에서 청년자치 부시장제 등을 통해 생활단위에서 청년의 미래적 요구가 반영될 수 있는 통로를 마련하는 것도 중요할 것이다.

청년실업의 대부분은 인문사회계의 실업이다

얼마 전 가까운 한 청년과 저녁을 먹다가 청년실업 문제를 새롭게 생각해볼 만한 이야기를 나누게 되었다.

"정부는 청년실업 문제를 너무 막연하고 두루뭉수리하게 보는 것 같아요. 좀 더 치밀하게 들여다보면 원인이 뭔지도 정확하게 보이고 대책도 좀 설득력 있는 걸 내놓을 수도 있을 텐데…." 청년이 말끝을 흐리며 나를 건너다보았다.

"어떤 점이 그렇다는 거지?"

"예를 들면 대졸 청년들의 실업 문제를 구체적으로 들여다보면 그게 대부분 인문사회계 대졸 청년의 실업 문제라는 걸 알 수 있죠. 이공계는 지방대도 대부분 취업이 됩니다. 그런데 인문사회계는 이른바 스카이를 나와도 경영대 정도를 빼면 취업이 어려워요. 사실 공무원 시험이나 공기업 입사시험 경쟁률이 백대 일 넘게 치솟는 것도 인문 사회계 대졸 청년들의 문제죠. 갈 곳이 없으니까 거기로 몰리는 거죠. 문송하다는 말도 있잖아요. 취업을 위한 면접을 보러 가서 문과라서 죄송하다고 한다는 농담이죠." 청년이 말을 마치며 씁쓸하게 웃었다. 그 청년도 인문사회계 출신이었다. 나는 잠시 생각에 잠겼다가 중얼거리듯이 말했다. "그러게, 그렇게 보니까 새롭게 보이는 게 정말 있네."

"뭐가 새롭게 보이는데요?"

"한국은 서구 300년의 변화를 30년에 압축하는 빠른 산업화를 이루어왔지 않수. 그런 압축적 산업화의 비결이 뭐였겠소?"

"비결요? 뭐였는데요?" 청년이 의아한 표정으로 나를 보았다. "빨리 빨리 하자면 별 수 있어? 선수 축구 방식으로 하는 거지 뭐. 지원을 집중하여 소수의 뛰어난 선수를 키워 세계적 축구팀이 탄생하는데 대중은 오히려 스포츠로부터 소외되고 체력이 약화되는 그런 방식 말이우. 선수축구 방식 산업화는 이전의 산업을 소멸시키며 새로운 산업이 자리 잡는 형태로 진전되지. 그런데 그렇게 도달한 하드웨어 첨단산업은 디지털 자동화의 급진전으로 일자리를 창출하지 못하거든. 일자리는 오히려 중소기업이 많이 만들어내는 건데 섬유, 신발 등 이전의 산업들은 소멸하거나 사양화되어서 일자리가 아예 없어졌거나 있더라도 외국인 노동자가 차지하는 열악한 일자리고, 대기업의 하청 중소기업들은 대기업의 착취구조 때문에 그닥 좋은 일자리가 못되거든. 그렇다고 천덕꾸러기 취급을 받아온 지식문화산업이 인문사회계 대졸자들을 대부분 흡수할 만큼 넓은 풀을 가지고 있는 것도 아니고 말이야. 인문 사회계 출신들의 취업이 하늘의 별 따기일 수밖에 없지."

"사실이 그렇긴 한데 왠지 선생님 말씀이 약 올리는 것처럼 들리는데요." 청년이 말하고는 하하 웃었다.

"그렇게 들렸다면 미안하긴 한데 내가 말하고자 한 건 그런 현실이 아니라 청년실업 문제가 서구 추격형 산업화 시스템의 산물이고 그 청년실업 문제를 해결하는 것이 추격형 산업화 시대의 낡은 시스템을 넘어서는 문제와 맞물려 있다는 이야기니까 더 들어보소."

"에이, 약 올리는 것 같다는 말은 농담으로 한 거니까 신경 쓰지 마시고 말씀하세요."

"한국은 서구 추격형 산업화의 마지막 도달점에 이르러 있어요. 하드웨어 첨단산업 중심 산업구조가 그것이지. 한국은 이제 서구 모델 따라가기 산업화 단계를 넘어서 주변부의 하드웨어 첨단에서 중심부의 소프트웨어 첨단으로 나가는 과제를 안고 있습니다. 소프트웨어 첨단은 지식문화산업과 하드웨어 첨단기술이 융합되어야 가능하니까 그런 전환이 이루어지면 인문사회계가 대부분을 차지하는 청년실업의 양상이 좀 달라지지 않겠소?"

"그런데 그런 전환이 쉬운가요?"

"뭐, BTS의 노래나 〈오징어 게임〉, 〈지옥〉 같은 드라마들이 세계를 열광케 하는 걸 보면 못할 것도 없지."

"이건 이야기가 좀 곁가지로 흐르는 거일 수도 있는데 〈오징어 게임〉

이나 〈지옥〉 같은 드라마가 세계인을 열광케 하는 이유가 뭐라고 보세요?"

"지옥을 지옥으로 보고 지옥으로 드러내니까 열광하는 거 아닐까? 한국이 지옥이라면 한국만 지옥이겠어? 세계 어느 나라나 비슷하지. 그런데 다른 나라는 기왕의 낡은 인식 틀의 매너리즘에 빠져 지옥 같은 현실을 운전할 때 풍경을 지나치듯이 대충 지나친단 말이지. 그런데 한국의 작가들은 지옥 같은 현실을 지옥으로 보고 지옥으로 낯설게 충격적으로 드러내거든. 한국 사회가 가지고 있는 민주화의 역동성이 작가들의 그런 능력을 만들어낸 게 아닐까 하는 생각이 들어요."

"그럴듯하네요. 그런데 당장 절망적인 상황 속에 있는 청년들에게는 소프트웨어 첨단으로의 전환 같은 얘기는 아무래도 먼 남의 얘기처럼 들릴 것 같은데요?"

"서구 추격형 산업화의 인식 관행 속에서 소프트웨어 첨단을 생각하니까 멀고 어렵게 느껴지는 게 아닐까? 하드웨어 첨단산업은 대자본을 들여 지은 수도권 삼성 반도체 공장이나 SK 하이닉스 공장에 있지. 소프트웨어 첨단을 그와 비슷하게 이루어지는 거라고 생각하면 당연히 어렵고 멀게 느껴지겠지. 그런데 소프트웨어 첨단은 그렇게 멀리 있는 게 아니라 그냥 우리 생활 속에 있는 거야. 꽤 오래 전 이야기지. 어려워서 선배들에게 술을 얻어먹고 다니던 후배 시인이 있었는데 이 친구가 어느 날 갑자기 아르마니 양복을 입고 포르셰를 몰고 나타나 선배들에게 거하게 술을 샀어요. 너 웬일이냐 했더니 스마트폰의 컬러링을 개발해서 졸지에 부자가 되었다는 거야. 어느 날 컴퓨터 프로그래머를 하는 친구와 술을 한잔 하는데 따르릉 따르릉 전화가 오더라는 거야. 그 소리에

술김에 짜증이 나서 '야, 핸드폰 전화벨 소리가 저게 뭐냐? 좀 재미있게 할 수 없어?' 했다는 거야. 그랬더니 프로그래머인 친구가 '너 음악에 조예가 깊으니까 나랑 음악을 전화벨 소리로 넣는 프로그램을 개발해보자' 해서 컬러링을 만들었다고 하더라고. 또 종묘회사에 다니는 제자가 있는데 좀 일찍 회사를 그만두었더라고. 왜 그렇게 일찍 그만두었느냐고 물었어요. 그랬더니 자기가 주로 하는 일이 시골 오지로 다니면서 할머니 할아버지들이 보존하고 있는 토종 씨앗을 구해 오는 일이래. 토종씨앗을 구해오면 종묘회사에서 품종을 개량해서 명칭을 붙이고 지적 재산권으로 등록을 한대요. 그리고 씨앗에 초보적 유전자 처리를 해서 첫 해만 수확을 할 수 있도록 해서 판다는 거지. 그런데 제자가 다니던 종묘회사가 90년대 말 IMF 관리체제 때 일본자본으로 넘어갔대요. 그러니까 자기가 우리 토종씨앗을 구해오는 일이 꼼짝없이 종자주권을 일본에 넘기는 역할을 하는 게 되어버렸다는 거지. 환경파괴로 기후변화도 심해서 언제 식량이 무기화될지도 모르는데 영 찝찝해서 그만 두었다는 거야. 그러면서 농담으로 선생님한테 안 배웠으면 회사를 편하게 다니는 건데 선생님에게 배워서 그만두게 되었다고 원망을 하더라고. 시골 오지 할머니 할아버지들이 보존하고 있는 토종씨앗도 생명공학과 융합되면 소프트웨어 첨단이지."

"저도 선생님 얘기 계속 듣고 있다가는 나중에 그 제자분처럼 선생님 원망하게 될 지도 모르겠는데요. 말씀은 다 그럴듯한데 절박한 상태에 있는 청년이 들으면 왠지 조금은 속는 느낌이 들기도 할 것 같은데요." 청년의 말에 함께 한바탕 웃었다.

우리는 오랜 세월 집단적 리플리 증후군을 앓고 있었다

"거참, 어떻게 하면 속는 느낌이 들지 않게 얘기할 수가 있지?" 웃음 끝에 내가 중얼거리듯이 말하며 청년을 건너다보았다.

"뭐 재미있으라고 추임새 하는 거니까 부담 갖지 말고 말씀하세요."

"그럼 청년들의 취업 문제와 직접 연결되는 예를 들어보면 좋을 것 같네. 어느 날 영남권 교수님들이 오셔서 고사해가는 지방대를 살리기 위해 대학 재정지원을 늘려야 한다고 한참 열변을 토했어요. 그래서 내가 거꾸로 물었지. 대구는 오랜 세월 섬유산업으로 먹고 살았고 부산은 신발산업으로 먹고 살았다. 그런데 그게 왜 명품 섬유기업, 명품 신발기업 하나 못 남기고 사라져버렸냐? 섬유산업이나 신발산업도 디자인, 스토리텔링, 나노기술, 인체공학 등을 융합하여 명품을 만들면 소프트 첨단 산업이 되는 건데 그냥 사라졌다는 건 지방대학이 지역산업에 대해 아무 역할도 안 한 거 아니냐? 지방대가 지역산업에 대해 제대로 역할을 했다면 아마 지방에도 청년들이 먹고 살 일자리가 많이 생겼을 거다. 좋은 일자리는 하드웨어 첨단산업보다는 명품 섬유기업, 명품 신발기업 같은 데서 많이 나오고 그런 게 소프트웨어 첨단산업이다. 풍기 인조견 같은 것도 여러 분야의 첨단 기술이 융합되면 명품 소프트웨어 첨단이 될 수 있는 거 아니냐. 그렇게 했으면 청년들이 지방에 남아 지방이 이렇게 공동화의 위기로 몰리지는 않았을 거다. 지방대 교수님들이 지역의 산업이나 교육 문화 등을 연구하는 경우가 얼마나 되냐? 지역학 융합과정 같은 걸 만들고 지역의 공무원, 교원, 공공기관 신규임용 때 필수 시험과목으로 넣으면 좋지 않냐? 미래사회는 평생 여러 직업을 가질 수밖에 없기 때문에 교과 지식 못지않게 아이들의 자기성장과 진로성장이 중요해지고, 그러한 영역은 학교와 함께 지역사회가 감당해야 하는 건데 왜 지방대 교수님들은 국가교육과정의 20-30%를 지역의 완전한 자율로 내리라는 요구를 하지 않느냐. 그러한 교육과정 자율권을 바탕으로 일주일에 하루는 지역사회 전체가 교사가 되는 지요일 제도를 운용한다면 많은 청년들이 지역에서 활동하며 살아갈 수 있는 토대가 만들어질 수도 있다. 그런 일들을 하면 전체 R&D 예산 중 일정 비율을 지역 R&D로 책정하여 지방대에 줄 수도 있을 거다. 지역과 함께 살기 위해 지방대학이 어떤 일을 하겠다고 하면 재정지원을 받기도 쉽지 않겠느냐. 그러니까 고개를 끄덕끄덕 하긴 했는데 정말 뭘 하겠다고 계획을 들고 올지는 알 수 없는 일이지."

"이번 말씀은 좀 실감이 나는데요. 별 길이 없는데도 청년들이 서울로 몰리는 것은 지역에 먹고살 일자리도 없고 문화적 삶을 향유할 수 있는 토대도 없기 때문이죠. 선생님이 방금 말씀하신 것들이 활성화되고 세월을 쌓으면 지역에 청년들이 살 수 있는 토대가 형성될 수도 있다는 생각이 좀 드네요. 그런데 그간엔 왜 그런 게 안 된 거죠?" 청년이 고개를 끄덕이며 물었다.

"글쎄, 일종의 집단적 리플리 증후군을 앓고 있었기 때문이라고나 할까? 서구 추격형 산업화 시대의 교육, 사회 문화, 경제는 그 자체가 리플리 증후군 패러다임이라고 볼 수 있지요. 이제까지 우리 학교교육은 '세계의 중심은 미국이나 서구의 어느 나라고 네가 사는 곳은 변방의 변방의 변방이다. 그러니 학교교육에 성공해서 도시로 대도시로 서울로, 가능하다면 미국이나 서구의 어느 나라로 떠나라'라고 가르쳤어요. 말하자면 '나 되기'를 요구한 게 아니라 끊임없이 '누구처럼 되기'를 요구한 거지. 끊임없이 누구처럼 되기를 추구하는 게 리플리 증후군 아닌가? 어떻게 보면 서구 추격형 산업화 시스템 자체가 집단적 리플리 증후군 체계였다고 볼 수 있지. 그렇게 해서 하드웨어 첨단에 이르렀는데 집단적 리플리 증후군에 부작용이 있을 수밖에 없지 않겠소? 지방의 공동화, 실업과 양극화, 누군가 집단자살이란 표현까지 썼던데 극단적인 저출산. 젊은이들이 헬 조선이란 말을 쓸 만도 하지. 박정희 정권 이래 70년 넘게 앓고 있는 집단적 리플리 증후군에서 벗어나지 않으면 한국엔 청년들을 위한 나라도 없고, 국민들을 위한 나라도 없을 겁니다. 어쩌면 지금 한국은 리플리 증후군에 머물 것인가. 벗어날 것인가 하는 선택의 기로에 놓인 것인지도 모르지. 그래서 한 개인의 리플리 증후군을 두고 온 나라가 흔들릴 정도로 격렬한 논란이 벌어지고 있는 거라고도 볼 수 있지 않을까? 무의식의 차원에서 작동하는 집단 지성은 참 무서운 거야. 그게 생사의 갈림길이란 걸 본능적으로 아는 거지."

"와! 충격인데요? 우리 현실의 핵심을 리플리 증후군이라는 상징으로 그렇게 풀 수도 있는 거군요." 청년은 잠시 생각에 잠겨 술잔을 기울였다.

청년들의 일인칭으로 말하기에서 희망을 본다

"그런데 우리 젊은 세대가 그러한 시대 전환을 감당할 수 있을까요? 선생님은 어떻게 보세요?" 한참 만에 청년이 말하며 나를 뚫어져라 보았다.

"몇 달 전에 후배가 시골집에 놀러 왔어요. 술을 먹다가 뜬금없이 형님은 정미조 〈개여울〉과 아이유의 〈개여울〉 중에 어떤 게 좋으냐고 물어보더라고. 그래서 아이유의 노래를 들어본 적이 없어서 모르겠다고 했지. 그랬더니 핸드폰에서 검색해서 두 노래를 들려주더라고. 그리고 또 어떤 게 좋냐고 묻더라고. 그래서 정미조의 〈개여울〉은 3인칭 전지적 시점으로 노래를 부르는 것 같고 아이유는 1인칭으로 노래를 부르는 것 같다고 했지. 정미조의 〈개여울〉은 노래하는 사람이 마치 신처럼 3인칭 전지적 관점에서 떠난 님을 하염없이 기다리는 여인의 마음을 들여다보며 그 마음을 노래하는 것 같아. 음색이 깨끗하고 감정을 잘 표현은 하는데 절실하다는 느낌은 좀 약하다. 아이유의 노래는 노래하는 사람이 그냥 떠난 님을 하염없이 기다리는 여인이 되어 한숨을 폭- 폭- 내쉬며 혼자서 넋두리를 하는 느낌이야. 음색이 허스키해서 노래가 깨끗하지는 않은데 아주 절실한 느낌이 들어. 음악적으로는 문외한이라 어떤 게 나은지 모르겠지만 개인적으로는 아이유의 노래가 좋다고 했어요. 그리고 어쩌면 정미조의 3인칭 전지적 시점이 산업화 세대의 감성과 사고방식이고 아이유의 1인칭이 젊은 세대의 감성과 사고방식인지도 모르겠다고 했지."

"선생님 얘기를 듣고 보니까 그런 것 같네요."

"우리 산업화 세대는 리플리 증후군이 뼛속까지 박혀서 늘 누구처럼 되기를 해왔기 때문에 3인칭 전지적 시점에서 누구처럼 얘기하라면 참 유창하게 잘 하는데 1인칭으로 말하라면 갑자기 말문이 탁 막혀요. 1인칭으로 말하는 법을 잘 몰라. 그런데 젊은 세대들은 1인칭으로 말하는 게 기본이지. 언뜻 보면 이기적인 것 같기도 하고 좀 부도덕한 것 같기

도 하고 너무 파편적이라는 느낌도 들지만 나는 거기에 새로운 가능성
이 있다고 봅니다. 일인칭으로 말하기가 기본이라는 건 서구모델 따라
가기의 집단적 리플리 증후군에서 상당히 자유로워졌다는 걸 뜻할 수
도 있거든. 소프트웨어 첨단은 자기가 사는 곳을 우주의 중심으로 생각
하고 혼돈에 질서를 부여하여 세계를 창출해나가는 사람에게서 나올 수
있는 거야. 일인칭으로 말하는 젊은 세대는 그런 본래적 의미의 사람이
될 수 있고, 관계망과 시야를 넓혀나가면 서구 추격형 산업화를 넘어서
한국을 세계의 중심으로 소프트웨어 첨단으로 밀고 나갈 수 있는 창조
력을 발휘할 수 있을 겁니다. 단, 우리 산업화 세대가 자기가 싼 똥을 스
스로 잘 치운다는 게 전제가 되어야 하겠죠."

청년을 위한 나라는 없다

초판 1쇄 발행 2022년 2월 7일

지은이 청년을위한나라 집필팀 지음

발행인 김병주
COO 이기택 **CMO** 임종훈 **뉴비즈팀** 백헌탁, 이문주, 백설
행복한연수원 배희은, 이종균, 박세원, 이보름, 반성현
에듀니티교육연구소 조지연 **경영지원** 박란희
편집부 이하영, 최진영
디자인 디자인붐

펴낸 곳 (주)에듀니티
도서문의 070-4342-6110
일원화 구입처 031-407-6368 (주)태양서적
등록 2009년 1월 6일 제300-2011-51호
주소 서울특별시 종로구 인사동5길 29 태화빌딩 9층
출판 이메일 book@eduniety.net
홈페이지 www.eduniety.net
페이스북 www.facebook.com/eduniety
인스타그램 www.instagram.com/eduniety/
　　　　　　www.instagram.com/eduniety_books/
포스트 post.naver.com/eduniety

ISBN 979-11-6425-122-3 (03300)
값은 뒤표지에 있습니다.

문의하기

투고안내